湖南方言与当代语法理论互动研究

丁加勇 著

本书获湖南师范大学中国语言文学一流学科资助
教育部人文社会科学研究规划基金项目（10YJA740018）
湖南省哲学社会科学基金基地项目（13JD38）

樟园百花论丛

知识产权出版社
全国百佳图书出版单位
—北京—

图书在版编目（CIP）数据

湖南方言与当代语法理论互动研究/丁加勇著. —北京：知识产权出版社，2019.12
（樟园百花论丛）
ISBN 978-7-5130-6672-3

Ⅰ.①湖… Ⅱ.①丁… Ⅲ.①湘语—方言研究 Ⅳ.①H174

中国版本图书馆 CIP 数据核字（2019）第 278876 号

内容提要

本书强调利用当代语法理论对湖南方言进行深入的调查和互动研究，以期揭示湖南方言的多样性，并为丰富普通语言学理论做出贡献。本书在对湖南方言进行详细调查的基础上，分别从"湖南方言与功能语法""湖南方言与配价语法、语义地图理论""湖南方言与语法化理论"三个方面研究湖南方言与当代语法理论的互动关系。书中对湖南方言所做的一些研究，比如对名词复数标记的类型及来源分析、对复数指示词的功能分析、对汉语被动句的配价分析、对悬空处置式的分析、对双及物结构语义地图的分析、对事态助词的分析等，能为汉语方言和当代语法理论的互动提供一个很好的研究思路和研究范例。

策划编辑：蔡 虹	责任印制：刘译文
责任编辑：栾晓航	封面设计：博华创意

湖南方言与当代语法理论互动研究

丁加勇　著

出版发行：知识产权出版社有限责任公司	网　址：http://www.ipph.cn
社　址：北京市海淀区气象路 50 号院	邮　编：100081
责编电话：010-82000860 转 8382	责编邮箱：luanxiaohang@cnipr.com
发行电话：010-82000860 转 8101/8102	发行传真：010-82000893/82005070/82000270
印　刷：北京嘉恒彩色印刷有限责任公司	经　销：各大网上书店、新华书店及相关专业书店
开　本：720mm×1000mm　1/16	印　张：17.25
版　次：2019 年 12 月第 1 版	印　次：2019 年 12 月第 1 次印刷
字　数：250 千字	定　价：78.00 元

ISBN 978-7-5130-6672-3

出版权专有　侵权必究
如有印装质量问题，本社负责调换。

前　言

　　湖南方言不同于其他地区方言的一个特点就是湖南方言具有多样性，境内有湘方言、赣方言、西南官话、客家方言四大方言，此外还有归属未定的湘南土话和湘西乡话。这种多样性是湖湘文化的一个体现。如何反映湖南方言多样性，许多学者都在探索。本书主张从当代语法理论出发，利用当代语法理论观点，对湖南方言语法现象进行深入的调查和研究，试图揭示湖南方言的多样性和湖湘文化的多样性，从而为构建汉语语法理论、为丰富普通语言学理论做出贡献。本书取名为《湖南方言与当代语法理论的互动研究》，其中的"互动"有"互相作用、互相影响"的意思：一方面，利用当代语法理论观点对湖南方言语法现象进行深入的调查和研究，挖掘湖南方言的语法特点，从而更好地反映湖南方言的多样性；另一方面，通过深入挖掘湖南方言的特点，为构建汉语语法理论、丰富普通语言学理论做出我们的贡献。这种研究是双向性的、互动性的，有待于更多的学者去探索。同时，这种研究和湖湘文化追求的"和而不同"的理念是一致的，这里的"和"指的是对语言事实和语言理论的探索，"不同"指的是凸显湖南方言的特点和差异性。

　　20世纪90年代以来，当代语法理论在汉语中蓬勃兴起，比如功能语法、配价语法、认知语法、语法化理论、语言类型学等。汉语方言研究如何运用这些理论来发掘方言事实，开拓一片新的天地，从而更好地反哺当代语法理论，是语言工作者的一大任务和挑战。而湖南方言的多样性和湖湘文化的多样性使这种挑战具有天然的优势。本书根植于湖南方言的事实，积极运用当代语法理论，发掘湖南方言的多样性，揭示湖南方言的特点，让湖南方言与当代语法理论形成良好的互动，正是上述工作的一个探索。

　　本书主要借鉴当代语言学的功能语法理论、配价语法理论、语法化理论、语义地图理论等，对湖南方言的若干重要语法问题进行描写、分析和解释。这种做法的理论前提是基于功能主义的语言观。研究表明，借鉴当代语法理论，很好地揭示汉语的特点，能很好地服务于汉语方言的调查和研究，能很好地发掘湖南方言的多样性，反过来又能很好地促进当代语法理论的发展。

　　基于上述考虑，本书分别从"湖南方言与功能语法""湖南方言与配价语法、语义地图理论""湖南方言与语法化理论"三个方面研究湖南方言与当代语法理论的互动关系，选取的方言点尽量能体现湖南方言与语法理论的互动研究思路，能反映湖南境内各大方言的多样性特征。在"湖南方言与功能语法"一篇中，内容涉及功能语法所关心的一些问题，包括复数标记、后置复数指示词、指示型列举标记、代词、语气词、量名结构等。在"湖南方言与配价语法、语义地图理论"一篇中，内容涉及配价语法、语义地图理论所关心的一些问题，包括方言动词配价语法研究，方言句式配价研究，方言被动句、介词悬空型处置句、双宾句的句式配价情况，方言双及物结构语义地图的绘制等。在"湖南方言与语法化理论"一篇中，内容涉及语法化理论所关心的一些问题，包括方言句末助词"着"的类型、事态助词"着"的语法化、处置标记的语法化、被动标记的语法化等。书中对湖南方言所做的一些研究，比如对名词复数标记的类型及来源分析，对复数指示词的功能分析、对汉语被动句的配价分析、对悬空处置式的分析、对双及物结构语义地图的分析、对事态助词的分析等，能为汉语方言和当代语法理论的互动提供一个很好的研究思路和研究范例。

　　对方言（或小语种）进行详细的分析和描写，能推动普通语言学理论的发展，国外学者早就注意到了。如 Gumperz & Wilson (1971) 对印度 Kupwar 村语言并合现象的描写与研究，导致人们对语言借用和谱系关系互不相干的观点做重新思考；Derbyshire

（1977）对句子以宾语起头的一种语言的描写，导致类型学对明显的普遍现象的解释可能要改写；Hale（1973）对澳大利亚一种语言的语音典型形式所做的报道，使人们对音韵学中可学性问题重新思考（见林书武：《注意语言事实的描写——〈语言〉杂志征求语言描写报告》，《国外语言学》1997年第3期）。以汉语方言为主要语料来研究语法理论问题，许多学者已经做出了非常成功的尝试和探索，比如徐烈炯、刘丹青两位先生对汉语话题结构的研究就是如此（见徐烈炯、刘丹青：《话题的结构与功能》，上海教育出版社，1998年）。储泽祥先生等曾经对湖南方言中一些有意思的现象进行深入的调查和理论研究，非常值得我们借鉴（比如"两个"的连词用法及类型学价值，见储泽祥、丁加勇、曾常红：《湖南慈利通津浦话中的"两个"》，《方言》2006年第3期）。袁毓林先生曾经提出一个希望，我们非常赞同："我们衷心地希望有更多的同仁来进行这方面的研究，充分地利用汉语方言的丰富资源，提出具有普遍语言学理论价值的规律和研究方法。"（见袁毓林：《话题的结构与功能》评述，《当代语言学》2003年第1期）本书强调湖南方言和当代语法理论的互动研究，也算是上述研究思路的一个尝试，希望能为普通语言学理论的发展尽绵薄之力。

目 录

上篇　湖南方言与功能语法

第一章　湖南凤凰话后置复数指示词 ……………………（3）
　　——兼论方言中复数标记"些"的来源
　　第一节　凤凰话的复数指示词 ……………………………（3）
　　第二节　后置复数指示词"这些/果些"表列举 …………（5）
　　第三节　后置复数指示词"这些/果些"表复数 …………（8）
　　第四节　复数标记"这些/果些"用于类指 ………………（10）
　　第五节　方言中复数标记"些"的来源推测 ……………（12）

第二章　湖南常德话表达事件连类复数的"VP俺"结构 ……（14）
　　第一节　名词性成分后附复数标记"俺" ………………（14）
　　第二节　动词性成分后附复数标记"俺" ………………（15）
　　第三节　"VP俺"结构的句法功能 ………………………（17）

第三章　隆回方言的代词系统 …………………………………（20）
　　第一节　隆回方言的人称代词 ……………………………（20）
　　第二节　隆回方言的指示代词 ……………………………（25）
　　第三节　隆回方言的疑问代词 ……………………………（33）

第四章　隆回湘语语气词的功能分析 …………………………（35）
　　第一节　隆回湘语语气词考察 ……………………………（36）
　　第二节　隆回湘语语气词系统 ……………………………（56）

第五章　湖南衡东新塘话的量名结构及其功能分析 …………（60）
　　第一节　衡东新塘话主语位置上量名结构的指称功能 ……（61）

第二节　主语位置上的量名结构对个体名词的选择 ……… (66)
　　第三节　主语位置上的量名结构对表人个体
　　　　　 量词的选择 ………………………………………… (70)
　　结　语 …………………………………………………………… (73)

第六章　指示词"这些、那些"的列举功能 ……………………… (75)
　　第一节　两种指示型列举结构 …………………………………… (75)
　　第二节　同位式列举结构"A 这些/那些 B" ………………… (77)
　　第三节　后附式列举结构"A 这些/那些" …………………… (82)
　　第四节　后附列举标记"这些/那些"与其他
　　　　　 列举标记的区别 ………………………………………… (86)
　　第五节　方言中的后附列举标记"这些/那些" ……………… (88)
　　结　语 …………………………………………………………… (89)

第七章　现代汉语数名结构的篇章功能 ………………………… (91)
　　第一节　类型学视角下的数名结构 …………………………… (91)
　　第二节　"一 + 名"结构的不定指功能 ……………………… (94)
　　第三节　"数（大于一）+ 名词"结构的回指功能 ………… (97)
　　结　语 …………………………………………………………… (102)

中篇　湖南方言与配价语法、语义地图理论

第八章　小句视点下的汉语配价问题 …………………………… (107)
　　第一节　目前汉语配价研究所面临的几个重要问题 ……… (107)
　　第二节　句式对配价控制作用 ………………………………… (112)
　　结　语 …………………………………………………………… (116)

第九章　隆回湘语被动句主语的语义角色 ……………………… (118)
　　　　　——兼论句式配价的必要性
　　第一节　隆回湘语"吃"字句主语语义角色的复杂性 …… (119)
　　第二节　用句式配价观看待"吃"字句式 ………………… (124)
　　结　语 …………………………………………………………… (131)

第十章　从方言被动句主语的语义角色看句式配价的必要性 …（132）
- 第一节　湖南黔阳方言被动句 …………………（132）
- 第二节　湖南长沙方言的被动句 ………………（135）
- 第三节　湖南娄底方言的被动句 ………………（137）
- 第四节　湖南祁东方言的被动句 ………………（139）
- 第五节　宁波方言非受事主语被动句 …………（141）
- 结　语 ……………………………………………（142）

第十一章　隆回湘语的"N+担+VP"处置式 ………（143）
- 第一节　隆回湘语"N+担+VP"处置式语序的特殊性 …（143）
- 第二节　隆回湘语"N+担+VP"处置式与受事主语句联系紧密 …………（145）
- 第三节　隆回湘语"N+担+VP"处置式的处置标记可以悬空 …………（147）
- 第四节　不能狭义理解处置式 …………………（150）

第十二章　隆回湘语双宾句中的动词类型和句式特征 ………（151）
- 第一节　隆回湘语双宾句的句式结构 …………（153）
- 第二节　进入双宾结构的动词类型 ……………（157）
- 第三节　双宾句的句式语义与句式论元 ………（162）
- 第四节　双宾句式与给予句式的区别 …………（168）
- 结　语 ……………………………………………（171）

第十三章　语义角色的连续性与语义地图 ………（172）
- 第一节　语言事实：引出语义角色的语法形式的多功能性 …………（172）
- 第二节　语义角色的连续性和语义地图 ………（174）
- 第三节　汉语方言几幅语义角色语义地图 ……（178）
- 第四节　语义地图模型的功用和价值 …………（181）

第十四章　从湘方言双及物句式看双及物结构语义地图 ……（184）
- 第一节　英语、汉语双及物结构的语义地图 …（184）
- 第二节　隆回湘语双及物句式及关联的句式 …（187）

第三节　经过修改的双及物论元结构语义地图和
　　　　　　隆回湘语双及物论元结构的语义地图 ………… (194)
　结　语 ………………………………………………………… (199)

下篇　湖南方言与语法化理论

第十五章　汉语方言句末"着"的类型学考察 …………… (203)
　第一节　语气助词"着" ……………………………… (204)
　第二节　事态助词"着" ……………………………… (205)
　第三节　语气助词"着"与事态助词"着"的联系 …… (211)

第十六章　事态助词"着"及其语法化机制 ……………… (215)
　第一节　事态助词"着"的语法化过程 ……………… (216)
　第二节　事态助词"着"的语法化机制 ……………… (220)
　第三节　研究事态助词"着"语法化问题的重要价值 … (224)

第十七章　隆回方言中表处置的"担" …………………… (226)
　第一节　隆回湘语的"担"属于多功能词 …………… (226)
　第二节　处置式中的介词"担" ……………………… (227)
　第三节　表处置语气的"担" ………………………… (234)
　第四节　"担"字的连用及语序 ……………………… (237)
　结　语 ………………………………………………………… (241)

第十八章　隆回湘语"吃"的语法化：从被动标记到
　　　　　因果标记 …………………………………………… (243)
　第一节　介词"吃" …………………………………… (243)
　第二节　副词"吃" …………………………………… (245)
　第三节　连词"吃" …………………………………… (247)
　结　语 ………………………………………………………… (251)

参考文献 ……………………………………………………… (252)

上篇

湖南方言与功能语法

第一章　湖南凤凰话后置复数指示词
——兼论方言中复数标记"些"的来源

> 湖南凤凰话的复数指示词"这些""果些"使用前置语序，表示指示功能和称代功能；使用后置语序，即用在名词性成分的后面，表示列举、复数和类指的用法。文章详细描写了"这些/果些"表示列举义、复数义和类指用法的语法特点，得出凤凰话后置指示词"这些/果些"的语法化过程为：复数指示词→同位短语中表连类指示→后置列举助词→连类复数→真性复数，表明复数指示词语法化为复数标记，必须经过后置列举助词这个环节，而这个环节首先发生在指示性同位短语这个句法环境中。本章推测西南官话的复数标记"些"来源于这类带"些"的后置复数指示词。

第一节　凤凰话的复数指示词

本章考察湖南凤凰县方言用在名词性成分后面的指示词"这些、果些"的功能，选择的方言点是凤凰县城沱江镇。凤凰县位于湖南省西部，据《中国语言地图集》记载，凤凰方言属于西南官话黔北小片，据陈晖、鲍厚星（2007）认为凤凰方言属于西南官话怀靖片怀凤小片，李蓝（2009）则认为属于西南官话湖广片湘西小片。该方言一共有 20 个声母，34 个韵母，4 个声调。（李启群，2011）凤凰方言的指示代词有两个：近指用"这"[tsei³⁵]，远指用"果那"

[ko⁴²]（本字不明，以同音字"果"代替，下同）。其中复数指示词❶是"这些"[tsei³⁵·ɕiɛ]、"果些"[ko⁴²·ɕiɛ]。

在凤凰话中，"这些""果些"如果使用前置的语序，表示指示功能和称代功能，即用在名词性成分的前面，用来指称、区别或替代表多数的人和事物，"这些"表近指、"果些"表远指，里面的"这""果"一般重读。

"这些""果些"的指示功能。如：

（1）a. 这些布腌里腌臜的_{很脏}。

　　　b. 果些人，冇有_{没有}一个好东西。

"这些""果些"的称代功能。如：

（2）a. 这些你留到起_{留着}，果些我要拿走的。

　　　b. 帮_把果些拿到起_{拿着}。

"这些""果些"如果使用后置的语序，即用在名词性成分的后面，表示列举、复数和类指的用法，指示功能已经弱化，伴随的是语音弱化，"这些""果些"可以读轻声。如：

（3）a. 桌子啊，电视机啊这些你都抹干净了嘛？（列举）

　　　b. 今天涨洪水啦，学生果些都转屋里去啦_{学生们都回家去了}。（复数）

　　　c. 狗这些养起来要轻松好远_{狗养起来很轻松}。（类指）

前置指示词"这些""果些"表指示、称代功能时，有近指远指的对立；而后置指示词"这些""果些"的指示功能已经弱化，近指远指的对立消失或中和了❷，用来表示列举、复数或用于类指，这种对立关系中和在形式上表现为后置指示词"这些""果些"通常可以混用并且可以读轻声。比如"衣服这些"也可以说成"衣服果些"，都表示衣服一类的东西，相当于"衣服什么的"；而"这些

---

❶ 复数指示词的说法，见吕叔湘、江蓝生（1985：233-235），他们认为，我们现在说"这些、那些"是"这个、那个"的复数形式，这是受了西方语法里"数"的观念的影响；刘丹青（2002）认为"一些"为复数数量短语，"些"为复数量词。

❷ 关于对立关系消失或中和，沈家煊（1999a：23）有详细论述。

衣服""果些衣服"就有近指远指的区别。上面例句中的"桌子啊，电视机啊这些""学生果些""狗这些"也可以说成"桌子啊，电视机啊果些""学生这些""狗果些"，意思相同。本文下面用"这些/果些"来表示后置的"这些""果些"可以混用且意思不变，如"衣服这些/果些你都洗了吗？"。如果是单数指示词"这个""果个"，只能采用前置的语序，不能采用后置的语序，如"这个学生""果个学生"，没有"学生这个""学生果个"的说法。下面主要分析凤凰话后置复数指示词"这些/果些"的列举义、复数义和类指用法。

第二节 后置复数指示词"这些/果些"表列举

一、连类列举

连类列举是通过列举一项或几项类及其他，表示以列举项为代表的一类事物。凤凰话"这些/果些"附着在列举项后面，表示连类列举，属于列举未尽并类及其他，相当于普通话的"什么的"。从来源看，"这些/果些"可以称作指示源列举标记，表示连类列举，可以列举人、物、事，列举物、事的居多，列举项一般是两项或几项，在句中主要做主语和介词的宾语。如：

（4）a. 衣服啊、鞋子啊这些/果些都是我买的。（列举事物）

　　b. 帮把姜糖、菌油这些/果些跟给其他都送点过去。

（5）a. 姑婆好造孽姑奶奶好可怜，妹崽女儿啊、伢崽儿子啊这些/果些对其都有好。（列举人）

　　b. 其好聪明，老师啊、领导啊这些/果些都好喜欢其哒。

（6）a. 到小学当老师，唱啊、跳啊这些/果些，你是肯定要会的哒。（列举活动或事件）

　　b. 打针、吃药这些/果些，niaŋ⁵⁵伢崽家小孩子最怕啦。

如果是列举一项类及其他，后面通常有语气词"啊"。如：

(7) a. 衣服啊这些/果些你都洗了吗？

b. 现在学生伢崽家_{学生}啊这些/果些都有蛮好管唉。

指人名词的单项连类列举，跟下文分析的连类复数有直接联系，都跟多数有关，连类列举标很容易虚化为连类复数标。

"这些/果些"附着在列举项的后面，指示作用已经弱化，相当于一个列举助词❶。

二、连类列举与指示性同位短语

同位短语的后项可以由"指示词＋总括名词"充当，这类同位短语可以称作指示性同位短语❷。如果指示词是复数指示词，那么这个指示词就有连类指示的功能。连类指示和一般的指示不同，它有类及其他的意思，通过列举一项或几项指示一个类别。如"张涛、王华这些人"，"这些人"不仅仅指示"张涛、王华"，而且指示"张涛、王华这一类人"，"这些"指示的范围要大于前面的项，可见这里的指示词"这些"兼有列举和总括的作用。吕叔湘、江蓝生（1985：234）也提到，汉语的"这些"常用在列举若干事物之后所加的总括性名词之前，例如"笔墨纸砚这些东西"，这里的"这些"多少兼有"等等"的意思。

凤凰话"这些/果些"后置表列举的用法明显来源于"这些/果些"构成的指示性同位短语。在指示性同位短语中，指示词后面有一个用于总括列举项属性的上位词，如同位短语"姜糖、菌油这些/果些东西""柜子、梳妆台这些/果些家具""张涛、王华这些/果些人""打针、吃药这些/果些事"，里面的"东西""家具""人""事"就是上位词。其中的"这些、果些"可以互换且意思不变，

---

❶ 列举助词的说法借鉴了张谊生（2001），他对现代汉语中的12个列举助词进行了多角度的考察。

❷ 邢福义（1996：266）认为，同位项的排列，通常是"概括—具体"；如果排列成"具体—概括"，往往采用"A 这个 B"之类的形式，即概括项要借助指示词。刘街生（2004）提到了汉语类标式同位短语，包括指别式、数量式和列举式三类，其中指别式要借助指示词。

"这些"的近指性和"果些"的远指性都已弱化而近于中性，是一个不论远近的中性指示词❶，主要起列举和总括作用。当这些指示性同位短语的上位词脱落后，指示词自然就后置了，说成"姜糖、菌油这些/果些""柜子、梳妆台这些/果些""张涛、王华这些/果些""打针、吃药这些/果些"。这是重新分析的结果："这些/果些"在指示性同位结构中本来是前置的，即在总括项的前面；但由于总括项中上位词的脱落，"这些/果些"就被重新分析为前面名词的附着成分❷。即"这些/那些"原来是独立的指示词，在同位结构中演变为附着成分，相当于列举助词。下文要分析的"这些/果些"的复数用法和类指用法，已经没有上位词的句法位置，是个典型的后附成分。

指示性同位短语成为指示词后附形式（即脱落总括项中的上位词）需要一个条件，即总括项中的上位词必须具有较高的易推性（可及性）❸。换句话说，尽管上位词没有出现在指示词的后面，但却是说话人和听话人双方的共有知识当中已有的内容，或者是通过共有知识易于推及的内容。易推信息大致包括下面几个方面：①人类共有知识，比如上位词是人、东西、事情等。②言谈场景规定的知识内容，比如上位词是回指成分，先行词在前面已经出现。③说话人和受话人共有的知识，比如上位词是双方共知的对象，如老师、亲戚。如果上位词是人们熟知的事物，它的可及性就高，在语法上体现为结构简单。指示词后置形式当然比指示性同位短语结构简单，这符合"越熟悉的事物，内部成员越多样，结构越简单"这个认知原则（沈家煊，1999a：37）。

---

❶ 关于中性指示词的详细分析，见吕叔湘、江蓝生（1985），陈玉洁（2011）。
❷ 重新分析会改变一个句法模式的底层结构，其中的一个表现是粘聚性的改变，指一个独立的自由词变成附着词或者附着词变成词缀、词缀变成词内成分这类演变。见吴福祥（2013）。
❸ 关于"易推性（可及性）"和下面的"易推信息"，借鉴了方梅（2002，2005）的观点。

第三节　后置复数指示词"这些/果些"表复数

一、连类复数

"这些/果些"附在单个指人名词和指物名词的后面，如果强调由个体类及其他的多数，属于连类复数[1]的用法。如：

(8) a. 张继这些/果些啊，迟早要出事的。
　　b. 冇和张涛这些/果些走玩_玩啦，晓得嘛？
　　c. 去看下子，校长这些/果些都到了吗？
　　d. 其结婚，亲戚这些/果些都来啦。

例中"张继这些/果些""张涛这些/果些""校长这些/果些""亲戚这些/果些"分别表示张继这一类人、张涛这一类人、以校长为代表的这一群人、亲戚朋友等。又如：

(9) a. 衣服这些/果些你都洗了吗？
　　b. 你放心，桌子这些/果些商店里头有好多。
　　c. 铺盖这些/果些我都买好了。

例中"衣服这些/果些""桌子这些/果些""铺盖这些/果些"分别表示衣服这一类的东西、桌子这一类的东西、铺盖这一类的东西。

"这些/果些"附在单项名词后面，可能表连类列举，也可能表连类复数，它们的区别是：连类列举是通过列举一项类及其他，名词后面常常带上语气词"啊"，表示列举项可以延续；连类复数是由一个个体名词类及其他，名词后面一般不带语气词"啊"，个体名词不能延续。连类列举很容易理解为连类复数，二者联系密切。比如"桌子板凳这些/果些"既表示列举项的延续，又表示个体的多数。这表明"这些/果些"的列举义很容易语法化为复数义，"这些/果

---

[1] 连类复数和真性复数的概念，见吕叔湘、江蓝生（1985）。

些"后置表复数的用法明显来源于它的列举义。由于指示词具有增加显著度的功能❶，所以"这些/果些"充当复数标记时，结构一般占据显著的句法位置即主语位置。

二、真性复数

"这些/果些"附着在单个指人名词后面，如果强调个体的多数，而不强调个体类及其他，那么就表示真性复数了，并且是定指，即"这些/果些"兼有复数和定指的意义。如：

(10) a. 去看下子，领导这些/果些都到了嘛？
　　　b. 其伢崽今天结婚啦，其朋友这些/果些都转来回来啦。
　　　c. 小盛果脾气好丑，帮把客人这些/果些都气走啦。

例中的"领导这些/果些""朋友这些/果些""客人这些/果些"分别强调领导、朋友、客人的个体数量多，相当于领导们、朋友们、客人们。

许多指人名词后附"这些/果些"，既可以作连类复数理解，也可以作真性复数理解。如"老师这些/果些"，可以表示老师和其他人，也可以表示许多老师。附着在单个指人名词后面的"这些/果些"，由于或多或少带有类及其他的意思，真性复数的意义还不典型，这种用法在凤凰话中还没有广泛运用，比如不能推广到附着在人称代词后面表复数，人称代词复数形式不是后附"这些/果些"，而是后附"们"。所以指人名词后附的"这些/果些"一般表示连类复数，可以看成一个准复数标记。由于后置的"这些/果些"已经表明数量为不确定的多数，前面不能再用数量词语修饰，比如不能说"五个朋友这些/果些"。

---

❶ 指示词具有增加显著度的功能，见沈家煊（1999b）。

第四节　复数标记"这些/果些"用于类指

一、复数标记"这些/果些"用于类指名词后

复数标记"这些/果些"还可以附在类指名词的后面，表示所指的对象是确定的一类人或一类事物，不表示个体的多数，属于类指的用法。一般认为，名词性成分所指的对象如果是整个一类事物或一个群体，那么该名词性成分为类指（通指），类指的核心语义是名词所表事物的非个体性（陈平，1987；刘丹青，2002）。比如北京话的"这"常常加在名词前表示类指（通指）（张伯江、方梅，1996；方梅，2002）。凤凰话的复数标记"这些/果些"用于类指名词后，常在句中做主语。如：

(11) a. 医生这些/果些，果那就好累咻。这医生,那就很累呢。

　　　b. "叫花子"这些/果些看起来都好腌臜。叫花子看起来都很脏。

(12) a. 桌子这些/果些一般都是用木头做的。

　　　b. 听讲，老鼠子这些/果些，比人都还聪明点。

上述例句中，"这些/果些"附在单项名词后表示类指：陈述的是一类人或事物，而不是具体的某些人或事物，体现出非个体性的特征；句子的谓语通常是属性谓语，不是事件谓语。

如果"这些/果些"附在单项名词后面，可能是类指用法，也可能表示复数。用于类指的"这些/果些"，名词性成分不能定指，前面通常不能出现限定性成分；表复数的"这些/果些"，名词性成分可以定指，名词前面可以出现有限定性成分。比如"学生伢子家这些/果些"，表类指时，强调学生这一类人，是无定的，没有指具体的哪些学生；表复数时，强调许多个体，表示许多学生，是定指的。"老师这些"也可以这样理解。如：

(13) a. 学生伢崽家这些/果些一般都也单纯啦。学生一般比较单纯。

　　　　（类指）

b. 这完子_{这里}，学生伢崽家这些/果些都也单纯啦。这里的学生们都比较单纯。（复数）

（14）a. 老师这些/果些要求都好高哝，你要好生加油啊。（类指）

　　b. 去看下子，学校门口老师这些/果些都来了嘛。（复数）

　　这说明，复数除了强调个体的多数，一般还与定指关联，这一点凤凰话更加明显。

二、类指特点

　　从共性与类型的角度看，类指由于要排斥个体性，许多语言都优先选择复数表示类指。（刘丹青，2002）凤凰话的选择符合语言的共同倾向，只不过在语序上，凤凰话选择复数指示词后置的语序。类指着重内涵而不着重外延，但是类指实际上是有外延的，可以通过添加指称成分凸显外延。（刘丹青，2002）凤凰话的类指可以通过添加复数标记来凸显外延，表明类指跟数有密切关联。吕叔湘、江蓝生（1985：69）曾认为，在一个名词包括某一类人物的全体，即所谓"类数"（the generic number）的时候，照例不加"们"。吕、江两位先生用"类数"概括通常所说的类指或通指，正表明类指跟数有密切关联。凤凰话的情况可以归入复数类指。凤凰话的光杆名词也可以表类指，如"老师都好有地位"。与后附复数标记的类指相比，前者表示的类指凸显属性，后者表示的类指凸显类别。

　　另外，凤凰话用复数标记"这些/果些"表示的类指成分常用于话题的位置。如：

（15）a. 老师这些/果些，钱就多哝。

　　b. 猫这些/果些，身上的毛就多哝。

　　c. 老鼠子这些/果些，牙齿好少。

这些句子中"这些/果些"所依附的成分是说话人引出的一个话题，这个话题总与事物所属的类别相关，即类指话题。与没有附复数标记的话题成分相比，"这些/果些"的使用加大了话题的可识别性，并且成了"言域"中引进话题的手段，这种属于言域的类指实际上

是:"要说一类人/事物"❶。比如上面句子里的话题分别相当于:要说老师一类的人、要说猫一类的动物、要说老鼠一类的动物。

第五节　方言中复数标记"些"的来源推测

凤凰话复数指示词"这些/果些"的用法表明,复数指示词是列举标记和复数标记的一个来源。语义上的连类列举和句法上的后置列举助词用法实现了复数指示词向复数标记语法化的过渡,即表复数的指示词要语法化为复数标记,必须经过后置列举助词这个环节,而这个环节首先发生在指示性同位短语这个句法环境中,语法化的过程为:

复数指示词→同位短语中表连类指示→后置列举助词→连类复数→真性复数

复数指示词向复数标记语法化经历了重新分析的过程,并且它的指示义逐渐弱化,复数义逐渐增强。举例如下:

这些老师、果些_{那些}领导→老师啊、领导啊这些/果些人→老师啊、领导啊这些/果些→老师这些/果些_{老师一类的人}→老师这些/果些_{老师们}

充当复数标记的复数指示词已经不具备指示功能,有可能脱落其中的指示词,进一步弱化成后缀"些",成为复数标记,这可能是西南官话许多方言复数标记"些"的来源,尽管凤凰话的复数标记还没有语法化为"些"。

西南官话许多方言存在一个名词复数标记"些",如贵阳话(涂光禄,1990;汪平,1994)、贵州沿河话(肖黎明,1990)、成都话(张一舟、张清源、邓英树,2001)等,这种现象许多学者做过研究,但是复数标记"些"的来源及语法化过程还不够明晰。我们推测西南官话的复数标记"些"来源于本文提到的这类带"些"

---

❶ 关于"言域"的语法格式,参看沈家煊(2003),肖治野、沈家煊(2009)。

的后置复数指示词。以贵阳话为例,"些"用于名词性成分之后充当复数形式,如娃儿些、老师些、虫虫些、桌子些。涂光禄(1990)的研究显示,"些"表示连类意义更常用的是在名词性成分之后加"呵这些",相当于书面语的"等等之类",例如"老王呵这些都来了","去买点笔墨呵这些来"。汪平(1994:78)也认为,"啊这些"用在名词后,强调列举的事物,表示"等等之类",例如"电冰箱啊这些都买得有的""买了猪肉、鸡蛋、鱼啊这些"。当指示词脱落以后,"些"附在名词后头,表示之类、等等的意思,为连类复数。如"娃娃些快走开""柴米油盐些嘿,外头买得倒的"(转引汪平,1994:123)。这里显示的刚好是本文分析的后置复数指示词表示列举,复数指示词被重新分析为表列举的后附成分,然后用于连类复数,其语法化过程应该是:复数指示词→后置列举助词→复数后缀"些"(指示词脱落)。

(本章和我的研究生沈祎女士合作完成。)

第二章　湖南常德话表达事件连类复数的"VP俺"结构

> 湖南常德话中，名词的复数标记"俺"可以附着在动词性成分的后面，形成"VP俺"复数结构。"VP俺"结构的语法意义是以VP所代表的事件为主、类及其他多个事件，属于连类复数。进入"VP俺"结构中动词性成分是有限制的，一般是表示活动的无界动作。"VP俺"复数结构的主要句法功能是做主语，起指称事件的作用；可以做谓语，但受限制。

第一节　名词性成分后附复数标记"俺"

在湖南的一些方言中，名词的复数标记还可以附着在动词性成分的后面，表示事件连类，如常德话、桃源话、澧县话、临澧话（以上属于西南官话常澧片）、南县话、洞口话（以上属于湘语长益片）等。本章以常德话为研究对象，分析名词复数后缀"俺"[·ŋan]用在动词性成分后面表示事件连类意义的用法。本章中常德话的材料来自于笔者对常德市武陵区德山开发区的调查。常德话声韵调系统，请参看郑庆君（1999）。研究湖南常澧片方言的学者对复数标记"俺"字的写法存在差异，比如陈蒲清（1987）记作"岸"，应雨田（1994）记作"唵"，郑庆君（1999）、易亚新（2007）记作"俺"。

常德话名词性成分的复数标记是"俺"，包括人称代词、名词、"的"字短语这些成分后附"俺"。人称代词的复数标记，是在人称代词"顽[uan13]、您[lin13]、他[tʻa55]"后面附后缀"俺",说成:顽俺(我们)、您俺(你们)、他俺(他们)。名词的复数标记,是在普通名词后面附"俺"。指人名词后附"俺"表示复数,如:大人俺_{大人们}、老师俺、朋友俺;指物名词后附"俺"表示复数,如:鸡俺_{许多鸡}、鸭子俺_{许多鸭}、碗俺、饼干俺。另外,名词性联合短语可以后附"俺"表示复数,如:衣服袜子俺_{衣服袜子一类的东西}。"的"字短语也可以后附"俺"表示复数,如:男的俺_{男人们}、老的俺、买菜的俺_{买菜的人们}、洗衣的俺、开车的俺。"的"字短语附"俺"后只能表示人的多数,不能表示物的多数,不能说"妈妈买的俺""他洗的俺"。

名词性成分后附"俺",语法意义可以是真性复数,如"鸡俺"表示许多鸡;也可以是连类复数,如"饼干俺"表示饼干一类的东西。结构附"俺"后不能与表示确数的数量词组合,例如不说"三个同学俺""两本书俺",但可以与表示不定量的数词组合。

第二节 动词性成分后附复数标记"俺"

在常德话里,名词的普通复数标记"俺"还用在动词性成分的后面,构成"VP俺"复数结构,表多个事件的连类。比如"洗衣俺"表示以洗衣服为主的一类事;"买菜俺"表示表示以买菜为主的一类事。充当"VP"的动词性成分可以是一项,也可以是两项。动词性成分后附复数标记"俺",主要有以下四种形式。

1. 动宾短语后附"俺"。这是常德话中常见的事件连类复数形式,动宾短语的宾语在语义上要求是受事,动词的受事论元得到满足后,"动宾短语+俺"结构才能表达事件。如:买菜俺、弄饭俺、洗衣俺、晒被子俺、看电影俺、交水费俺、吃东西俺、写东西俺、抹桌子俺、拖地俺。看实例:

(1)住得这里,买菜俺_{买菜一类的事}几得很不方便。

(2)弄饭俺几得麻烦。

（3）这个小伢，洗衣俺呢学会哒，弄饭俺还没学会。

（4）抹桌子俺去！（抹桌子、干家务活去！）

（5）周末的晚上可以看电影俺哒。

在"动宾短语+俺"结构中，动词后的宾语只能是普通光杆名词，动词不能再带动态助词，动词前面也不能出现表示正在进行的词语。下面的句子不成立：

（6）*他看哒电影俺哒。

*他看哒一部电影俺哒。

*他到那里正在那里看电影俺。

可见，进入"动宾短语+俺"结构中动宾短语表示的是活动，属于无界动作（沈家煊，1995）。其中的宾语要求是受事，其他由非受事宾语构成的动宾短语，比如施事宾语（如"走人""出太阳""通火车""过汽车"）、处所宾语（如"坐飞机""上馆子""吃食堂""回学校"）、目的宾语（如"跑生活"），都不能后附"俺"。

2. 动词后附"俺"。少数双音节动词能直接后附"俺"，动词限于表示活动的动词，如睡觉、洗澡、学习、跑步、唱歌、跳绳。附"俺"后表示事件，如"睡觉俺"表示睡觉一类的事，"洗澡俺"表示洗澡一类的事，"跑步俺"表示跑步及做其他运动。如：

（7）这里睡觉俺还好，就是吃饭不方便。

（8）我洗澡俺搞去哒。

（9）现在的学生，学习俺不爱搞，只晓得玩。

（10）天气热和哒，要跑步俺哒。

单音节动词一般不能直接后附复数标记"俺"，比如不说"洗俺""吃俺""抹俺"。原因是单音节动词不是表达活动或事件的，并且动词的受事论元没有得到满足。如果要表达事件连类意义，需要借助事件动词"搞"，构成"V啊俺搞"结构。如：

（11）我刚刚洗啊俺搞去哒，来晚哒。

（12）她不喜欢抹啊俺搞，么得事_{什么事}都要我来搞。

（13）到他屋里吃啊俺搞还可以，就是洗啊俺搞不方便。

其中"洗啊俺搞"指洗衣服一类的事,"抹啊俺搞"指抹桌子一类的事。

3. 动词性联合短语后附"俺"。如：洗衣做饭俺、画画跳舞俺、吃烟喝酒俺、割稻插秧俺、唱歌跳舞俺。

（14）这个小伢,<u>洗衣、做饭俺</u>都学会哒。

（15）<u>画画跳舞俺</u>她都奈得何。

（16）顽哥哥<u>吃烟喝酒俺</u>么得都不搞。

4. 单音节动词叠结后附"俺"。如"洗洗刷刷俺""敲敲打打俺""吵吵闹闹俺",是单音节动词 V_1、V_2 重叠并粘结在一起形成叠结形式后再附"俺"❶,意义上表示连类。如"洗洗刷刷俺"表示洗洗刷刷一类的事,"敲敲打打俺"表示敲敲打打一类的事。

（17）他一上午<u>洗洗刷刷俺</u>搞哒好久。

（18）屋里一天到晚<u>吵吵闹闹俺</u>不好。

（19）他这一天到屋里<u>敲敲打打俺</u>搞,不晓得搞些么得什么。

总之,进入"VP 俺"结构中动词性成分是有限制的,一般是表示活动的无界动作❷。

第三节 "VP 俺"结构的句法功能

"VP 俺"结构主要功能是充当主语,对事件进行指称,突出指称性,可以用"么得什么"来回答。此时结构既有事件连类义,又有指称义。如上面例（1）（2）（3）。又如：

（20）他妈妈专门帮他弄饭,<u>吃饭俺</u>几得方便。

（21）<u>跳绳俺</u>蛮减肥。

（22）她动作慢的很,一早上<u>漱口洗脸俺</u>要搞好久。

（23）顽妈妈能干得很,<u>炒菜煮汤俺</u>都搞得几得好很好。

"VP 俺"结构也可以用在谓语位置,但受限制。该结构在谓语

---

❶ 单音节动词叠结形式的说法,见储泽祥（2000）、张谊生（2000）。

❷ 活动和事件的区别、无界动作和有界动作的区别,详见沈家煊（1995）。

位置上是对事件进行陈述，可以用"搞么得干什么"来回答。此时结构既有连类义，又有陈述义。如：

（24）顽妈妈买菜<u>俺去哒</u>，你等一下下。

（25）顽爸爸<u>交水费俺去哒</u>。

（26）他到学校里搞么得去哒？还不是<u>上课俺去哒</u>。

（27）他妈妈迷信的很，一天到晚到屋里<u>烧香拜佛俺搞</u>。

"VP俺"结构独立做谓语的能力很弱，用在谓语位置上多数是跟"去"连用构成连动句，如例（24）（25）（26），其中的趋向动词"去"有指示前面的 VP 为活动的作用❶；或者借助事件动词"搞"，如例（27）。谓语位置上的"VP俺"结构已经属于动词复数的范畴❷。

"VP俺"结构充当定语

"VP俺"结构充当定语，中心语一般是"事"，这说明"VP俺"结构是表达事件的。如：

（28）<u>拖地俺</u>的家务事他从来没有搞过。

（29）小伢还是莫惯肆他，<u>洗衣俺</u>的事要自己搞。

（30）他正事不爱搞，<u>扯卵谈俺</u>的事来得一包子劲。

汉语方言中有许多关于名词复数的报告，如河北藁城话、山西平遥话的"们"（杨耐思、沈士英，1958；侯精一，1999），贵州贵阳话和沿河话的"些"（涂光禄，1990；肖黎明，1990），四川成都话的"些""们""伙"（张一舟、张清源、邓英树，2001），江西安福话的"物"（雷冬平、胡丽珍，2007）等，但是这些名词复数标记很难类推到动词和动宾短语的后面表示连类复数。贵州省沿河话的名词复数"些"（肖黎明，1990），可以构成"动宾短语+些"结构，但不常见，只见于部分俗语中，并且"动宾短语+些"所指是人，与动作连类无关，如"砍脑壳些不听话，要得报应。"其中"砍脑壳些"指"砍脑壳的人""短阳寿的人"。而常德话的"动宾

---

❶ "去+VP"和"VP+去"句式的区别，详见陆俭明（1985）。

❷ 关于动词复数和事件复数，详见 Corbet（2005）。

短语＋俺"所指是事件连类，并且比较常见。这些事实显示了湖南常德话复数标记有特别之处，即普通名词复数标记可以用在动词或动宾短语后表连类复数。

（本章和我的研究生刘娟女士合作完成。）

第三章　隆回方言的代词系统

> 　　本章从共时的角度分析了隆回方言中一个湘语点（罗白点）的代词系统。全文共分为三部分，分别介绍隆回方言（罗白点）的人称代词、指示代词和疑问代词的分布及其用法，对那些不同于普通话的、具有方言特色的代词做了重点考察。

第一节　隆回方言的人称代词

一、隆回方言人称代词的内部差异

　　就隆回方言内部而言，人称代词，特别是表复数的人称代词，差异较大。人们常可以任借人称代词的读音和结构方式来判断说话人是哪里的。

　　人称代词单数的构成方式基本相同，都可以记作"我""你""其"。人称代词复数的构成方式有较大的差异，根据其构成方式的不同，隆回方言的人称代词可分为三类：

　　A类，人称代词复数由单数加后缀"哩"或"唧"或"咧"等构成。如县城桃红镇方言（属于湘语娄邵片）：

　　单　数　　　　　　　复　数
　　我 [ŋo^{31}]　　　　我哩 [ŋo^{31}ni^{55}]、卬哩 [ã^{13}ni^{55}]
　　你 [n^{31}]　　　　　你哩 [n^{13}ni^{55}]

其 [tɕi³¹]　　　　　其哩 [dz̺ẽ¹³ni⁵⁵]

B类，用声调的不同来区分单数和复数。如高州方言（现属金石桥镇，属于赣语区）：

单　数　　　　　　复　数
我 [o³¹]　　　　　我 [o³⁵]
你 [n³¹]　　　　　尔 [n³⁵]
其 [tɕi³¹]　　　　其 [tɕi³⁵]

其中单数人称代词读上声，复数人称代词读去声。

C类，自称和对称的复数通过屈折变化，即通过改变单数的声调或韵母的形态来表示，他称的复数则用附加后缀来表示，如罗白方言（现属山界乡，属湘语娄邵片）：

单　数　　　　　　复　数
我 [ŋo³¹]　　　　　吾 [ŋɑ³⁵]
你 [n³¹]　　　　　尔 [n³⁵]
其 [tɕi³¹]　　　　其翁 [tʂ̺ẽ³⁵n⁵⁵]

二、隆回罗白方言人称代词的主要用法

隆回罗白方言（湘语娄邵片）的人称代词系统见表3–1：

表3–1　隆回罗白方言（湘语娄邵片）的人称代词系统

人称＼数	单　数	复　数
自称	我 [ŋo³¹]	吾 [ŋɑ³⁵]
对称	你 [n³¹]	尔 [n³⁵]
他称	其 [tɕi³¹]	其翁 [tʂ̺ẽ³⁵n⁵⁵]
反身称	自己 [zŋ²⁴tɕi³¹]、自家 [zŋ²⁴kɑ⁵⁵]	自家 [zŋ²⁴kɑ⁵⁵]
统称	—	大势 [dɑ²⁴sŋ⁵⁵]
尊称	你老家 [n³¹nɑ³¹kɑ³¹]	—
其他	别个 [miɛ²⁴kɤ⁵⁵]	别个 [miɛ²⁴kɤ⁵⁵]

表中单数的"你［n³¹］"记作"你",表复数的"你［n³⁵］"就记作"尔［n³⁵］",以便区分。人称代词的主要用法说明如下:

1. 自称、对称、他称分别有单数和复数的对立。自称的单复数利用韵母和声调的变化加以区分,对称的单复数利用声调的变化加以区分,他称的单复数则通过变调、变韵、添加后缀"翁"(本字可能为"人")加以区分。这种对立主要还是通过声调的改变来实现,单数读上声［31］调,复数读阴去［35］调。

2. 自称、对称、他称都可以作主宾语;作领属定语时,用法详见下文"人称代词作领属定语"。

3. "吾"表复数,相当于"我们"。有时也用于单数,表示一种炫耀或嘲弄、自卑的感情色彩。如:

(1) 睐会子那时候卖旱烟,吾我们也卖过鸦片烟个的呢(那时候卖旱烟,我也卖过鸦片烟呢!表炫耀)。

(2) 吾睐会子弄吃唔不倒,哪里学像ku³¹子现在!(我那时弄不到吃,哪里像现在呀!表自卑。)

4. 反身称用"自家"或"自己"。当与人称代词(自称、对称、他称)或人名结合时,常用"自己",强调某人亲自做某事。如:

(3) 我要看电视了!——你自己放啰!

当所修饰的名词为集体拥有的对象时,常用"自家"。如:

(4) 自家屋头家里着表语气没得,还送把给别个!(自己家里都没有,还送给别人。)

"自家"的使用频率比"自己"高,口语色彩浓,老年人常用。

5. 统称用"大势",相当于普通话的"大家"。如:

(5) 没得么个什么招待的,大势大家光坐下子算哩。(没什么可招待的,大家就坐会儿。)

6. 尊称用"你老家"［n³¹nɑ³¹kɑ⁵⁵］,用来指称年长的或受尊称的一个人,只有单数。如:

(6) 你老家慢慢哩行。(您慢走。)

(7) 你老家到哪里去?(您到哪儿去?)

当要指称一群人时，尊称要借用指示代词复数形式加称谓名词来表示，即用"咯滴（那滴、眯滴）+称谓名词"或"尔+咯滴"（那滴、眯滴）+称谓名词"来表示。如：

（8）尔咯滴师傅要到哪里去唉？（你们这些师傅要到哪里去呀？）

（9）那滴爷爷，向尔问下路者？（这些爷爷，向你们问一下路好吗？）

7."别个"相当于普通话的"别人""人家"，与上文的"自家"相对。如：

（10）你自己着唔_不去，还要别个去。（你自己都不去，还要别人去。）

当说明自称有不如意的事时，常用"别个"做主语，显示不满情趣。如：

（11）别个找急死哩，你还在那里笑。（人家着急死了，你还在笑。）

"别个"还可以用在人的名字前，指代他称，表示一种称赞语气。如：

（12）你看别个芳芳哪嘎_{多么}很呢！（你看人家芳芳多乖呀！）

三、人称代词作领属定语

人称代词表领属与一般名词表领属有所不同，并且单数领格和复数领格的表达方法也有区别。主要有以下表达格式。

1. 单数/复数人称代词+方位短语，中间一般没有结构助词"个_的"。如：

（13）尔身上带打火机么？——吾身上净没带，其身上带起。

2. 单数/复数人称代词+指量名短语，中间不能有结构助词"个_的"。如：

（14）我眯杯水吃_被其吃过哩。（我那杯水被他喝了。）

（15）尔眯滴谷子收唔_不收噢？（你们那些谷子收不收呢？）

3. 单数/复数+个个 [ke^{31}] +中心语

（16）我个位置在哪里？（我的座位在哪儿？）

（17）咯里是吾个屋，那里是尔个屋。（这是我家，那是你家。）

以上三种格式是单数领格和复数领格共同具有的，其区别仅在于：单数强调个人领有，复数强调集体领有。试对比：

（18）担你眯把钳子用下者。（借你那把钳子用一下。）

（19）担尔眯把钳子用下者。（借你家那把钳子用一下。）

其中上句强调"钳子"为"你"一人独有，用单数"你"；下句强调"钳子"为"你们"家庭集体领有，用复数"尔"。以下4、5两类表领属的格式只有复数形式，没有单数形式。

4. 复数+地点处所词。地点处所词总为集体领有。如：

（20）尔桃花坪有个，吾罗白也有。

（21）尔学校有好多老师？

5. 复数+称谓名词

这是用复数形式表达单数的指称，其中称谓名词可以是亲属称谓、社交称谓或人的名字。如：

吾妇人家（我老婆）　尔老弟（你弟弟）　其翁娘（他妈妈）

吾同学（我同学）　尔校长（你们校长）其翁老师（他老师）

吾紫娟（我家紫娟）　尔玲玲（你家玲玲）其翁玲玲（他家玲玲）

这种格式一般不强调"谁的"，不突出领有者，而是强调代词与称谓名词之间的亲密关系。如果要突出领有者，强调"谁的"，那么就要用"单数/复数+个个+称谓名词。"如：

（22）其是吾个校长，又没是尔个校长。

人称代词在"复数+人名"中是表领属关系，但在"单数+人名"中表示同位复指关系。如：

（23）吾仁华唔$_{得}$得骗你。（我家仁华不会骗你。）（领属关系）

（24）我仁华唔$_{得}$得骗你。（我仁华不会骗你。）（同位关系）

从定位上表领属的人称代词可以看出，在隆回方言中，如果要强调"谁的"，突出领有者，则用"人称代词+个+人名"的格式表示；如果不强调谁的、不突出领有者，则用"人称代词+人名"的格式，表示一种亲密的关系。与地点名词、称谓名词配合时，常选用"复数+地点名词/称谓名词"表示，即用复数形式表示单指的意义。

第二节 隆回方言的指示代词

一、隆回方言指示代词系统

隆回方言指示代词系统见表 3-2：

表 3-2 隆回方言指示代词系统

指示代词 指标区分 指示对象	近 指	中 指	远 指
指代人、物	咯（个、滴） [ko^{31}] 咯+量词	那（个、滴） [n^{31}] 那+量词	眯（个、滴） [mẽ^{55}] 眯+量词
指代处所	咯里 [ko^{31}ni^{31}] 咯个挡 [ko^{31}kɐ^{55}tɑ̃^{35}]	那里 [n^{31}ni^{31}] 那个挡 [n^{31}kɐ^{55}tɑ̃^{35}]	眯里 [mẽ^{55}ni^{31}] 眯个挡 [mẽ^{55}kɐ^{55}tɑ̃^{35}]
指代时间	咯会子 [ko^{31}ɣue^{55}tse^{31}]	那会子 [n^{31}ɣue^{55}tse^{31}]	眯会子 [mẽ^{55}ɣue^{55}tse^{35}]
指代程度	咯嘎 [ko^{31}kɑ^{31}] 咯+形容词	那嘎 [n^{31}kɑ^{31}] 那+形容词	眯嘎 [mẽ^{55}kɑ^{31}] 眯+形容词
指代方式	咯嘎 [ko^{31}kɑ^{31}] 咯下嘎 [ko^{31}tʂʻɑ^{55}kɑ^{31}]	那嘎 [n^{31}kɑ^{31}] 那下嘎 [n^{31}tʂʻɑ^{55}kɑ^{31}]	眯嘎 [mẽ^{55}kɑ^{55}] 眯下嘎 [mẽ^{55}tʂʻɑ^{55}kɑ^{31}]
指代性状	咯样个 [ko^{31}iɑ̃^{55}ke^{31}]	那样个 [n^{31}iɑ̃^{55}ke^{31}]	眯样个 [mẽ^{55}iɑ̃^{55}ke^{31}]

从表 3-2 中可以看出，隆回方言的指示代词有近指、中指、远指三种分别。近指、中指、远指的区分不仅存在于指人、物的远近中，还存在于指示时间、处所、程度、方式、性状的远近中，这样便构成了一个完整的三分指代系统。在这个系统中，近指、中指、远指分别用"咯-""那-""眯-"表示，其中"咯-""那-""眯-"都不能独使用，不能单独充当句法成分，必须要和一些后缀、量词或形容词组合在一起，才能充当句法成分，如"咯个_这么、这样_、咯个_这个_、咯长_这么长_"。

二、影响近、中、远指的一些因素

近指、中指、远指的意义是从说话人的角度来理解的，因而是相对的。

近指、中指、远指主要是指距离的远近，包括空间距离和时间距离。指示代词在不同的指称中有一些对立。影响近指、中指、远指的因素有：

1. 距离的远近。这是选择近指、中指或远指的主要因素。所指对象有的距离近，有的距离远，说话人常根据距离的远近选择近指、中指或远指。如果近指是指示说话人这一边，那么中指就指示说话人的旁边，相当于"旁指"；而远指则是近指、中指之外的指称，其距离当然要比近指、中指要远。如：

(25) ——吾咯桌吃完过哩，尔那桌吃完过么？

——找么个急噢，其翁_他们_眯桌也没吃完。

（我们这桌吃完了，你们那桌吃完了没有？着什么急呀，他们那桌也没吃完。）

其中"咯桌"是说话人所处的位置，"那桌"在说话人旁边，"眯桌"离说话人稍远。又如：

(26) 我眯本书呢？——在那里。

问话人原以为"书"离自己很远，或不在自己周围，或不在自己视线所及的范围内，于是发问，用远指"眯"；答话人发现"书"

就在不远处，于是选用中指"那里"来回答。

2. 是否在视线所及的范围内。说话时所指称的对象有的在视线所及范围之内，有的在视线以外。视线所及范围以外的常用远指"眯"，视线所及范围内的常用"咯""那"。如：

（27）你昨夜间看到个眯根蛇有好大子？（你昨晚看到的那条蛇有多大？）

（28）快看哩，那根蛇有好大子！（快看，那条蛇有好大啊！）

3. 泛指与特指。由于远指代词"眯"往往指称距说话人较远的对象或视线之外的对象，所以该指称对象容易转化为一种泛指、不定指。由于中指是指称旁边的或距离不远的对象，所以往往是特指的、定指的。当然近指也是特指的。如：

（29）眯根蛇有好长子？（那根蛇有多长？）

——有锄头把把眯长子。（有锄头把儿那么长。）或：有那根扁担那长。（有那根扁担那么长。）

其中答句中用来指称"眯长"的比较对象"锄头把把"（锄头把儿）是泛指对象，不是具体指称，用"眯"指代；用来指称"那长"的比较对象"那根扁担"是特指的，该对象就在旁边。

正因为如此，当指称时间时，"眯会子"（那会儿）可以泛指过去或将来的某个时候，而"那会子"指称的时间往往紧接着出现在上文，成为一种特指（详见下文）。在隆回方言中有"眯夜间"（那天晚上）、"眯日"（那一天）的说法，无"那（咯）夜间""那（咯）日"的说法。"眯夜间"指称远过去的某个晚上，"眯日"指称远过去的某天。

也正因为"眯"可以是泛指，所以当"在眯里"据"V倒"后不表处所，而是表"正在进行"，并成为后一分句动作的时间参照点，"在眯里"已由表处所虚化为表示时间。如：

（30）吾看倒电影在眯里，就落雨哩。（我们还在看电影，突然就下雨了。）

（31）吾吃倒饭在眯里，好好哩就停过电。（我们正在吃饭，好好的就停了电。）

4. 指称对象的已知和未知。具体地说，就是说话人认为听话人对所指代的对象的熟悉程度。

叙说形式的语言可以进一步帮助我们认清指示代词的分类和选择，因为此时距离的远近往往不是影响近、中、远指的主要因素。这时，指称对象的已知和未知（已知和未知都是从说话人的角度来理解的）可以影响指示代词的选择。如果叙述人认为指称对象为已知的，即为听话人所熟悉的，用"那"；如果叙述人认为指称对象为未知的、即为听话人不熟悉的，用"眯"。如：

（32）给其乞个包袱时，净是滴细货绸子，那样个被呢、衣衫呢，净是滴那样个细货。（给他的那个包袱呀，里面都是些细绸子、被子呀、衣服呀，都是些细货。）

上句中的"被""衣衫""细货（绸子）"都是受话人熟知的对象，用"那样个"指代。

（33）眯样个鸦片烟吾也卖过。（那样的鸦片烟我也卖过。）

上句中的"鸦片烟"为受话人不熟悉的形象，用"眯样个"指代。

（34）尔个屋有蛮高八高，有天那高么？（你们的房屋非常非常高，有天那么高吗？）

上句中"天"的高度为大家共知的，即"非常非常高"，用"那高"指代。

（35）到过那个熟垱_{熟悉的地方}哩呢，其就唔_不怕哩。（到了那个熟悉的地方了，他就不怕了。）

上句中"熟垱"为受话人熟悉的，用"那个"指代。

（36）眯个日本担倒眯个伤兵是朝个。（那个日本鬼子拿着那个伤员没办法。）

上句中的"日本""伤兵"都是受话人不熟知的，用"眯个"指代。

三、指示代词的用法

这里主要讨论那些用法与普通话不同的指示代词。

（一）指代人、物

指人单数用"咯/那/眯＋个"表示，复数用"咯/那/眯＋滴"表示；指物用"咯/那/眯＋量词"表示。如：

（37）地上咯滴鸡是眯个人个。（地上这些鸡是那个人的。）

在"是"字句中，常用"咯/那/眯里"指代人或物，充当主语。如：

（38）眯里是哪个？（那是谁？）

（39）咯里是鸭肉，那里是鸡肉。（这是鸭肉，那是鸡肉。）

（二）指代处所

常用"咯/那/眯里"来指代。"咯/那/眯个"是用来指代"这个（那个）地点"，强调某一地点或某一处。如：

（40）我咯个垱痛死哩。（我这儿痛死了。）

（41）你到过眯个垱么？（你到过那个地方么？）

普通话的"这儿""那儿"可以直接用在动词前，作状语，如：

（42）——咱们那儿谈好不好？——就这儿谈吧。

隆回方言中表处所的指示代词，不能直接放在动词前作动词的状语；必须要与介词组合成介宾结构，才能作状语。如以上两句用隆回话应说成：

（43）吾到眯里去讲要唔要得？——就到咯里讲呢。

指物的指示代词放在动词前常作句子的存现主语。普通话"那儿放炮呢，千万别去。"用隆回方言说，是：

（44）眯里在放炮呢，千万莫去。

其中"眯里"做存现主语，不作动词的状语。

在隆回方言中，表示动作正在进行的词往往要和处所词同现。

如果无确定的处所，便用指示代词"咯里""那里""眯里"来替代。此时指示代词的处所义已不很明显，主要表示"正在进行"，如"其在做么个？其在眯里莳田。"该用法请参看笔者拙作《隆回方言的介词》（伍云姬主编，1998）。

（三）指代时间

用"咯/那/眯会子"来指称时间的远近，相当于普通话的"这/那会儿"。主要用法见表 3-3。

表 3-3 "咯/那/眯会子"的用法

指示代词	意义	时点/时段	时间的远近	其他
咯会子	此时、现在	时点	此时	
那会子	过去或将来的那个时刻	时点	近过去、近将来	复指上文提及的具体时间
眯会子	过去或将来的某个时候	时点、时段	远过去、远将来	泛指过去或将来的某个时候

从表中可以看出，"那会子"强调近过去的某个时点，还可以复指上文提及的具体时间，即用"那会子"时，它指代的那个具体时间必须在上文（常常在上句）出现。而"眯会子"强调远过去、远将来的某个时点或时段，还可以泛指过去或将来的某个时候。如：

（45）你咯会子才来啦？（你现在才来？）

（46）我十点钟才回来。——那会子电影时放完过哩。

（47）我读小学眯会子，你在哪里？（我读小学的时候，你在哪儿？）

当"那会子"和"眯会子"都强调时点时，它们都可以说，但强调重点稍有不同。如：

（48）要墨黑个眯会子，你到哪里去过里？——眯会子/那会子我去看秧水去过哩（天快黑的时候，你到哪儿去了？那会儿/那时候我去看秧水去了）。

问句用"眯会子"，一般不用"那会子"，泛指过去的某个"时候"。答句用"眯会子",侧重强调稍远的过去;用"那会子"侧重强调近过去。

(四) 指代程度

普通话用"这么、那么"来指代程度,不能用"这、那"。隆回方言有两种指示程度的方式:"咯(那、眯)+部分单音节形容词"、"咯(那、眯)+嘎+形容词(动词)。"

"咯"要求后接表空间、时间、数量的单音节积极义的形容词,常见的有:长、宽、高、深、厚、远、久、大、多、重。如:

(49) 眯根蛇有好长子?好大子?——有咯长,有只水桶那大。(那条蛇有多长?有多大?有这么长,有只水桶那么大。)

除此之外的其他类型的形容词或动词都只能和"咯(那、眯)嘎"组合,如:

(50) 尔屋头哪那嘎热啦?(你家里哪那么热?)

(51) 你咯嘎唔₋放心,干脆要其回来。

表程度的指示代词的远近指称,由指代对象与说话人的距离的远近来决定。这个指代对象是用来比较的人或事物,即"指示代词+形"所修饰的对象。试对比:

(52) a. 其有我咯高(近指,用来比较的对象"我"就是说话人。)

b. 其有你那高(中指,用来比较的对象"你"在说话人旁边)。

c. 其有小娟眯高。(远指,用来比较的对象"小娟"不在说话人身旁,或离说话人很远。)

(五) 指代方式

用"咯(那、眯)嘎"或"咯(那、眯)下嘎"指代。

(53) 咯桩事就咯嘎了过哩。(这件事就这么了结了。)

(54) 咯嘎粘倒粘倒,热死哩!(这么紧紧地挨着,热死啦!)

"咯（那、眯）（嘎）个"前常有介词"担"，一起构成表方式的介词结构，修饰动词，强调动作方式，如：

(55) 其担眯嘎一摇，就变过哩。(他那么一摇，就变了。)

(56) 担咯下嘎算，做生意也划唔$_不$来。(这么算，做生意也划不来。)

有时，"担+咯（那、眯）（嘎）家"可以作谓语，如：

(57) 莫担咯嘎，担眯嘎。[别这样，要那样（做）。]

(58) 前年子担眯嘎，还没担今年咯下嘎。(前年那个样子，也还没像今年这个样儿。)

（六）指代性状

用"咯（那、眯）样个"指代，相当于普通话"这样（的）""那样（的）"，修饰其后的名词。如：

(59) 那样个菜，其怕是唔$_不$吃。(那样的菜，他恐怕不吃。)

(60) 莫担咯样个鬼话吓小囝人。(别拿这种鬼话吓唬小孩子。)

"那样个""眯样个"还可以表列举，如：

(61) 那样个衣衫唉、裤子唉，其打咯头撕唉去。(那些衣服呀，裤子呀，他就这么撕过去。)

（七）"眯"、"眯里"、"眯个"起关联作用

"眯、眯里、眯个"还可以引进表后果的小句，起连接作用，三个词可以互换着说。如：

(62) 我担咯本书同你调嘛？——眯我唔$_不$折过哩。(我拿这本书和你换好吗？那我不亏了。)

(63) 咯样个你唔$_不$吃，眯里你吃么个？(这样的你不吃，那你吃什么？)

第三节　隆回方言的疑问代词

一、隆回罗白方言疑问代词系统

表 3-4　隆回罗白方言疑问代词系统

询问对象	疑问代词	相当于普通话
问　人	哪（个、滴）[nɑ³¹（kɐ⁵⁵、ti⁵⁵）]	谁
问事物	么个 [mo³¹ kɐ⁵⁵]、哪+量词	什么、哪+量词
问处所	哪里 [nɑ³¹ ni³¹] 哪个垱 [nɑ³¹ kɐ⁵⁵ tɑ³⁵]	哪里、哪儿 哪个地方
问时间	哪会子 [nɑ³¹ ɣue⁵⁵ tse³¹]、	什么时候
问程度	哪个 [nɑ³¹ kɑ³¹]、好 [xɐ³¹]	多么、多
问方式	哪嘎、哪下嘎 何嘎、何嘎滴、何得	怎样、怎么样 怎么、怎么办、怎么会
问原因	何嘎、为 [uɑ¹³] 哪咯（那、睬）嘎	怎么、怎么这样（那样）
问性状	哪样（个）	哪样（的）

从表 3-4 中可以看出，在构成方式上，隆回方言疑问代词绝大部分是由"哪"加后缀构成。

在用法上，与普通话基本相同。表中问程度的"好"与"哪嘎"的区别与上文的"咯"与"咯嘎"的区别相同，"好"只接部分单音节积极义形容词（如长、宽、高、深、厚、远、久）。如：

（64）睬只树有好大子？（那棵树有多大？）

（65）尔个灯哪嘎亮子？（你家的灯有多亮？）

"何嘎"可以用来询问方式和原因。问原因的"何嘎"[（o¹³ kɑ³¹] 或 [o¹³ kɑ³¹]，音节可以合为"为"[uɑ¹³]。如：

（66）咯把扇是何嘎做起个？（问方式）

（67）你何嘎来过哩啦？（你怎么来啦？）（问原因）

（68）你为咯嘎长啦？（你怎么这么长呀？）（问原因）

"哪个"问方式，常和介词"担"配合，如：

(69) 你担哪嘎拱唉进来个？（你怎样钻进来的？）

二、疑问代词作周遍性主语

与普通话一样，隆回方言中疑问代词有许多非疑问用法。这里只讨论疑问代词充当周遍性主语表任指的情况。表任指的疑问代词在单句中充当周遍性主语时，不能直接用疑问代词来充当主语，必须在疑问代词"哪"前加上表示"没有例外"的前缀"随-"，构成"随+哪-"，才能充当周遍性主语。如：

(70) 随哪个着唔$_不$想去。（谁也不想去。）

(71) 其随哪个唔$_不$怕。（他谁都不怕。）

(72) 随哪个做个菜其净唔$_不$吃。（谁做的菜他都不吃。）

(73) 随哪个买个其净唔$_不$要。（谁买的他都不要。）

(74) 其随哪里去过（他哪儿都去过）。

(75) 其随哪会子净戴起帽子个。（他任何时候都戴着帽子。）

第四章　隆回湘语语气词的功能分析

引　言

　　本章详细考察了隆回湘语语气词的用法（隆回南部方言属于湘语娄邵片，隆回北部方言属于赣语区），这些用法和例句均见于县城城南及附近的山界乡。本章的重点是详细考察每一个语气词的意义和用法，并在此基础上总结隆回湘语的语气词系统。分析语气词时我们特别注意了两点：①不同语气词之间和同一语气词内部意义的对立性，为此我们多次使用了对比法，以期所归纳的意义是准确的；②试图通过共时的结构和意义考察，分析出历时上的演变发展情况，为此我们非常留心同一个词在不同结构中的联系，以及语气用法和非语气用法之间的联系。

　　汉语语气词的研究，成果颇多，学者们对语气词的研究方法、语气词分类、语气词虚化过程值得我们借鉴。本章研究隆回湘语单个语气词的方法，主要借鉴了胡明扬（1981，1988，2000）、陆俭明（1984）、邵敬敏（1989）的做法；隆回湘语语气词的类型和系统，主要借鉴了吕叔湘（1982）、朱德熙（1982）的做法；隆回湘语语气词的虚化过程，主要借鉴了刘坚、江蓝生、白维国、曹广顺（1992），刘坚、曹广顺、吴福祥（1995），曹广顺（1995）的观点；隆回湘语句中语气词的分析，主要借鉴了张伯江、方梅（1996）、徐烈炯、刘丹青（1998）的观点。

第一节　隆回湘语语气词考察

隆回湘语的句末语气词主要有：子［tse³¹］、滴［ti⁵⁵］、滴个［ti⁵⁵kɑ³¹］、哩［ni³¹］、着［tɕe⁵⁵］、么［mɐ³¹］、唉［a³¹］、呢［ne⁵⁵/ne³¹］、嘛［mɑ³¹］、哪［nɑ³¹］、者［tɕiɛ⁵⁵］、啰［nɐ⁵⁵］、奈［na³¹/na⁵⁵］、个［ke³¹］、噢［e³¹］、啊［ɑ³⁵/ɑ³¹］；句中语气词有：是［zη³¹］、着［tɕe⁵⁵］、着是［tɕe⁵⁵zη³¹］、呢［ne⁵⁵/ne³¹］、唉［a³¹］、奈［na³¹］、嘛［mã³¹］。我们将对这些语气词逐一进行介绍。

一、子［tse³¹］、滴［ti⁵⁵］、滴个［ti⁵⁵kɑ³¹］

这一组语气词跟数量义或程度义有关。

（一）子［tse³¹］

1．"子"用在陈述句末尾，表示一种肯定语气，并具有完句作用。常常用于肯定句，与表示不定量的名量词"滴"或动量词"下"配合使用，使句子完整。如：

（1）要是少哩，你就添滴钱子。（要是少了，你就添点儿钱。）

（2）得空哩到屋头来坐下子。（有空来我家里坐坐。）

（3）没事哩就看下电视子，打下牌子。（没事了就看看电视，打打牌。）

（4）生意只咯个这么好做子，钱也只赚倒咯多子。（生意也只这么好做，钱也只赚倒这么多。）

上述句子如果没有"子"，句子会显得生硬、别扭：

（5）﹖要是少哩，你就添滴钱。

　　﹖得空哩到屋头来坐下。

　　﹖没事哩就看下电视，打下牌。

"子"一般不能用于否定句：

（6）*莫添滴钱子。

没看下电视子/。

没打下牌子子。

生意唔_不好做子。

这个"子"除了表肯定语气和完句作用外，还兼有"量少"的意义，是一个虚化得不彻底的语气词，上述例句均含有量少的意义。

2. "子"用在形容词谓语句的末尾，陈述语气中含有较弱的赞叹语气。如：

（7）今日咯里菜咸津津哩子，硬是炒得好。（今天的菜咸津津的，确实炒得好。）

（8）咯身衣衫还好子，捞薄子。（这身衣服还好呢，非常薄。）

（9）今日唔冻，还舒服子。（今天不冷，还舒服呢。）

句子附"子"后，使得整个句子含有程度因素，并表示对这种程度的一种弱赞叹，具有褒义色彩。正因为"子"有赞叹语气，所以那些含有贬义色彩的状态形容词就不能附"子"，只能附"个"表示肯定和确认语气。如说人非常瘦，不能说"其青瘦子。"而要说"其青瘦个。"或"其青瘦。"通过对比可以看出"子"表弱赞叹，"个"表确认：

（10）a. 咯身衣衫捞薄。（陈述）

b. 咯身衣衫捞薄个。（确认语气，衣服确实薄。）

c. 咯身衣衫捞薄子。（弱赞叹，赞叹衣服非常薄。）

（11）a. 咯里菜咸津津哩子。（弱赞叹，表示菜有味道，褒义）

b. 咯里菜绯咸个。（确认，表示菜确实太咸了，贬义）

例中附"子"的均表示一种赞叹和褒义色彩，不附"子"的没有这种色彩。

3. "子"在感叹句中起帮助构成感叹句的作用。如：

（12）今日哪嘎热子！（今天多热啊！）

（13）其好高子！（他多高啊！）

（14）今日好大的风子！（今天好大的风啊！）

这个"子"在感叹句中起帮助构成感叹句的作用，而不表示感叹语气，这是因为句中的感叹语气是由指示程度的指示代词"哪嘎_多么_、好"和语调表现出来的，并且附"子"的句子也可以不表感叹。上述感叹句如果没有语气词"子"，就不能构成感叹句：

(15) *今日哪嘎热！／*其好高！／*今日好大的风！

4. "子"在疑问句中起帮助构成疑问句的作用。如：

(16) 眯只树有好大子？（那棵树有多大？）

(17) 你个灯哪嘎_多么_亮子？（你家的灯有多亮？）

上述疑问句如果没有语气词"子"，就不能构成疑问句：

(18) *眯只树有好大？／*你个灯哪嘎亮？

试对比：

(19) 那个羊牯子好重子！（那只羊好重啊！）

(20) 那个羊牯子好重子？（那只羊有多重？）

两例结构一样，只是语调不同，一个是感叹句，一个是疑问句。"子"在其中起帮助构成感叹句和疑问句的作用。

5. 语气词"子"来源于句中助词"子"

"子"在句中可以用作结构助词和概数助词，陈述句中表示赞叹语气的"子"来源于结构助词的"子"，而表肯定语气的"子"来源于概数助词"子"。

"子"作概数助词，用在数量名结构的后面，表示概数。如：

(21) 咯个鱼两斤子。（这条鱼两斤左右。）

(22) 其今日只吃得半碗饭子。（他今天只吃了半碗饭。）

当句中已有表概数的量词（如"滴、下"）时，"子"的概数意义就与之重复，这个"子"便向起肯定语气作用和完句作用的语气词发展。如：

(23) 没事哩就看下电视子，打下牌子。（没事了就看看电视，打打牌。）

"子"作结构助词，附在状态形容词后面，构成状中结构。如：

(24) 捞薄子切起／仔仔细细子寻／零零碎碎子给其乞钱

有时"哩子"连用一起作结构助词。如：

(25) 咸津津哩子炒起/轻冒冒哩子行/细细哩子切起。

这个"子"通常是对积极义或褒义色彩的形容词的一种肯定。当这个附"子"的形容词作谓语或补语时，"子"便位于句尾，向语气词发展，并含有赞叹这种状态的语气。试对比：

(26) a. 咯里菜要捞薄子切起。（这菜要薄薄地切。）

　　 b. 咯里菜切得捞薄子。（这菜切得非常薄。）

(27) a. 今日咯里菜要嫩冻冻哩子炒起。（今天这菜要炒得非常嫩。）

　　 b. 今日咯里菜嫩冻冻哩子。（今天这菜非常嫩。）

例中 a 句的"子"是结构助词，b 句的"子"是语气词，并含有赞叹语气。

（二）滴 [ti^{55}]、滴个 [ti^{55}kɑ^{31}]

用在询问方式的特指问句末尾，句中有询问方式的疑问代词"何个 ɣo^{13}kɑ^{31}怎么、哪个 nɑ^{31}kɑ^{31}怎么"。即分布在"何个/哪个 + VP + 滴"句式中。如：

(28) 哪日要分家哩，看你何个分滴？（哪天要分家了，看你怎么分呢？）

(29) 咯条门何个开滴？（这条门怎么开呢？）

(30) 没得筷子，担哪个吃滴？（没有筷子，怎么吃呢？）

"滴"也可以说成"滴个"[ti^{55}kɑ^{31}]：

(31) 你把床上堆满过了，我何个困滴个怎么睡呢？（你把床上全堆满了，我怎么睡呢？）

(32) 我担鼎锅中间空滴水，你何个吃滴个怎么吃呢？（我把锅里倒些水，你怎么吃呢？）

(33) 你担桶桶中间放滴水，我还何个怎么装东西滴个？（你把桶里面放些水，我还怎么装东西呢？）

疑问代词"何个滴怎么办"就是句式"何个 + VP + 滴"省略动词短语后形成的，如上述"何个分滴"→"何个滴"：

（34）哪日要分家哩，看你何个滴？（哪天要分家了，看你怎么办？）

表询问方式的"滴"是由表示不定量的量词"滴"演变而来的，但表示不定量的量词"滴"最终发展成询问语气词"滴"，是在询问方式的特指问这个语境中形成的。

"滴"作不定量词，表示"一些""些"的意思，如"咯滴酒、一滴水"，"滴"还常常附在性质形容词后面，充当完句成分，构成"N+A+滴"。如：

（35）你高滴，我矮滴。（你高些，我矮些。）

（36）你比我高滴。（你比我高些。）

（37）吾_{我们}莳倒禾在那田里，你要好生滴_{小心些}。（我们插了秧在那田里，你要小心些。）

当"A+滴"这一格式用询问方式的疑问代词提问时，便形成了句式"何个+A+滴"，如"你何个高滴？"此处的"滴"仍然表示不定量，但由于处在句末，已有语气词的某些迹象。这一句式泛化后，便形成了句式"何个+VP+滴"，此时"滴"的"不定量"意义已很不明显，变成了语气词，如：

（38）我何个吃饭滴？

"滴"得虚化过程应为：

A+滴→何个+A+滴→何个+VP+滴。

二、哩 [ni³¹]、着 [tsɤ⁵⁵]

这一组语气词跟事态义有关。

（一）哩 [ni³¹]

语气词"哩"处在陈述句句末，有两种意义：一是表示变化，与事态有关，可以称之为事态助词❶；二是肯定一种状态或程度。

---

❶ 关于事态助词的分析，详见刘坚等（1992）、曹广顺（1995）、李小凡（1998）。

1. "哩"表示变化，陈述变动性的事态。

通过对比可以明显地看出"哩"表示变化，试对比"其高滴"与"其高滴哩"：

(39) 其高滴，你矮滴。（他高些，你矮些。）

(40) 其高滴哩。（他高些了。）

这两句都含有对比意义，前一例没有"哩"，强调与别人相比的结果，这是一种静态的比较；后一例有"哩"，强调与自己原来相比发生了变化，由不怎么高到高了一些了，这是一种动态的比较。

1) 陈述变动性的事态，可以是一种没有发生到将要发生或已经发生的变化，

强调发生了变化。如：

(41) a. 落雨哩，快去收衣衫。（下雨了，快去收衣服。）

　　b. 水开过哩，快滴提开。（水开了，快提开。）

　　c. 要吃饭哩，去唔成哩。（要吃饭了，去不成了。）

　　d. 其得过病哩，出来唔得哩。（他生病了，不能出来了。）

这些例子都强调一种变化发生：a 例是说原来没下雨，现在下雨了；b 例是说原来水没开，现在开了；c 例是说原来没吃饭，去得成，现在要吃饭了，去不成了；d 例是说原来他没生病，能出来，现在生病了，不能出来了。

2) 陈述变动性的事态，可以只说出变动后的状态或结果，是一种已经发生变化了的事实，强调一种已然。如：

(42) 其七八十岁哩，动唔得哩。（他七八十岁了，动不得了。）

(43) 我好久没担咯个咳哩，快一两年哩。（我很久没这样咳了，快一两年了。）

(44) 其眼珠唔看见哩，耳朵咳聋过哩。（他眼睛看不见了，耳朵也聋了。）

"哩"在有的句子既可以表示变化发生，又可以表示已然，这样的句子便有歧义。

如"你娘来过哩"就有歧义：

041

(45) 你娘来过哩，快走！（你娘来了，快跑！）

(46) 你娘来过哩，你大爷唉来过哩。（你娘来了，你爸爸也来了。）

其中前一例表示发生了一种变化：你娘原来没来了，现在正往这边走来了，你快跑。后一例表示已然：你娘已经来了或早就来了，不表示变化。

3) 陈述变动性的事态，也可以是一种将然。句末"去哩"连在一起，就表示将然。如：

(47) 今年子买唔起，明年子买去哩。（今年买不起，明年再买。）

(48) 你要打赢我，二世去哩。（你要打赢我，等来世再说。）

4) 陈述变动性的事实，也可以是一种对原来某个主观或客观标准的偏离，对原来某个主观或客观标准的偏离也是一种变化。如：

(49) 咯个衣衫特打大哩，我穿唔得。（这件衣服太打大了，我不能穿。）其特矮哩，担唔倒。（他太矮了，够不着。）

2. "哩"肯定一种状态或程度，用于肯定句中，常见于以下两种格式。

1) VV＋哩，其中VV为单音节动词重叠形式，"哩"肯定一种持续状态。如：

(50) 其头丝蓬蓬哩，衣衫披披哩，像个癫婆哩。（他蓬着头，披着衣，就像个疯子。）

(51) 其眼珠横横哩，嘴巴翘翘哩，唔晓得那个得罪过其。（他横着眼睛，翘着嘴巴，不知道谁得罪了他。）

例中"蓬蓬哩、披披哩、横横哩、翘翘哩"均表示一种持续的状态。

2) V/A＋C＋（O）＋哩，其中C为程度补语，"哩"肯定一种程度。如：

(52) 其随么个舍唔得，小气死哩。（他什么都舍不得，非常小气。）

（53）其今日赚倒好多钱啊，笑死其哩。（他今天赚了很多钱，高兴极了。）

（54）咯个苹果酸死哩，连吃唔得。（这个苹果非常酸极，吃不得。）

这些例子都表示一种高程度："小气死哩"相当于小气得很，非常小气，"酸死哩"相当于非常酸，"笑死其哩"是说他觉得非常好笑，"哩"在其中有强调程度的作用。

"哩"在肯定状态或程度的同时，还有完句作用，上述例中的"哩"均不能少，否则句子不能完句。

3. 语气词"哩"与助词"哩"

语气词"哩"的两个意义分别来自于动态助词和结构助词的"哩"，即表示变化的语气词"哩"来源于动态助词"哩"，表示强调状态或程度的语气词"哩"来源于结构助词"哩"。

1)"哩"做动态助词，用在"V+哩+O"或"V+C+哩+O"（C限于结果补语）格式中，"哩"表示动作的结果已经实现。如：

（55）其今日吃多哩酒，讲尽酒醉话。（他今天喝多了酒，尽说酒话。）

（56）你怕寻错哩门眼，捉倒我一方骂起。（你找错了人吧，竟把我骂了一顿。）

当"V+C+哩+O"中的"哩"后移置句末或O不出现，即格式变成"V+C+O+哩"或"V+C+哩"或"V+O+V+C+哩"时，"哩"便成了表示事态结果的语气词（或事态助词）。如上述前一例可以用"V+O+V+C+哩"格式去说：

（57）其今日吃酒吃多哩，讲尽酒醉话。（他今天喝酒喝多了，尽说酒话。）

"V+C+O+哩"或"V+C+哩"格式的例子，如：

（58）你打错人哩。（你打错人了。）

（59）其泻多哩，一日吵个没停。（他吃多了，整天吵个不停。）

这个句末的"哩"泛化后，就成了我们上文讨论的表示事态变化的语气词了。

2)"哩"在状中结构中做结构助词,用在状态形容词和少数重叠动词之后。如:

AA+哩+中心语:慢慢哩行(慢慢地走)、傻傻哩吃(傻傻地吃)、死死哩咬倒(死死地咬着)

AXX+哩+中心语:气胀胀哩讲(气鼓鼓地说)、轻毛毛哩打(轻轻地打)、细秧秧哩切起(细细地切好)

当附"哩"的状态形容词做谓语或补语时,处在句尾的"哩"便向语气词发展。如:

(60)今日咯里菜嫩冻冻哩,硬是好吃。(今天的菜非常嫩,确实好吃。)

(61)今日咯里菜切得细秧秧哩,肯定蛮好吃。(今天的菜切得非常细,一定好吃。)

例中句末的"哩"已经具备了语气词的一些特点。

由于"哩"所强调的状态明显具有程度意义,所以"哩"也可以强调程度,于是"哩"就有上述表肯定状态和程度语气的用法。

我们认为,表变化发生的语气词"哩"是动态助词"哩"向句末漂移的结果,而表肯定状态和程度的语气词"哩"便是结构助词"哩"向句末漂移的结果。

(二) 着 [tʂɐ^{55}]

句末语气词"着"主要有两种意义:一是在陈述句中表示未然的事态,读 tʂɐ^{55};二是起强调或缓和语气的作用,可以读 tʂɑ^{55}。很明显,"着"的语气用法是从事态义虚化而来的。[1]

1."着"在陈述句中表示未然的事态。包括将然(将来发生)、即然(即将发生)

和先然(先实施),用于指明某一事件、过程的状态。在句子中

---

[1] 我们曾对方言中句末语气词"着"和事态助词"着"进行过详细的分析,见本书有关章节。

使用它，是给句子所陈述的事件加上一个"将来""即将"或"先然"的标记。

"着"表示将然，如：

（62）你要买单车唉，等你读初中着。（你要买自行车的话，等你读初中再说。）"去街上去么？""明日着。"（去上街吗？明天再说。）

"着"表示即然，附"着"的事件立即发生、实施。如：

（63）咯件衣衫要得，买倒着。（这件衣服可以，买下来吧。）

（64）干死哩，吃滴水子着。（渴死了，快喝口水。）

"着"表示先然，附"着"的事件先发生、实施或完成。如：

（65）上过街着，衣衫回来洗。（先上街，衣服回来洗。）

（66）"回去哩噢。""莳完咯滴田子着。"（回去吧。莳完这点儿田再回去。）

前一例表示"上街"这个事件比"洗衣衫"这个事件先发生；后一例表示"莳田"这个事件先完成。

我们可以通过对比看出"着"的这个意义：

（67）山上有老虫啊，莫去啊。（山上有老虎啊，不要去啊。）

（68）莫去着，等一下再去。（先不要去，等一下再去。）

前一例"莫去"是说"去"的动作不要发出，现在不要发出，以后也不要发出，因为山上有老虎；后一例"莫去着"是说"去"的动作现在先不要发出，以后再发出。所以用了"着"之后，含有动作以后发生（将然）的意思，当然前一例不能附"着"。

有的事件可能是未发生但即将发生，也可能是已经发生但未完成，不管是哪一种情况，都是一种未然的事件。如：

（69）随其喊么个，吃过饭着。（不管他喊什么，吃了饭再说。）

例中"吃过饭着"可能是吃饭这一事件还未发生但即将发生，也可能是吃饭这一事件已经发生但未完成，两种情况都表示一种未然。

2."着"表示强调或缓和语气的作用。可以用于疑问句（是非问和非是非问)、测度句、陈述句(已然)、感叹句。

"着"在非是非问中强调或缓和疑问语气,缓和语气常用于自问,强调语气常用于他问。如:

(70) 今日吃么个菜着?(今日吃什么菜呢?)

(71) 你去唔去哩着?唔去我就去哩。(你去不去了?不去我就去了。)

(72) 你担咯个骂我,我那个垱得罪过你着?(你这样骂我,我什么地方得罪了你呢?)

"着"在是非问中常常附在疑问语气词"么"的后面,起缓和疑问语气的作用,如:

(73) 其回去过哩么着?(他回去了没有?)

(74) 其明日去么着?(他明天去吗?)

"着"用在反问句末尾,强调反问语气,读 $tṣɑ^{55}$。如:

(75) 你担咯个打其,其为唔哭着?(你这样打他,他怎么不哭呢)

(76) 你唔讲,我何晓得着?(你不讲,我怎么晓得呢?)

(77) 你怕唔想活哩着?(你难道不想活了?)

"着"在测度句末尾强调测度语气。如:

(78) 其回去过哩着。(他回去了吧。)

(79) 其喊你去,总有么个事着。(他喊你去,一定有什么事吧。)

(80) 其大概还没去着。(他大概还没去吧。)

"着"用于已然的陈述句末尾,强调肯定语气,句中常有表示已然的词语"哩、没"。如:

(81) 你爷老子还没死着,你就想分屋哩唉。(你们父亲还没死呀,你们就想分屋里。)

(82) 你吃过饭哩着,还要吃唉?(你已经吃了饭了,还要吃吗?)

其中"哩着"连用,"哩"表示已然的事态变化,"着"不表示事态,而是表示加强语气的作用。又如:

(83) 落雪哩着，你还只穿咯滴衣衫子。（下雪了啊，你还只穿这么点儿衣服。）

(84) 十多年哩着，我认其唔倒哩。（已经十多年了，我不认识他了。）

"着"用于感叹句中，强调感叹语气，如：

(85) 你还蛮凶火着！（你还真厉害！）

(86) 你咯个人硬是讨嫌着！（你这个人真讨嫌！）

三、么［$mɐ^{31}$］、唉［a^{31}］、呢［ne^{55}/ne^{31}］、嘛［$mɑ^{31}$］、哪［$nɑ^{31}$］

这一组语气词主要跟疑问语气有关。

（一）么［$mɐ^{31}$］

1. "么"用于询问语气。

"么"用在是非问句末尾，语调为升调，"么"和升调一起共同表达询问语气，其构成形式是"S 么↗?"。值得注意的是，这个"么"是询问正反两方面的情况的，这可以从答句中看出来，答句是选择谓语动词肯定或否定形式。如"你吃过饭哩么?"相当于你吃了饭没有，询问你吃了饭还是没吃饭；回答"吃过哩。"或"没吃。"又如：

(87) "你昨日到上街么?" "到。"（或"没到。"）

(88) "行夜路你敢行么?" "敢。"（或"唔ㄍ敢。"）

如果去掉这个"么"，疑问句不成立。可见，"么"表示疑问语气必须借助语调。如：

(89) *你昨日到上街？/*行夜路你敢行？

"么"同普通话的"吗"一样，是从"无"变化而来，作用和"否"（没有）相当（吕叔湘 1982，287 页）。这样，"VP 么?"在形式上是个是非问句，但在内容上却相当于一个正反问，即"VP 没有 (VP)?"。"么"的这个特点使得它在句法上有许多限制，表现如下：

1) "么"总是从正反两方面询问情况的，而不是单从肯定方面

(即 VP) 询问情况。如"你去么？"是问你去不去。

2)"么"不能用于非是非问句，包括选择问、正反问、特指问。因为选择问和正反问已经是两歧性的，"么"已经表示否定，加"么"与之冲突，下列句子均不成立：

(90) *你明日去么，后日去么？

(91) *你去唔去么？

把其中的"么"改成"唉"句子便成立了。特指问后头也不能加"么"，如：

(92) *今日几号么？

同样要把其中的"么"改成"唉"句子才能成立了。有些特指问后头如果加了"么"，就把疑问点移动了，变成了是非问句。如：

(93) 你昨夜间到哪里么？

这句话相当于"你昨夜出去了吗？"疑问点在"么"上，而不在"哪里"上，"哪里"变成不定指代词了。

3) 否定形式的疑问句一般不用"么"（要用"唉"），即一般没有"没/唔 VP 么？"格式，因为"么"已经隐含有否定义了。如：

(94) ?你还没吃么？

(95) ?你唔去么？

4) 反诘疑问句不用"么"（要用"唉"），因为反诘疑问句是用以疑问的形式表达肯定或否定的内容，不需回答，不需选择；而"么"表达的是一种正面和反面的选择关系，是两可的，与反诘问不相容。如：

(96) *你娘要你去，你还敢唔去么？

(97) *你怕比我还重滴么？

2. "么"用在陈述句末尾，语调为降调，含有陈述明显事实的语气。如：

(98) 咯身衣衫先洗到次水，洗到水干净滴么。

(99) 多放滴油子，菜就好吃滴么。

（100）你担电视机担关过，其就行过哩么。（你把电视机给关了，他就走了。）

由此可见，"么"要表示询问，必须借助句末语调即升调。对比：

（101）疑问句：我一ᵥ放起滴油子，菜好吃滴哩么↗？

　　　　陈述句：多放滴油子，菜就好吃滴么↘。

3. 有些附"么"的句子，如果用祈使语调去读，那么整个句子就相当于一个祈使句，这时的"么"不表示疑问语气。如：

（102）你来么！（你来呀！）

（103）你快滴行么！（你快点儿走！）

（二）唉 [a³¹]

1. "唉"用于是非问末尾，提出有待得到证实的疑问，语调为升调，"唉"和升调一起共同表达求证疑问语气，形式为"S 唉↗？"。如：

（104）你到过长沙唉？（你去过长沙吧？）

（105）你吃过饭哩唉？（你吃了饭了？）

（106）你明日要去上街唉？（你明天要去上街？）

如果语调改为降调，句子就不是疑问句了，而是陈述句了。如：

（107）困哩唉，你明日要去上街唉。

可见，"唉"要表示求证疑问，必须借助句末语调即升调。

和"么"不同的是，它只询问陈述句中的一个方面（或肯定或否定），目的是想证实这个推测。陈述形式要么是肯定式要么是否定式，附"唉"后只询问其中的一个方面，肯定形式用"VP 唉？"，否定形式用"没/唔 VP 唉？"；而"么"是询问正反两方面情况的。另外，它们的回答方式也不同，"唉"问句可以用谓语动词的肯定或否定形式来回答，但通常用简单的是非形式来回答；而"么"问句只能用谓语动词的肯定或否定形式来回答，不能用"嗯/没有"回答。试对比：

(108) a. 你到过长沙唉？到过/没到过。或：嗯/没有。
　　　b. 你到过长沙么？到过/没到过。*嗯/没有。

(109) a. 其去唉？其去/其唔去。或：嗯/没有。
　　　b. 其去么？去/唔去。*嗯/没有。

在"唉"问句中，由于肯定或否定是问话人给出的，所以常常带着问话人的主观推测。也就是说，"唉"问句还附带有一种推测语气，这样"唉"所表示的疑问语气就被削弱了。所以"唉"表示的疑问语气较"么"弱，是一种"弱疑问推测语气"。

2. "唉"用于非是非问句（特指问、选择问、正反问）、陈述句、祈使句句末，起缓和语气的作用。如：

(110) 咯身衣衫号哪个个唉？（这身衣服是谁的啊？）

(111) 咯样个菜你吃唔吃唉？（这种菜你吃不吃啊？）

(112) 你去唉我去唉？（你去呢还是我去呢？）

(113) 今日冻得很唉，要落雪哩唉。（今天冻得很，要下雪了。）

(114) 你莫看电视哩唉，困哩唉。（你别看电视了，睡了。）

（三）呢 [ne^{55}/ne^{31}]

1. "呢"用在主语/主题作问句、谓语/述题作答句的问句中，语调为升调，读 ne^{55}，"呢"和升调一起共同表达疑问语气。换句话说，"呢"用在由主语或主题充当问话句的问句中。这类问句一个明显的特点是：一问一答刚好构成一个主谓句或一个完整的复句❶（这个复句常常是假设复句），如：

(115) "你娘呢？""出工去过哩。"（你娘呢？出工了。）

(116) （对话）："其特小哩，没要其去。""其要去呢？""唔准其去奈。"

（他太小了，不准他去。他要去呢？不准他去。）

前一例是主语形式附"呢"，与答句构成主谓关系；后一例是分

---

❶ 参看赵元任（1979：51）。

句形式附"呢",与答句构成假设复句关系。

通常认为,上述句子相当于一个特指问句,但是,隆回湘语的"呢"其实不能与疑问代词同现,上述句子不能出现特指疑问代词。以下句子不成立:

(117) *你娘做么个去哩呢?

(118) *其要去,你何个滴呢?

2. "呢"用于陈述句末尾,表示提醒或强调的语气,引起对方的注意。语调为降调。如:

(119) 你还欠起我五块钱呢,莫忘记哩呢。(你还欠我五块钱呢!别忘记了呢!)

(120) 我没放好多糖子呢,唔甜个呢。(我没放多少糖,不甜的呢。)

3. "呢"用于祈使句末尾,表示命令的祈使语气。读 ne^{31},语调为降调。如:

(121) 行呢!莫到咯里挡事呢!(走开!别在这儿碍事!)

(122) 好生困起呢!我要来困哩奈!(睡好!我要来睡了!)

4. "呢"用于感叹句末尾,表示感叹语气。读 ne^{31},语调为降调。如:

(123) 昨夜个戏好看呢!(昨夜的戏真好看!)

(124) 其硬是行得慢呢!(他确实走得慢啊!)

(125) 其个头丝哪个青呢!青黑过!(他的头发多么黑啊!黑黝黝的。)

(四) 嘛 ma^{31}

"嘛"用于是非问疑问句末尾,表示商量或测度语气。如:

(126) 咯个年间哩,你回去哩嘛?(这个时候了,你回去了吧?)

(127) 你喊我来,总有么个事嘛?(你喊我来,总有什么事吧?)

"嘛"用于陈述句末尾,表示强烈的肯定。如:

(128) 一概讲起傻,过子其比你很滴哩嘛。(总说他傻,现在他比你聪明了。)

(129) ——今日热得很。——今日唔热嘛,只你讲热得很。(今天热得很。今日不热嘛,就你说热得很。)

"嘛"作句末语气词读[mɑ³¹],作句中语气词读[ma³¹]。

(五) 哪 [nɑ³¹]

"哪"用于反问句末尾。如:

(130) 你就吃过饭哩哪?(你就吃了饭了?)

(131) "我个筷子呢?""没是那桌子高头哪?"(我的筷子呢?不是在桌子上吗?)

"哪"也可以用于询问原因的问句,句中常有表示原因的疑问词"为 uɑ$_{怎么}^{13}$""做么个"$_{为什么}$或"何个$_{怎么}$"。如:

(132) 你何个唔行哩哪?(你怎么不走啦?)

(133) 你为担碗放到地上哪?(你怎么把碗放在地上?)

四、者 [tɕiɛ⁵⁵]、啰 [nɐ⁵⁵]、奈 [na³¹/na⁵⁵]

这一组语气词主要跟祈使语气有关。

(一) 者 [tɕiɛ⁵⁵]

"者"在祈使句末尾,读作[tɕiɛ⁵⁵],我们记作"者",表示请求语气和委婉命令的语气,如:

(134) 你来帮个忙者。(你来帮个忙好吗?)

(135) 把我看个者。(给我看一下好吗?)

(136) 给我提桶水来者。(给我提桶水来好吗?)

(137) 你看地上者。(你看看地上。)

(二) 啰 [nɐ⁵⁵]

"啰"用于祈使句末尾,表示劝告、敦促、提醒、祈求等祈使语气。如：

(138) 来啰，莫怕丑啰！（来呀，别害羞呀！）

(139) 我讲个谜子你猜出来啰！（我讲个谜语你猜出来！）

(140) 你快讲啰，我听倒个。（你快讲啊！我听着呢。）

(141) 你那多八多，给我乞滴子啰！（你那么多，给我点儿！）

"啰"与"者"不同，"者"表命令语气时含有委婉的请求语气。同样是祈求语气，用"者"比用"啰"委婉些。

（三）奈 [na³¹/na⁵⁵]

1. 用于祈使句末尾，表示催促、命令、警告等祈使语气。读降调 na³¹，祈使语气弱；读升调 na⁵⁵，祈使语气强。如：

(142) 门前冻死哩奈！快进来奈！（外面冷死啦！快进来！）

(143) 你打奈！看你敢唔敢打！（你打啊！看你敢不敢打！）

这种语气也可以用于反问句末尾，反问中含有较强的命令语气和责备语气，句中常有表示反问的疑问词"为" uɑ¹³。如：

(144) 你为还唔关灯奈？（你怎么还不关灯呢？）

(145) 十点多哩，你为还唔困奈？（十点多了，你怎么还不睡呢？）

2. 用于疑问句或陈述句末尾，起缓和语气的作用。如：

(146) 咯里号么个糖奈？哪咯个甜奈？（这是什么糖啊？怎么这么甜啊？）

(147) 你吃过饭哩么奈？（你吃了饭了吗？）

(148) 你有么个事么奈？没得是，我就行哩奈。（你有什么事吗？没有的话，我就走啦。）

(149) 其过去得，你过去唔得，其比你矮滴奈。（他能过去你不能过去，他比你矮些。）

3. 用于求证问句末尾，形式为"S，奈?"，表达求证语气。如：

(150) 你还没吃饭个唉，奈？（你还没吃饭的，是不是？）

(151) 九点钟哩唉，奈？（九点钟了，是不是？）

五、个 [ke³¹]、噢 [ɐ³¹]、啊 [a³⁵/a³¹]

(一) 个 [ke³¹]

"个"可以做结构助词和语气词。做结构助词，是个定语标记和名词化标记，如"你个衣衫"（你的衣服）、"咯样个菜"（这样的菜）、"卖菜个"（卖菜的）。"个"做语气词，表示确认语气，包括已成事实的确认、一般事理的确认和未来事实的预测。如：

(152) 咯个怕话我听过个，没要你讲。（这个故事我听过的，不用你讲。）

(153) 你哪会子来个？（你什么时候来的？）

(154) 那样个事，瞒唔倒个。（那样的事，瞒不住的。）

(155) 你只落心，其得还个。（你尽管放心，他会还的。）

(二) 噢 [ɐ³¹]

1. "噢"用于陈述句末尾，表示提醒对方注意的语气。如：

(156) 快提开呢，水开过哩噢。（快提开啊，水开啦。）

(157) 落雨哩噢，快收衣衫。（下雨了，快收衣服。）

2. "噢"用于非是非问句末尾，起延缓语气的作用。如：

(158) 你去哪去噢？（你上哪去呀？）

(159) 今日吃么个菜噢？（今天吃什么菜呀？）

(160) 你去唔去街上去噢？（你去不去街上？）

(161) 你是去上街噢，还是去行人家噢？（你是去上街，还是去走亲戚？）

(三) 啊 [a³⁵/a³¹]

1. "啊"用于陈述句末尾，表示提醒语气。读升调 [a³⁵]，提醒语气中含有祈使语气；读降调 [a³¹]，提醒语气中含有劝说语气。如：

(162) 那山上有老虫啊，千万莫去啊。（那山上有老虎，千万别去。)

(163) 等一下你要记得喊我啊。

(164) 快来看啊,放炮丈哩啊。(快来看啊,放鞭炮啦。)

2. "哩"和"啊"连用,连读成[niɑ]。如:

(165) 你快行哩啊,唔行晏过哩啊。(你快走啦,不走就迟啦。)

(166) 莫打牌哩啊,吃饭哩啊。

3. "啊"用于特指问句末尾,其延缓语气的作用,读降调。

(167) 你为唔行哩啊?(你怎么不走啦?)

(168) "那滴菜吃过哩么?""哪滴啊?"(那些菜吃了没有?哪些呀?)

六、句中语气词

句中语气词主要表示待续语气。隆回湘语的句中语气词有:是 [zʅ³¹]、着 [tsæ⁵⁵]、着是 [tsæ⁵⁵zʅ³¹]、呢 [ne⁵⁵/ne³¹]、唉 [a³¹]、奈 [na³¹]、嘛 [mã³¹],其中的"是"比较特殊,只能在句中或分句末,不能处在句子末尾,也就是说,"是"是个纯句中语气词,不能是句末语气词,其余句中语气词均可做句末语气词。如:

(169) 其唉/是/着/着是,连唔怕丑。(他啊,一点儿都不害羞。)

(170) 咯样个菜是/着,我是唔吃。

(171) 那座屋原先是,烂粉哩,咕子现在呢,好生检起过哩。(那座房子原来啊,非常烂,现在啊,修好了。)

(172) 落雨哩是/嘛/呢,就莫去哩。(下雨了,就不去了。)

(173) 其咯样个菜着唔吃,还讲吃那样个菜。(他这种菜都不吃,还说吃那种菜。)

(174) 你唔去嘛就莫去,莫到咯里讲名堂呢。(你不去就不去,不要在这儿讲啰嗦。)

(175) 其奈,做工唔很,吃饭一蛮很。(他啊,做工不行,吃饭倒行。)

在句法上,上述句中语气词基本上体现的是话题标记或次话题标记。❶

第二节　隆回湘语语气词系统

一、隆回湘语语气词系统

现在将隆回湘语常见句末语气词的主要用法进行分类,我们可以从中看出它的系统性:

1."子、滴"表示语气,还含有数量义或程度义。语气词有"哩、着"有事态义:"哩"表变化,包括已然和将然;"着"表未然,包括将然、即然和未完成,不能表已然。

2. 表疑问的语气词,只有和语调(即升调)一起,才能共同表达疑问语气,包括询问、测度和反问,有"么、唉、滴、呢、嘛、哪"。"么"表询问语气,用于是非问句末;"唉"用于是非问形式的求证问末尾,表求证语气;"呢"表询问语气,常见于主语/主题是问句(不含疑问代词)、谓语/述题是答句的问句末;"滴、滴个"表询问,只见于询问方式的特指问末尾;"嘛"在是非问疑问句末尾表示测度语气,"哪"在疑问句末尾表示反问语气。

3. 陈述句末表示提醒的语气词有"噢、啊、呢";陈述句中表示确认、肯定语气的有"哩、子、个、嘛","哩、子"表肯定语气并有完句作用,"个"表示确认语气,"嘛"表示强烈的肯定。

4. 用于祈使句中表示祈使语气的语气词,有"啰、呢、奈、

---

❶ 关于话题标记和次话题标记,详见徐烈炯、刘丹青(1998)。

者"。"者"主要表请求,"啰"主要表示劝告、敦促、祈求,"呢"主要表示命令,"奈"主要表示催促。

5. 表示感叹的语气词有"呢、子","呢"在感叹句末表感叹语气,"子"在陈述句末含有句较弱的赞叹语气。

6. 起缓和语气作用和起强调语气作用的语气词。

起缓和语气作用的语气词主要有"奈、噢、啊、唉",常用于缓和疑问语气,特别是在特指问和反问中。"奈"起缓和语气的作用,读降调31,用于疑问句和陈述句;"噢"起缓和语气作用,见于非是非问句;"啊"起缓和语气作用,见于特指句;"唉"表缓和语气作用用于求证问和回声问"唉"以外的分布。

起强调语气作用的语气词主要有"着、奈、呢","着"起强调语气作用常见于非陈述句,"奈"起强调语气作用,读高平调55,"呢"在陈述句末尾强调语气,"着呢"连用有加强语词的作用。但是有时是起缓和语气还是起强调语气须视语境和语调而定。

7. 就语气词的来源而言,隆回湘语的材料证实,语气词除了来源于否定词外(如"么"),还可以来源于结构助词(如"子、哩")、概数助词(如"子")、不定量词(如"滴")、动态助词(如"哩")、事态助词(如"着")。

二、隆回湘语句末语气词的分类

按照意义的不同,句末语气词可以先分为两组,其中上述1为一组,表示语气兼其它意义;其余为一组,表示纯语气。表示纯语气的语气词又可以分成两组,2、3、4、5为一组,和语调一起表达各种语气,包括陈述、疑问、祈使、感叹;6为一组,以缓和语气或强调语气为主。见下图:

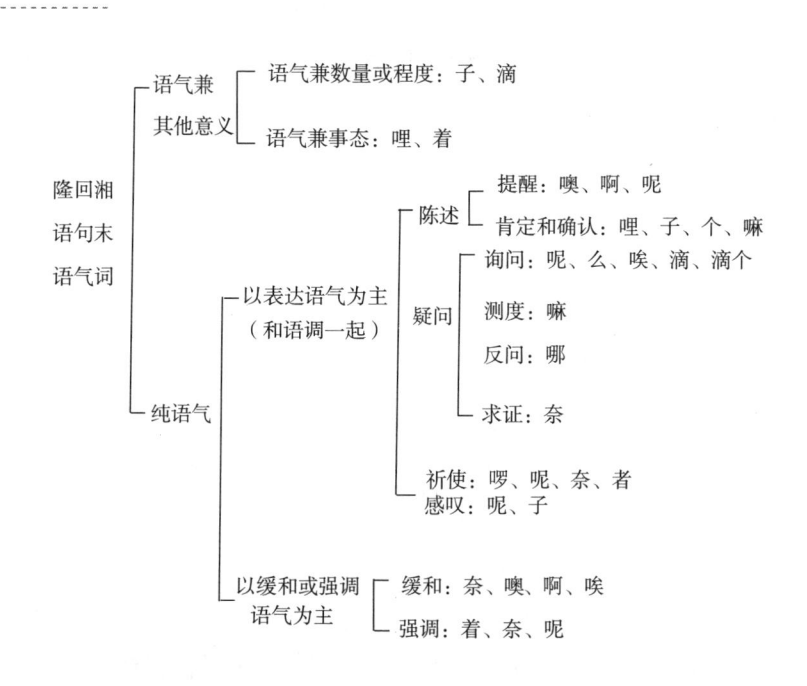

```
                          ┌─ 语气兼数量或程度：子、滴
               ┌─ 语气兼 ─┤
               │  其他意义 └─ 语气兼事态：哩、着
               │
               │                    ┌─ 提醒：噢、啊、呢
               │              ┌─ 陈述 ─┤
               │              │     └─ 肯定和确认：哩、子、个、嘛
               │              │
               │  ┌─ 以表达语气为主 ─┤     ┌─ 询问：呢、么、唉、滴、滴个
隆回湘          │  │ （和语调一起）  │     │
语句末 ─┤     │              │  疑问 ─┤ 测度：嘛
语气词   │     │              │     │ 反问：哪
         │     │              │     └─ 求证：奈
         └─ 纯语气 ─┤         │
               │              │  祈使：啰、呢、奈、者
               │              └─ 感叹：呢、子
               │
               │                    ┌─ 缓和：奈、噢、啊、唉
               └─ 以缓和或强调 ─────┤
                    语气为主       └─ 强调：着、奈、呢
```

三、语气词连用的语序

方言中语气词连用十分丰富，有两个、三个甚至四个语气词相连的情况。语气词出现的顺序是有规律的，往往跟语气词的虚化程度有直接关系，连用的语序规律大致可以归纳为如下的序列（">"读作优先出现），这些序列也反映了语气词虚化程度由低到高的次序：

"子、滴" > 表事态的"哩、着" > 以表达语气为主的语气词（和语调一起） > 以缓和或强调语气为主语气词。

这就是说，如果句子里有两个或两个以上的语气词接连出现，总是序列左边的优先出现，序列右边的后出现，当中可以有缺位，但次序一般不能颠倒。简单举例如下：

（176）咯个字何个认<u>滴奈</u>？（这个字怎么认呢？）

此句为：滴 > 奈。

（177）你吃过_了饭<u>着嘛</u>。（你先吃饭吧。）

此句为：着_{事态义} > 嘛。

（178）其吃过饭<u>哩么着</u>？（他吃了饭啦？）

此句为：么 > 着_{语气义}。

（179）其十岁<u>哩着呢</u>，还吃奶奶唉？（他已经十岁了，还吃奶啊？）

此句为：哩_{事态义} > 着_{语气义} > 呢。

（180）你到咯哩挡事，我何个过<u>滴哩着呢</u>？（你在这儿碍事，我怎么过了呢？）

此句为：滴 > 哩_{事态义} > 着_{语气义} > 呢。

（181）你去看其困<u>哩么着呢</u>。（你去看他睡了没有。）

此句为：哩_{事态义} > 么 > 着_{语气义} > 呢。

第五章　湖南衡东新塘话的量名结构及其功能分析

引　言

  量名结构处在主语位置上表定指功能存在于汉语许多南方方言中，吴语（石汝杰、刘丹青1985，杨剑桥1988、陈兴伟1992，潘悟云、陶寰1999，）、粤语（施其生1996、周小兵1997）、江淮官话（王健、顾劲松2006）等方言有专门的论文讨论。我们想在前人研究成果的基础上，研究湘语的量名结构。湘语的许多方言点存在这种结构，如新化话（见罗昕如1998、2006），涟源话（见陈晖1999）、衡东话、娄底话、新邵话、衡山话等❶。刘丹青（2002）把含有定指性量名结构方言归为量词强势型方言，可见量名结构在这些方言中有重要的作用和类型学价值。本文以湖南衡东新塘方言为研究对象，对该方言中主语位置上的量名结构做了较详尽的分析和描写。

  依据《中国语言地图集》，湖南衡东新塘镇方言属湘语长益片。新塘镇位于衡东县西部，东距县城17公里，南距衡阳市50公里，北距株洲市65公里，西与衡山县城关镇隔河相望。新塘镇原属衡山县，1966年衡东县从衡山县析出新置，新塘镇被划入衡东县。

  在衡东新塘话中，量词和名词的组合有三种情况：量词与数词或指示代词一起修饰名词，组成"数量名"或"指量名"结构，如

---

  ❶　定指性量名结构并没有普遍存在于湘语中，许多湘语点没有定指性量名结构，如长沙话、隆回话、祁东话、宁乡话等。

"一只碗、两条丝瓜"、"咯这把伞、那丘田"等；量词位于名词性成分和中心语之间充当定语标记，构成定中结构，如"我只衣我的衣、他屋只狗他家的狗、桌子高头些碗桌子上的碗"等；量词脱离数词和指示词，与名词直接组合，组成量名结构。

衡东新塘话的量名结构独立性不强，不能像数量名结构和指量名结构那样能单说。如：

(1) 你要买吗个什么东西？——*只碗。

这种量名结构不能单说，但能单用，可以在句中作主语、宾语、定语，还能够单独成句。如：

(2) 根扁担放得在灶门厨房里。（主语）

　　我今日买过了块瓢回哒。（宾语）

　　只猪婆子母猪个的潲我煮过了哒。（定语）

　　只好大个的老鼠子！（单独成句）

本章主要讨论新塘话主语位置上表定指的量名结构，内容包括：主语位置上量名结构的指称功能、主语位置上的量名结构对个体名词的选择、主语位置上的量名结构对表人个体量词的选择。

第一节　衡东新塘话主语位置上量名结构的指称功能

一、衡东新塘话主语位置上量名结构的定指功能

量名结构做主语，一般是定指的[1]。量词可以是个体量词、集体量词、不定量词、临时量词等。如：

(3) 只面盆得被我端起回去哒。

　　只癞婆走过哒冒？

　　身衣服洗过哒冒？

　　些凳你搬得到哪里去哒？

---

[1] 本文的"定指""不定指""类指"这些概念主要依据陈平（1987）。

但是量名结构的定指用法跟句法位置密切相关，做主语的量名结构一般是定指的，而做宾语的量名结构一般是不定指的。比如：

（4）只狗咬死只黑鸡。

些学生捞_拿_过些粉笔走过哒。

其中主语位置上的"只狗、些学生"是定指的，宾语位置上的"只黑鸡、些粉笔"是不定指的，句子也可以说成：

（5）只狗咬死一只黑鸡。

些学生捞_拿_过一些粉笔走过哒。

但不能说成：

*一只狗咬死只黑鸡。

*一些学生捞_拿_过些粉笔走过哒。

这说明主语位置上的"只狗、些学生"确实是表定指的。又如：

（6）只鸡蒸给你吃吧？（表示定指）

蒸只鸡给你吃吧？（表示不定指）❶

宾语位置上的量名结构一般是表不定指的，如：

（7）铁路上今日轧死只老倌子_老头_。

我去买只篮子回。

他昨日得_被_只狗咬哒。

但是宾语位置上的量名结构也有定指的情形。如：

（8）是哪个打哒只狗崽几？——他打哒只狗崽几。_是谁打了那只狗？他打了那只狗。_

他收起些衣服哒。_他把那些衣服收好了。_

他眼人_喜欢_只狗崽几。（他喜欢这只小狗。）

总的来说，在衡东新塘话中，主语位置上的量名结构一般是表定指的，且定指功能较强。

衡东新塘话主语位置上量名结构不是表不定指的"一量名"的省略。如：

---

❶ "只贼、只扒子手"在主语位置上一般表定指，但也可以的表不定指，如：
只贼牯子昨日偷过我几担谷去哒。（一个贼昨天偷了我几担谷去了。）
只扒子手把我只兜子割烂哒。（一个扒子手把我的袋子只割烂了。）

(9) 身衣服洗过哒冒?

　　包烟拿逗我

　　滴油几倒放盐坛兜里去。

这些句子不能说成:

*一身衣服洗过哒冒?

*一包烟拿得_给_我

*一滴油几倒放盐坛兜里去。

衡东新塘话主语位置上量名结构也不是"指量名"的省略。

(10) 部电视机烂过哒。

说这句话的情景是，家里只有一台电视机，不需要用指示代词"咯/那"来指代，因为它就在身边或家中。假设说话的情景是有两台电视机，需要定指，则量名结构要增加定语或指示代词来表达。如:

(11) 楼上部电视机烂过哒。

　　部黑白电视机烂过哒。

　　咯部电视机烂过哒。

说话人即使用手指着电视机，也不能说成"部电视机烂过哒"，而要说成"咯/那部电视机烂过哒。"可见，指示代词跟距离远近有关，而量名结构跟距离远近无关。又如:

(12) 只老板走过哒冒?

意思是问你的老板走了没有，而不是问这个/那个老板走了没有。如果要问这个/那个老板走了没有，得说:

(13) 咯只/那只老板走过哒冒?

又如:

(14) 只来几_儿子_打工去哒。

是说某人的儿子打工去了，而不是说这个儿子打工去了。

这些事实说明衡东新塘话主语位置上量名结构不是"指量名"的省略，其定指用法直接来源于量名结构本身及其所处的句法位置，尽管其中量词的定指功能没有苏州话（石汝杰、刘丹青 1985）那么明显，但这个量词已具有弱定指的功能。

二、衡东新塘话主语位置上量名结构的类指功能和话题功能

（一）表类指的量名结构

主语位置上的量名结构还可以表类指，表类指的量名结构，量词限于"只"，"只"有类指功能。如：

(15) 只老鼠子真正话可恨哎，条碗柜门都把我呾过哒。

只瑶牯老整病不好呃，莫去浪费点钱几哒。

只外国人奈咯高一个啊？

只狗皮蛇冒哩嘛个_{没什么}毒。

只桂圆也冒加嘛个_{没什么}味。

类指的核心语义是非个体性，它不指具体个体，而指向一个类或者说集合（刘丹青2002）。上面各例"只+名"在语义上都是类指的。它们在语义上并不指某一个体，而是指一类对象。上面例中有的名词的专用量词可以用"只"计量，如例中的"老鼠子、瑶牯老、外国人"，而有的名词的专用量词不可以用"只"计量，如例中的"狗皮蛇（专用量词为"条"）、桂圆（专用量词为"粒"）"。

可见，当量名结构表有定时，就要用专用量词来组合；当量名结构表类指时，就要用通用量词"只"来组合，不能用其他的量词。对比：

(16) 条狗皮蛇不咬人。～只狗皮蛇不咬人。

根扁担我放得楼上。～只扁担不要长哒。

其中"条狗皮蛇、根扁担"是定指的，确指某一条狗皮蛇；而"只狗皮蛇、只扁担"是类指的，所指对象是所有的狗皮蛇、所有的扁担。又如：

(17) 只人第一是要有志气。

"只人"不表示某一个人，而是表所有人，"只"有类指功能。

（二）表话题的量名结构

主语位置上的量名结构还可以表话题，表话题的量名结构，量词限于"只"，"只"有标示话题的功能。如：

(18) 只猪家湾那坦轧死只老倌子。

例中"只"后的名词"猪家湾"是专有地名，不需要计量，也不需要类及全部，而且专有名词本身就是有定的，不需要加有定标记，所以"只"不表示定指也不表类指，"只"的作用是在句首引出话题，是个话题标记。（参看方梅 2002，刘丹青 2002）又如：

(19) 只衡山今日好多人。

只广州话第一难懂。

只邵东人最会做生意。

只话媒个事_{这说媒的事}，我不得做。

只农村里个事_{这农村里的事啊}，他就不得帮你做哒。

表话题的"只"还引出动词短语或主谓短语，此时"只"充当话题的功能更加明显。如：

(20) 只妹几人家找对象唉，第一莫贪别个屋的家产。

只打牌，主要是看运气。

只人家屋里一冒得唉，哪个都看不起。

这里的"只"是用来识别后面成分的话题身份，提醒听话人"只"后面是一个话题成分。

可见，衡东新塘话主语位置上的量名结构，因功能的不同而有不同的类别，分为表定指的量名结构、表类指的量名结构和表话题的量名结构。量名结构的功能类型及其句法形式如表 5-1 所示。

表 5-1 量名结构的功能类型及其句法形式

量名结构的类型	量名形式	量词类别	量词功能
表定指的量名结构	量 + NP	普通量词	分类功能、弱定指功能
表类指的量名结构	只 + NP	通用量词"只"	类指功能
表话题的量名结构	只 + NP	通用量词"只"	标示话题

第二节　主语位置上的量名结构对个体名词的选择

我们调查了衡东新塘话中哪些个体名词能够进入主语位置上的量名结构❶，即主语位置上的量名结构对个体名词的选择性，目的是看看表定指的量名结构对名词语义的选择关系。

一、量名结构对指物个体名词的选择

指物个体名词一般都能进入表定指的量名结构。具体说：

1. 动物名词都可以进入量名结构。

如：只猪、只鸡、只岩鹰、条蛇、条蚂蟥、只羊、只蚊子、只檐老鼠、只鱼、条泥鳅。

2. 植物名词都可以进入量名结构。

如：粒米、根禾、粒苞谷、球棉花、根麻、只红薯、筒藕、粒豆、条黄瓜、根葱子、粒大蒜、根韭菜、只树。

3. 器具用品名词都可以进入量名结构。

如：只碟子、皮饭勺、皮调羹、只杯子、只坛子、块瓜瓢、只茶盘、把刀、块砧板、块布。

4. 身体器官名词都可以进入量名结构。

如：根头发、辫子、只眼珠、根眉毛、只鼻头、只嘴巴、只舌子、只手、只脚、粒痣。

5. 其他如衣物类个体名词、食品类个体名词，一般都可以进入表定指的量名结构。

如：只衣、条裤、只袖子、只袋子、根带子、粒扣子、只鞋子、碗饭、只粽子、块方糕、只包子、根油条、只饼、块饼干、只蛋。

下面的指物名词一般不能进入表定指的量名结构：

---

❶ 下面调查的词汇主要参考《汉语方言词语调查条目表》，以及《现代汉语八百词》中的"名量搭配表"，并有所增补。

1. 一些地名单位。

如：凹、坳、河、街、村、大队、镇、省、县、学校、幼儿园、公社、银行、宾馆、旅舍、饭店。

2. 个体特征不明显的名词。

如：典故、名字、铺子、柜台、梦、屁。

这类名词一般不能进入主语位置上的量名结构，主要原因是这些名词类似于类名，说话人认为在语境中由于存在多个个体而不能确定。如果要表定指，就要使用指量名结构。比如，当机构名称在语境说话人能够确定时，可以进入表定指的量名结构；如果不能确定（比如存在多个机构），一般不用量名结构。比如，可以说"只公安局、只邮电局、只派出所、只火车站、只农业银行"，因为这些机构名称在语境中一般是唯一的，说话人认为能够确定，所以能够进入量名结构。但是"只学校、只银行、只铺子、只旅舍、只饭店"一般不说，因为"学校、银行、铺子、旅舍、饭店"在语境中可能有多个，说话人认为不能确定，一般不能进入量名结构。要表定指，要使用指量名结构，如"咯只学校、那只银行、那只铺子、咯只旅舍、那只饭店"。

二、量名结构对指人个体名词的选择

由于指人的个体名词内部存在差异，进入量名结构也有差异和限制。

（一）能进入定指量名结构的指人个体名词

1. 恶称名词（比如称呼残疾人和不健康的人）都可以进入量名结构。

如：只瘸婆、只驼子、只哑巴子、只哑婆、只巴肚婆（孕妇）、只瞎子、只癫子、只癫婆、只聋子、只矮子牯、只猛子、只左撇子、只坏家伙、只脓包、只恶霸、只痞子、只酒鬼、只烟鬼、只色鬼、只懒鬼、只调皮鬼、只邋遢鬼、只讨厌鬼、只小气鬼、只卯谈鬼、只害人精、只牌精、只马屁精、只赌棍、只跟脚狗、只蠢子。

2. 社会职业类称谓名词，大都可以进入定指量名结构。

如：只老板、只包头、只铁匠、只木匠、只铜匠、只弹匠、只鞋匠、只蔑匠、只石匠、只漆匠、只砌匠、只瓦匠、只裁缝、只屠户、只厨子、兽医、只司机、只贼牯子、只扒子手、只叫化子。

3. 普通指人名词很难进入定指量名结构，能够进入的是下列少数名词。

一类如：只人_{小孩}、只细人几_{某人的小孩}、只奶几_{儿子}、只妹几_{女儿}、只老倌子_{老头}、老面前_{老婆婆}、只婆婆几，这些普通指人名词有的是老人小孩类，如老倌子、细人几；有的含有贬义色彩，如单身汉、寡婆子。值得注意的是，"只人"只能指小孩不指成人，指成人时不能说"只人"。

还有一类，如：只外国人、只新姑娘_{新娘}、只新姑爷_{新郎}、只月婆子、只高手、只大学生、只研究生、只博士，这些人在特定语境中容易引起注意，容易识别，在特定语境下可以进入定指量名结构。

在调查中发现，指人名词"客、只玩对_{伙伴}、同学、同事、学生、老师、代表、朋友"在方言中很少用于主语位置上量名结构，一般要在量词前加修饰语，说成表定指的领属结构，如"你屋只客/你只学生/你只同学/那只代表"等。如很少说：

(21) 只老师走过哒冒？/只玩对_{伙伴}来哒冒？/只学生回去哒？

通常要使用领属结构"你只老师"或指示代词来定指。即：

(22) 你只老师走过哒冒？/你只玩对伙伴来哒冒？/你那只学生回去哒？

(二) 不能进入定指量名结构的指人个体名词

1. 亲属称谓的名词，几乎都不能进入量名结构做主语。

如：哥哥、嫂嫂、姐姐、弟弟、老弟嫂、妹妹、伯伯、伯几、阿叔、妹郎、侄子、侄女、外甥、外甥女、崽、媳妇、女、郎、外孙、外孙女、老兄、大姐。

2. 绝大部分普通指人名词。

如不能说成：只人成人、只男客男人、只堂客女人、只来几男孩、只妹几女孩、只老人家、只人客客人、只老庚、只试主生意伙伴 只伙计、只熟人、只生人子、只病人子、只伴、只亲戚、只好人、只坏人、只大人子、只干部、只领导、只老乡。

三、量名结构选择个体名词的指别度解释

从总体上看，衡东新塘话表定指的量名结构对个体名词的选择性大致跟生命度相关。能够进入表定指的量名结构的名词，大致跟名词的生命度对立。生命度是从生物学的角度对名词性成分进行的分类，按生命度的高低，它的基本等级序列是：人类 > 动物 > 无生命物（Comrie，1981）。生命度概念已经广泛运用于语言学中，许多语言现象的背后可以看到生命度的支配作用。在衡东新塘话中，生命度越低的个体名词，进入量名结构越不受限制；生命度越高的个体名词，进入量名结构越受限制。换句话说，生命度越低的个体名词，越需要借助量词来指别；生命度越高的个体名词，越不需要借助量词来指别。调查表明，衡东新塘话进入量名结构的个体名词的等级序列大致可以表述为：

事物名词、动植物名词、器物名词 > 表人的普通名词 > 亲属称谓名词

越靠左，越能与量词组合成量名结构做主语；越靠右，越不能与量词组合成量名结构做主语。

事物名词、动植物名词、器物名词等指物个体名词的生命度低，几乎都可以进入量名结构，而生命度高的表人名词大多不能能进入量名结构。

在表人个体名词内部还存在生命度的高低。恶称名词或者是把表人名词拟物化，或者不是正常人，与正常人相比，名词的生命度降低了，它们都可以进入量名结构。社会职业类称谓名词，这类职业在社会中地位较低，生命度降低了，大都可以进入定指量名结构。

普通指人名词因为其生命度高，一般不能进入定指量名结构，但而普通指人名词中的老人小孩类名词、含有贬义色彩的名词，它们的生命度也比成人或正常人低，于是能进入量名结构。"只人"只能指小孩不指成人，因为小孩比成人的生命度低。亲属称谓的名词比普通指人名词的生命度更高，其生命度仅次于专有名词（Comrie 1981），不能进入量名结构。

据 Lambrecht（1994）、陆丙甫（2001、2005）的研究，"可别度"（identifiability）这个术语跟"定指性"（definiteness）或"指称性"（referentiality）很接近，可以说是广义的指称性。它把某些在语序分布上跟指称性表现相似的因素概括在一起，比如信息的新旧、生命度、数量的多少、有界性等。名词的生命度与名词的指称性的关系通常是，指称性跟生命度在分布上密切相关，指称性大的成分和生命度高的成分的分布基本相同，而且也往往有共同的形态表现（参看陆丙甫 2001、2005）就本文讨论的量名结构来说，表定指的量名结构做主语是"可别度领前原理"的体现，生命度高的名词，其有定性程度高，对量词的依赖性较低，可以不用量词来指别，定指时就可以不需要借助量名结构；而生命度低的名词，其有定性程度低，对量词的依赖性较高，定指时需要用量词来指别，需要借助量名结构。量词成了调节名词指别度或可别度的一个语法形式。

上一节分析表明，衡东新塘话主语位置上的量名结构的量词已具有弱定指的功能，现在看来，量词弱定指的功能来源于量词对名词的可别度标示。用量词来提高名词的识别度，以适应定指的量名结构的要求。

第三节　主语位置上的量名结构对表人个体量词的选择

我们也调查了衡东新塘话中哪些量词能够进入主语位置上的量名结构，即主语位置上的量名结构对个体量词的选择性，其中的量词限于计量指人名词的量词。我们发现量名结构对不同类别量词的选择，大致遵循：

不定量词＞个体量词

个体量词"只"＞个体量词"个"

其中左边的量词要比右边的量词容易进入定指的量名结构。

一、不定量词＞个体量词

上文分析表明，普通的指人名词一般很难进入定指性量名结构，指的是名词和个体量词组合的情形。如果把量词范围扩大，同一个名词受不同类别量词的修饰时有不同的限制。比如表多数的不定量词"些"与指人名词组合时，就比较自由。如：

（23）些学生给狗咬哒。～ *只学生给狗咬哒。

些老师走过哒冒？～ ?只老师走过哒冒？

些亲戚下来哒冒？～ *只亲戚下来哒冒？

表集合的量词"桌"与指人名词组合时，也没有这种限制。如：

（24）桌人散过哒冒？～ *只人散过哒冒？

其中普通名词"学生、老师、亲戚、人"是很难进入表定指的"个体量词＋名词"结构的，但是可以进入表定指的"不定量词＋名词"结构。

在衡东新塘话表定指的量名结构中，量词的选择有"不定量词＞个体量词"的倾向，即多数量优先于个体量。这个现象用可别度来解释，就是多数、大部分比少数、小部分具有更高可别度（陆丙甫，2005）。由于主语位置上的量名结构有很强的定指意义，这种定指意义要求表示多数的名词优先进入量名结构，而表示少数或单个量的名词进入量名结构就受限制。

二、个体量词"只"＞个体量词"个"

这个不等式的意思是，在指人的量名结构中，使用个体量词"只"的量名组合可以进入主语位置上表定指的量名结构，而使用个体量词"个"的量名组合很难进入主语位置上表定指的量名结构。

方言中计量人的个体名词只有"个"和"只"。个体量词"个"主要计量指人名词，很少计量其他名词。"只"是一个运用最广泛的通用个体量词，它主要是计量动植物名词和事物名词，也可以计量指人名词。但"只"最初是计量动物名词的，后逐渐计量其他名词，包括表人名词。

"个"与"只"在宾语位置上都能计量指人名词。如：

（25）铁路上有几个/只叫花子。

我明日要去喊个/只道士来收下屋场。

铁路那头轧死个/只老师。

我请过个/只木匠。

（玩牌时说）我昨日碰哒个/只高手。

在宾语位置上，"个、只"都可以与指人名词组合，但是，在主语位置上时，指人名词只能与"只"组合，不能与"个"组合。比如可以说：

（26）只叫花子走过哒冒？

只道士还逗他屋里。

只木匠走过哒。

只客走过哒冒？

只高手来哒。

不能说成：

（27）*个叫花子走过哒冒？

*个道士还逗他屋里。

*个客走过哒冒？

*个高手来哒。

*个木匠走过哒。

可见，"只"与表人名词构成的量名结构，可以在句中做主语，而"个"与表人名词构成的量名结构就不能做主语。

在主语位置上的量名结构中，指人名词只能用个体量词"只"，但指物名词没有这种限制，可以是名词的专用量词。如：

（28）根扁担我放得楼上去哒。

条黄瓜捞_拿_放灶门_厨房_去。

条狗皮蛇冒哩嘛个_没这么_毒。

块瓜瓢烂哒。

上面的专用量词"根、条、块"不能用"只"去说。这也说明在主语位置上的量名结构中，指物的个体量词的定指用法还没有固定为"只"，"只"做为定指标记还不典型，但指人的个体量词的定指形式已经固定为"只"了。

对比可知，衡东新塘话主语位置上表定指的量名结构，指人个体量词用"只"而不用"个"，表明这种方言通用量词"只"的定指用法最先出现在指人名词中，而不是出现在指物名词中，但指人的个体量词的定指形式已经固定为"只"了，即指人的个体量词"只"已经具有类定冠词的用法。

结　语

本章考察了衡东新塘话主语位置上表定指的量名结构，我们描述的量名结构定指情形跟石汝杰、刘丹青（1985）分析的苏州话有不同之处，跟潘悟云、陶寰（1999）分析的上海话既有相似之处又有不同之处，跟施其生（1996）分析的广州方言有相似之处。

石汝杰、刘丹青（1985）认为苏州话量词的定指用法跟指别词"辝"有着密切的联系，苏州话的量词的定指用法应当是起源于某种指量结构（这个指别词多半是"辝"），是这一省略形式的发展结果，苏州话量词的定指用法是"辝+量词"这一格式的弱化形式。衡东新塘话的量名结构不是"指量名"的省略，量词"只"也没有发展成指示词。

潘悟云、陶寰（1999）认为上海话表定指的量词有两种：一种是省去了近指词"个"的量词，它既表定指，又表示距离指示意义；

另一种只是简单的定指，没有表示距离指示的意义。衡东新塘话量名结构中的量词只与上海话第二种情形相似。

施其生（1997）认为，广州话中有定的"量+名"不是"指·量名"的省略，有定的"量+名"与"指·量+名"在语义上都用于指称某一个（或某一些）有定事物，但是二者语义上有重要的差异，"量+名"不论远近，量词可区分计量单位，同时又用作一种不分远近的指别。衡东新塘话的量名结构与指量名结构有各自的作用，我们把量名结构中量词的功能称为弱定指功能，这种功能来源于量词对名词的可别度标示。

主语位置上表定指的量名结构对个体名词的选择，大致遵循"事物名词、动植物名词＞表人的普通名词＞亲属称谓名词"，这个等级大致跟名词的生命度对立。这表明，生命度越低的个体名词，越需要借助量词来指别；生命度越高的个体名词，越不需要借助量词来指别，量词成了调节名词指别度或可别度的一个语法形式。用量词来提高名词的识别度，以适应量名结构定指性的要求。

主语位置上表定指的量名结构对量词的选择，大致遵循"不定量词＞个体量词""个体量词"只"＞个体量词"个"。指人个体量词只能用"只"而不能用"个"，表明这种方言通用量词"只"的定指用法最先出现在指人名词中，而不是出现在指物名词中，指人的个体量词的定指形式已经固定为"只"了。所以，准确地说，只有指人的个体量词"只"才具有了类定冠词的用法。

（本章和我和研究生许秋莲女士合作完成。）

第六章　指示词"这些、那些"的列举功能

> 指示词"这些、那些"具有列举功能，形成指示型列举结构，分布在两种格式中，一种是"A这些/那些B"同位形式，后面有概括项，为同位式列举结构，表达的是列举兼指示的功能；一种是"A这些/那些"形式，后面没有概括项，为后附式列举结构，表达的主要是列举功能，其中的"这些、那些"指示功能都已经弱化。列举标记"这些、那些"凭连类列举义在句法上区别于其他列举标记。本文的研究表明，"这些""那些"所处的同位短语是产生列举标记的一个句法环境，由指示词"这些、那些"构成的后附式列举结构是汉语中表达列举义的一种重要的语法手段。

第一节　两种指示型列举结构

指示词的主要功能是指别功能和替代功能（吕叔湘，1985），此外，指示词还具有定冠词、通指（类指）、话题等语篇功能（张伯江、方梅，1996；方梅，2002；刘丹青，2002；董秀芳，2012）。但下面的例句表明，指示词"这些、那些"的指别和替代功能已经相当弱化，主要表现为列举功能，形成指示型列举结构。如：

(1) 所谓不善于养生，就是经常讲的亚健康啊、脂肪肝啊、高血脂啊这些。实际上一个人要想百岁健康，核心是60岁以前没有

病。(《江南时报》，2006-09-25第23版)

(2) 小时候我就特别喜欢玩女孩子的东西，比如<u>跳绳啊、刺绣啊那些</u>我都很喜欢，说话和动作都像。(《南方都市报》，2011-12-01第16版)

句中的"这些""那些"相当于"等""什么的"，充当列举功能。值得注意的是，充当列举功能的"这些""那些"位置总在列举项的后面。

学界对列举标记有一些研究，但是对指示词"这些""那些"的列举功能很少涉及，代表性的成果是张谊生（2001），该文详细考察了现代汉语中的列举助词，共有四组十二个：等、等等；云、云云；一类、之类、之流、者流、一流；什么的、啥的、的，里面没有涉及指示型的"这些""那些"。我们见到的对"这些"具有列举功能的较早的论述，是吕叔湘（1985），吕先生提到"这些"用于列举多种事物，常用在列举若干事物之后所加的总括性名词之前，例如"笔墨纸砚这些东西"，认为这里的"这些"多少兼有"等等"的意思。但是吕先生对"这些"的列举功能没有详细展开论述。本文认为，"这些、那些"是表多数义的指示词，在同位结构中具备了充当列举标记的语义基础，即列举一项或几项并类及其他。本文对指示词"这些、那些"的列举功能进行详细分析，语料来自"北大语料库"和"百度""人民网"等网络新闻搜索，文中例句一律不标出处。

"这些/那些"构成的指示型列举结构分布在两种格式中，一种是用在同位结构中，形成"A 这些/那些 B"形式，其中的 A 带表列举项，B 代表总括属性项，这种格式有后面含有概括项，我们称之为同位式列举结构，如"笔墨纸砚这些东西"；一种是用在"A 这些/那些"附着结构中，由于后面没有概括项，我们称之为后附式列举结构，如"洗衣做饭这些""跳绳啊、刺绣啊那些"。这样，指示型列举结构包括两类：同位式列举结构和后附式列举结构，其中指示词"这些/那些"的指示功能均已弱化，在同位式列举结构中表达连类列举兼指示的功能；在后附式列举结构中主要表达连类列举的功能，相当于列举助词，列举助词的说法，见张谊生（2001）。

第二节　同位式列举结构"A 这些/那些 B"

　　指示词在同位短语中的重要作用，吕叔湘（1985）、邢福义（1997）、刘街生（2000）等有过论述。同位短语里面的指示词处在列举项的后面、概括项的前面，起帮助构成同位关系的作用。邢福义（1996：266）认为，一般说，在两个同位项中，一个同位项所指比较具体，一个同位项所指比较概括；同位项的排列，通常是"概括——具体"；如果排列成"具体——概括"，往往采用"A 这个 B"之类的形式。如"大傻瓜王老三"（概括—具体）和"王老三这个大傻瓜"（具体—概括）。邢先生在这里强调了两点：①"这、那"可以构成指示型同位短语；②指示型同位短语含有概括项，排列次序通常是具体项在前，概括项在后。本文讨论由"这些、那些"构成的同位型列举结构，里面的指示词是对列举项的一种连类概括，属于概括项。刘街生（2000）给同位短语做了分类，把类标式同位短语分成三类，即数量式、指别式和列举式，如"李明、李华二人""李伟这个人""李明等人"。本文分析的"A 这些/那些 B"结构属于指别式同位短语，如"李明、李华这些人"。但是和"A 这/那 B"结构比起来，又有它的特殊性，即这类同位结构具有列举功能，也就是吕叔湘（1985）曾提到"这些"用于列举多种事物，常用在列举若干事物之后所加的总括性名词之前，"这些"兼有"等等"的意思。

一、"这些/那些"指示功能的弱化

　　根据方梅（2002）的研究，指示词的基本功能有两方面，一是单独用来指称话语中的某个确定的对象；二是在名词前面充当限定成分。前者是所谓"替代"（如"这是新发的工作服"），后者是所

谓"指别"（如"那演员是奥斯卡得主"）。无论是指别还是替代，都可以针对其所指对象用"哪个"来提问（哪个是新发的工作服？哪个演员是奥斯卡得主？）。换句话说，指示词（或者指示词与其后的名词）是用于指称一个在说话人看来听说双方确知的对象。根据这种观点分析，在"A 这些/那些 B"同位结构中，指示词"这些/那些"的指示功能已经弱化，伴随的是"这些/那些"在结构中都轻读。具体表现为：

1. 指称的具体对象不确知。"这些/那些"可以用作回指前面提到的列举项，但是指示的范围实际上大于前面的列举项的范围，有类及其他的意义。也就是说，"这些/那些"指称的具体对象听说双方都不是确知的，所涉及的类别义也只是一个大概的范围。比如"笔墨纸砚这些东西"，"这些"指示的范围除了笔墨纸砚，还有其他工具，但具体指什么，不确定，只是有一个大概的类别范围；"李明、李华这些人"，"这些"指示的范围除了李明、李华，还有其他人，但具体指什么，也不确定。

另外，同位结构中的"这些/那些"不能用"哪些"来提问，如不能说"笔墨纸砚哪些东西""李明、李华哪些人"。这表明，指示词"这些、那些"在同位结构中主要作用不是用作指别的，指示功能已经弱化。

2. 同位结构里用"那些"或用"这些"意思差不多，只不过用"这"比用"那"的时候多。这表明，"这些、那些"近指、远指的功能趋于中性化，近指远指的对立消失或中和了（对立关系消失或中和，见沈家煊（1999a：23）），指示作用已经弱化了。如果用"这"还是用"那"，并不取决于所指对象在真实世界中与指示中心之间空间距离上的远近，而取决于它在说话人内心世界中的地位，或者说话人的主观态度，这时指示词不再表指别功能。（方梅，2002）比如：

（3）以前过年都是<u>炒菜啊，大肉片啊那些东西</u>，没有水果<u>这些东西</u>，现在生活富裕啦，你看满桌子都是现代的东西，跟以前不一样，我们老两口现在挺幸福的。

（4）咱们还是拿牲口打比方吧，你可以把<u>牛啊马啊那些大牲口</u>放出去不管，你能把鸡也轰山上去任其发展？

前一句"那些"与"这些"前后对举，不表空间距离上的远近，指示功能减弱，趋向于中性化；后一句的"那些"换成"这些"，意义不变。

3. 列举项前面有无定代词"什么"，表明列举项是不定指的，后面的"这些""那些"就不可能再表定指的，趋向于中性化了。如：

（5）吃了这个福寿胶囊以后啊，<u>什么高血压啊、冠心病啊、风湿啊这些症状</u>，不知不觉的就都没了。

（6）我鲁肃投降了曹操，了不起回家乡去再做个老百姓，我在家乡做个老百姓我还可以通过地方上的考核推荐再报考公务员啊，我还可以从<u>什么县丞、县令啊这些小官</u>一步一步地做起，做到老了我做个太守，做个州牧那总是没有问题吧。

二、"这些/那些"的连类列举功能及句法表现

（一）列举项

同位型列举结构有三个成分：列举项、指示词、概括项名词。列举项的范围可以是人、事物、活动、事件、性状。列举项的数量一般是几项，也可以是一项。指示词"这些/那些"属于概括项，它处在列举项的后面和概括项名词的前面，把列举项和属性概括项连接成一个同位结构，句法上必不可少，语义上有概括作用，地位重要。这种概括作用具体说是"类及其他"，体现出连类列举的特点。概括项名词是对列举项范围的属性进行概括。

指示人或事物并类及其他，如：

（7）像贾珍、贾赦这些人，一出场就不是好东西。（贾珍、贾赦一类人）

(8) 我搞科研纯粹是因为自己喜欢，<u>荣誉、奖励啊这些东西</u>都不重要。（荣誉、奖励一类的东西）

指示活动或事件并类及其他，如：

(9) 在我国传统观念中，<u>洗衣做饭，打扫卫生这些家务活</u>都是女人分内的事情，但在男女平等的今天，家务活也在走向平等。

(10) <u>跷二郎腿、肩膀夹电话这些习惯动作</u>，可能伤了你的脊柱。

指示性状并类及其他，如：

(11) <u>萌啊，性感啊，清纯啊这些词</u>都比不过女人最重要的形容词"美"。

列举项也可以是一项，连类义更加明显。如：

(12) <u>像周大勇这些人</u>，不仅没有因长期的战斗生活消磨掉那些朴素的记忆，而且是更强烈。

(13) 当然，如果你面试的是总经理助理，特别是<u>帮总经理订票啊这些日常工作</u>。

"这些、那些"在指示词中是表多数意义的词，在同位结构中具备了充当列举标记的语义基础，即列举一项或几项并类及其他；使用频率上，"这些"高于"那些"。

当列举项指人时，概括属性项会对人物角色进行有层次的概括，如"李明、李华这些人""李明、李华这些老师""李明、李华这些学生""李明、李华这些男人""李明、李华博士""李明、李华这些领导""李明、李华这些学者"等。

(二)"这些/那些"的位置

表连类列举的"这些""那些"，句法位置一般居列举项后，而不是在列举项前。如果"这些""那些"放在列举项前面，结构要么不通顺，要么没有连类义；列举项为单项的，"这些""那些"放在列举项前面，更加不能说。如：

(14) *这些贾珍、贾赦。

*这些周大勇。

*这些剖腹产、阑尾炎简单的手术。

?这些洗衣做饭，打扫卫生的家务活。（没有连类义）

有的"这些""那些"在句中一前一后使用，形成"那些A这些B"结构，属于"重复指示词"（吕叔湘，1985），两个词的位置不一样，功能也不一样：前面的为指示功能，后面的主要表列举功能。如：

(15) 那些往年没涨价的小家电啊、萝卜白菜啊这些东西，今年全都涨价了。

(16) 我想知道像那些哆啦A梦的电吹风啊、鼠标啊这些东西在哪里可以进货。

这些句子里的"这些""那些"，列举项后面的表示连类列举义，分别相当于"那些往年没涨价的小家电啊、萝卜白菜啊一类的东西""那些哆啦A梦的电吹风啊、鼠标啊一类的东西"。

（三）"这些""那些"和列举标记词对举

分析"这些""那些"和列举标记词对举的情况，可以看出"这些""那些"表达的是列举功能。

1. 一些列举结构，"这些""那些"和常见的列举助词"等""什么的"一前一后对举，表明"这些"表示的是列举功能。如：

(17) 记者今日走访了常府街附近的水果摊，发现除了苹果、梨子、香蕉、橘子这些常见水果外，还有石榴、柿子等季节性水果。

(18) 战争年代，张思德、董存瑞这些英雄，曾一度成为人们心中的偶像；和平建设年代，王进喜、雷锋等在平凡岗位上做出成绩的劳动模范、先进人物也一度成了人们生活中追崇的榜样，为人们所看重。

上面的句子各有两个列举结构，前面的用"这些"，后面的用列举标记"等"。

(19) 我经常就是在搞活动的时候买一堆，衣服什么的就不说了，头饰啊、围巾啊这些乱七八糟的东西很多根本就是买回来就闲置了。

这一句的两个列举结构，前面的用"什么的"，后面的用列举标记"这些"。

2. 一些列举结构，前面的列举项含有列举义语气词"啊"，或前面有"像""比如"一类的"举例"义动词，后面往往有"这些""那些"，列举义明显。储泽祥（1995）讨论了"啊""呀"和"啦"的数排作用，数排式的附带意义是"列举未尽"。"举例"义的词语常常出现在列举结构之前，表示列举的各项只是举例性的，并没有穷尽。如：

（20）去年和前年这条街经常发生偷啊，被抢啊那些事情，今年来说就是没有听说过这些事情，所以我们在这里做生意也是很放心的。

（21）小姑娘，你现在碰上的只是银行啊，丢钱啊，自杀啊这些事；其实一个刑警要经历的，更多的是比这残酷许多的案子。

（22）现在纸媒都面临着网络的冲击，像大盘啊、公告啊这些东西，网站的速度肯定是最快的，我们要避开他们就必须寻找其他落点，做点跟网站不一样的、原创的东西。

通过上面的分析，我们认为，"这些/那些"在同位型列举结构中表达的是连类列举兼指示的功能（也可以概括为连类指示功能），但指示功能已经弱化。这和吕叔湘（1985）曾提到"这些"用于列举多种事物，兼有"等等"的意思基本是一致的，只不过我们更加强调"这些/那些"的列举功能。

第三节　后附式列举结构"A 这些/那些"

如果"A 这些/那些 B"同位式列举结构的属性概括项没有出现，就形成了"A 这些/那些"后附式列举结构。如：

（23）洗衣做饭、打扫卫生这些家务活→洗衣做饭、打扫卫生这些。

亚健康啊、脂肪肝啊、高血脂啊这些病→亚健康啊、脂肪肝啊、高血脂啊这些。

跳绳啊、刺绣啊那些事→跳绳啊、刺绣啊那些。

抢篮板啊、传球啊这些事情→抢篮板啊、传球啊这些。

后附式列举结构有两个成分：列举项和指示词，没有属性概括项。与同位型列举结构"A 这些/那些 B"相比，由于概括属性的名词没有出现，联系列举项和属性概括项的指示词"这些/那些"就接近后附成分，"这些/那些"由原来的同位指示重新分析为列举项的后附成分。重新分析会改变一个句法模式的底层结构，其中的一个表现是粘聚性（吴福祥，2013）。粘聚性指的是一个语言序列所具有的语法地位，比如它是一个独立的词、附着词、词缀，或者是词内成分。重新分析涉及到粘聚性的改变，指一个独立的自由词变成附着词或者附着词变成词缀、词缀变成词内成分这类演变。比如汉语的"上"在上古汉语原本是表方所的关系名词（"育之上"），中古以后逐渐演变为后置词（"回翔屋上"）和词内成分（"心上""世上"）。"这些/那些"重新分析的情况是，原来是独立的指示词，在同位结构中演变为附着成分（相当于列举助词），接近后置词。

如果说"这些/那些"在"A 这些/那些 B"同位式列举结构中还兼有指示功能的话，那么在"A 这些/那些"后附式列举结构中指示义就更加弱化、连类列举义更加明显，伴随的是"这些/那些"轻读，有进一步语法化的可能，可以看成列举助词，表示列举项可以延续并类及其他的连类列举义。

一、指示功能弱化的表现

（一）位置后附，指称的具体对象不确知

"这些""那些"的对立消失，并且不能用"哪些"提问。在"A 这些/那些"结构中，由于没有属性概括项，列举项指称的类别和具体对象听说双方都不是确知的，只有凭借后附的"这些/那些"和列举项推导出类别义和连类列举义。"这些/那些"近指远指的对立消失，趋于中性化，指示功能已经弱化了。该结构也不能用"哪些"来提问，比如不能说"跳绳啊、刺绣啊哪些"。这表明，指示词"这些、那些"在"A这些/那些"结构中附着性很明显，主要作用不是用作指别而是用于连类列举。

（二）和无定代词"什么"同现，指示功能弱化

列举项前面可以有无定代词"什么"，这是后面的"这些""那些"就不可能表定指，指示趋于中性化。如：

(24) 这里我们说的"申请"，是指进入申请成为情景喜剧片场观众的资格，所以<u>什么签证啊那些</u>，就直接略过了。

(25) 时尚真的不是衣食住行，真的不是什么品牌，<u>什么包啊这些</u>，那太表面了，我觉得时尚是一种态度。

(26) 作为普通市民，我们主要通过媒体、报纸来了解，还有很多事情，有些时候<u>审讯死啊、以前的什么发病死啊那些</u>，就说我们对他们其实印象也不是太好。

二、连类列举及句法表现

（一）连类列举的范围

"A这些/那些"结构一般是多项列举，包括列举事物、活动、事件并类及其他，多用"这些"，相当于"等""什么的"。列举项后面可以插入语气词"啊"，列举义非常明显。

列举事物并类及其他，如：

(27) 长相再其次，还可以整容，但是<u>人品身子骨这些</u>就不好说了。

(28) 我天天都过来排练，<u>《秧歌舞》《小板凳舞》这些</u>我都会。

(29) 思想的突破是第一步，而不是靠<u>资金啊，技术啊，人才啊</u>

这些。

（30）所谓不善于养生，就是经常讲的亚健康啊、脂肪肝啊、高血脂啊这些。

列举活动或事件并类及其他，如：

（31）我也会有一场或者两场或者三场四场比赛表现不好，希望有些夜晚当我无法将球投中时，我能做点其他事情补救，比如抢篮板啊、传球啊这些，只要能让球队赢就行。

（32）我爱好文艺，拉二胡，吹笛子，弹钢琴啊这些都行。

同位型的"A这些/那些B"结构可以列举人，而后附型的"A这些/那些"结构一般不能列举人。比如不说"贾珍、贾赦这些""张思德、董存瑞这些"。

也可以单项列举，列举项后面往往附"啊"，强调单项连类的意义。

（33）很多人拼命装嫩装可爱，花各种代价让自己看起来很符合各种期待，而心却苍老得一塌糊涂，疲惫得找不到活着的意义。突然想起理想啊这些，都觉得好笑，可是谁真正到达了理想的彼岸呢？（《京华时报》2011年05月20日第53版）

（34）谍战剧啊这些我也愿意看，但如果没有时间每天连续地追下去怎么办？

"A这些/那些"在举例性的结构中，充当举例义动词"例如、比如、如、像"的宾语，表示列举的各项只是举例性的，并没有穷尽，连类列举义非常明显。如：

（35）最近老是吃到一些菜，里面放了些中药的，像当归啊这些能吃吗？

（36）妹妹特别喜欢呆在家里，在我们家看那个比如喜羊羊啊这些，自己也喜欢看漫画书，因为黄佳他本身就是一个喜欢漫画的人。

（二）"这些/那些"和列举标记词对举

后附的"这些/那些"和常见的列举助词"什么的"一前一后

对举，表明"这些/那些"表达的是列举功能。如：

（37）<u>明显的外伤啊那些</u>还能看出来，但性病什么的看不出来啊，也不能要求人家出示体检报告再放行吧。

（38）洗衣服、做饭、打扫卫生，基本上都是我在做，其他的像换灯泡、修理家具还有保险丝烧断了是我丈夫的事，但你知道的，<u>洗衣做饭这些</u>是天天都得做的，<u>什么灯泡坏掉</u>就是偶发事件，一个月能碰到一次就了不起了。

第四节　后附列举标记"这些/那些"与其他列举标记的区别

后附列举标记"这些/那些"相当于指示型的列举助词，它凭借连类列举在句法上区别于其他列举助词，比如"等""什么的"。"这些/那些"的连类列举功能包含三种意思：①"这些/那些"具有总括数量功能。"这些/那些"是表示多数的指示词，在列举结构中有总括数量的作用，所以后面不能再出现数量词。②"这些/那些"具有连类功能，列举项是相同的一类事物。③"这些/那些"或多或少含有指示和回指的功能，可及性较高，并且构成的列举结构是指称性的，不能是陈述性的。

"这些/那些"的连类列举功能在句法上表现为：

1. "这些/那些"的列举项多为两项或以上，也可以是一项。例句见上文。

2. "这些/那些"的列举项是同类组合列举。如果不是同类的列举项，就不能后附"这些/那些"表列举。"等"的列举项不一定是同类的。

3. "这些/那些"的列举项不能有数量词。"等""什么的"的列举项可以出现数量词。如：

（39）在深夜，邓颖超就送去<u>一些饼干等</u>，偶尔也端来一小碗素挂面。

(40) 可是，赶到有人向他要一双袜子什么的，他会很慷慨："拿去吧！咱们吃着祖国，穿着祖国，咱们浑身上下都是祖国给的！这就是共产主义吧？"

可以说"鞋子、袜子这些"，但不能说"一双鞋子、一双袜子这些"、"一双袜子这些"。"这些/那些"的列举项前面不能出现数量词，这一点与复数标记"们"类似。

4. "这些/那些"后面往往隐含着属性概括项。如果不需要属性概括项，就不能后附"这些/那些"表列举。如果列举项的属性概括项一定要出现，就不能用后附"这些/那些"表列举。

如果列举项为事件，后面的属性概括项信息容易确定、推知，概括项也就容易省去，如"洗衣做饭这些"；如果列举项指人，后面的属性概括项不容易确定，因为人具有多种角色，不易推知，概括项就不能省去。如"李明、李华这些老师""李明、李华这些学生""李明、李华这些领导""李明、李华博士""李明、李华这些男人"就不能说成"李明、李华这些"。

5. 所处的结构在句子中只能充当主语、宾语，不能做谓语。从句法功能看，"等""什么的"构成列举结构除了充当主语、宾语以外，还可以充当谓语。当"等""什么的"构成的列举结构表示活动和事件列举时，既可以做谓语，表达陈述义；也可以做主语宾语，表达指称义。而"这些/那些"表示活动和事件的列举时，不能做谓语，只能做主语宾语，只能表达指称义，不能表达陈述义，如"洗衣做饭这些"。

在常见的列举标记中，"等"属于多项列举标记，它的位置既可以后附（"吃饭洗衣等"），也可以接属性概括项（"吃饭洗衣等家务事"），后面可以出现起总括作用的数量词（"语文数学等四门课程""大孤山、小孤山、珍珠门等八景"）。"什么的"属于无定列举标记，它的位置只能后附（"吃饭洗衣什么的"），后面不能出现属性概括项（"*洗衣做饭什么的家务事"），也不能出现数量词（"*语文数学什么的四门课程"）。"这些/那些"属于指示型列举标记，它

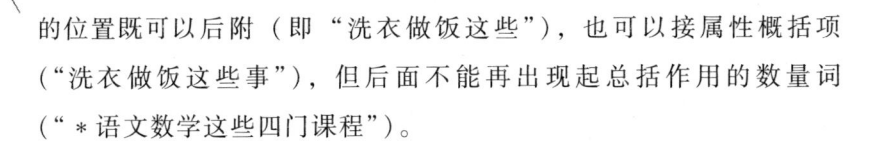

的位置既可以后附（即"洗衣做饭这些"），也可以接属性概括项（"洗衣做饭这些事"），但后面不能再出现起总括作用的数量词（"*语文数学这些四门课程"）。

第五节　方言中的后附列举标记"这些/那些"

汉语方言中，由指示词"这些/那些"构成的后附型列举结构是比"等"类列举结构更常见的一种列举形式。在普通话里，典型列举标记一般是用"等"，但是在汉语方言里就有较大的区别。比如在北京口语里，列举标记"这些、那些"比"等"更常见（最常见的列举标记是"什么的"和"伍的"），体现出普通话和汉语方言的一个差别。我们对"北京口语语料查询系统"（北京语言大学语言研究所）进行检索，发现用"等"表列举的很少见（只有很少的几例，要用"等"的话要说成"等等"，关于"等"和"等等"的区别，见张谊生，2001），而"这些、那些"有25例。比如用"这些"表列举，如：（均来源于"北京语言大学语言研究所'北京口语语料'"）

（41）像我这岁数儿，反正儿好像觉得这些家务事儿啊，也不好处理。觉得，<u>主任这些</u>，都是五十多岁的这个老大妈，她对一些事儿比较好处理，比较好说。（单项列举）

（42）嗯，<u>走快车道啊，骑快车呀这些</u>，好像没警察地方儿就无所谓，有警察地方儿吧，就注点儿意。（多项列举）

（43）因为就是说没去过大连的人哈，去大连也就顶多上什么老虎滩哪，星海公园儿<u>这些</u>，就说公园儿看看哈。（多项列举）

另外，在贵阳方言中，"啊"后面可以加在"这些"，强调列举的事物。"啊这些"用在名词后头，表示"等等之类"。如：（汪平，1994）。

（44）电冰箱啊这些都买得有的。｜买了猪肉、鸡蛋、鱼啊这些。｜这个礼拜考的有语文啊、数学啊、英语啊这些。

上述情况说明,由指示词"这些/那些"构成的后附型列举结构是汉语方言中较常见的一种列举形式,应当引起重视。

方言中的"这些/那些"还可以充当复数标记,表明列举标记"这些/那些"进一步语法化的方向是复数标记。比如山东汶上方言,第一人称复数用"这些",说成"俺这些";第二人称复数形式近指用"这些",远指用"那些",说成"恁这些""恁那些";第三人称复数形式近指用"他们这些",远指用"他们那些"。即:(宋恩泉,2005:210-211)

(45) 俺这些 ɣã^{55}tsə$^{312-32}$ɕiə^{55}:我们这些人。(第一人称复数)

恁这些 nə̃^{55}tsə$^{312-32}$ɕiə^{55}:你们(近指),恁这些都别给他搭腔。

恁那些 nə̃^{55}nɑ$^{312-32}$ɕiə^{55}:你们(远指),恁那些都还没问来?

他们这些 tʻɑ$^{213-21}$mə̃^{0}tsə$^{312-32}$ɕiə^{55}:他们(近指)。他们这些走讪没给你说声?

他们那些 tʻɑ$^{213-21}$mə̃^{0}nɑ$^{312-32}$ɕiə^{55}:他们(远指)。他们那些都吃完饭走啦。

结　语

本章分析了由"这些、那些"构成的指示型列举结构,包括两种格式中,一种是"A这些/那些B"同位式列举结构,表达的是列举兼指示的功能;一种是"A这些/那些"后附式列举结构,表达的主要是列举功能。这两个结构里面的"这些、那些"的指示功能已经弱化,伴随的是语音弱化,列举功能增强。列举标记"这些、那些"凭连类列举义在句法上区别于其他列举标记。"这些/那些"构成的后附式列举结构是汉语表达列举义的一种重要的语法手段。

同位短语是产生列举标记的一个句法环境,条件是同位短语的"具体—概括"语义框的联系项是含有表多数的词语,如表多数的指示词"这些/那些"。在"A这些/那些"结构中,"这些/那些"被重新分析为后附成分,成为后置的列举助词,结构的演变过程为:

"A 这些/那些 B"同位短语→"A 这些/那些"后附型列举结构

相应的,列举标记"这些、那些"的语法化过程为:

指示词→同位指示→列举助词

"这些/那些"的连类列举功能在方言中还可能进一步语法化为复数标记。

第七章　现代汉语数名结构的篇章功能

> 类型学的语言事实表明，即使在含有个体量词的语言中，数名结构也有存在的价值和动因。现代汉语中存在基数词和名词直接组合的数名结构。表示小数目的"基数＋名词"结构根据各自篇章功能的不同分为两类："一＋名"结构主要表示不定指，"数（大于一）＋名"结构主要表示回指。"一＋名"结构与北京话的"一＋名"结构存在区别。"数（大于一）＋名"结构的形成跟回指形式的"衰减"手段有密切关系，并具有自己的回指特点。事实表明，表示小数目的"基数＋名词"结构的形成动因可以归为定指、回指一类的篇章功能。

第一节　类型学视角下的数名结构

对于现代汉语中"一学生、三青年"一类基数词和个体名词组合在一起的结构，人们常常把它看成是量词省略或者是古汉语的遗留。但类型学研究表明，即使在一些含有个体量词或个体量词丰富的语言中，数名结构依然存在，甚至是主要结构，如藏语、景颇语、墨脱门巴语、博嘎尔珞巴语、诺克特语、噶诺语、义都珞巴语、格曼僜语、现代印尼语等（孙宏开，1988；戴庆厦、徐悉艰，1992；张琼郁，1993）。个体量词不怎么发达的语言中有数名结构，如景颇语（戴庆厦、徐悉艰，1992：129）：

(1) u¹di¹ sa¹nit¹ = u¹di¹ hkum¹ sa¹nit¹ "七个鸡蛋"
　　鸡蛋　七　　鸡蛋　个　七

其中的个体量词习惯不用。

个体量词发达的语言中有数名结构，如现代印尼语（张琼郁，1993：67）：

(2) dua buku = dua jilid buku "两本书"
　　两　书　　两　本　书

在现代印尼语中，尽管个体量词（类量词）丰富，但是在不致于使人们引起误解或概念不清的前提下，尽量不用个体量词。

类型学的语言事实说明，在含有个体量词的语言中，数名结构有存在的价值。目前对这类语言中数名结构存在的原因，已有一些论及，比如藏缅语的名词和数词能否直接组合，跟数词音节的多少有关。个体量词不发达的语言，基数词都是双音节或多音节的，由于数词是双音节的，量词则普遍少，名词和数词结合，为四音节形式，这样就保证了数词和名词一起做句子成分时都以双数形式出现，形成双数节律（马学良，1994：171-179）。如景颇语（马学良，1994：174）：

(3) ŋai³³nam³¹si³¹lǎ⁵⁵ khoŋ⁵¹ ʒaʔ³¹ n³¹ ŋai³³. "我要两个果子。"
　　我　果子　　　两　　要　（句尾）

(4) tsoŋ³¹ ma³¹ mǎ³¹ sum³³ pheʔ⁵⁵ ʃă³¹ ka⁵⁵ laʔ⁵⁵ u³¹! "你叫三个学生来！"
　　学　生　三　（助）　叫　来　（句尾）

现代汉语属于个体量词丰富的语言，数名结构存在的原因和价值就有重新认识的必要。诚然，数名结构的出现跟音节有关，比如"前一时期、后一名词"这一类组合，量词没有出现，刚好构成一个"双音节+双音节"节律形式。但是现代汉语数名结构出现的动因还不限于此。先看下面一个语言事实，通过这个语言事实，我们不仅可以看出现代汉语中数词与名词确实能够直接组合，而且还可以看出数名结构的价值。

(5) 9月6日,一个农民打扮的人在翠微路商场附近摆了个摊子,声称专治脚鸡眼。一青工决定让看看,"病可治,挖一个鸡眼四元钱。"为了治病,青工欣然同意。(转引陈平1987)

按照陈平(1987),句末的"青工"回指前面提到的"一青工"。在这里,"一青工"是第一次出现,使用数名形式表示不定指,其中的数词是"一";"青工"则是用名词的光杆形式表示回指。❶ 我们假如当时"青工"的数量是"两个"(大于一)的话,那么这则报道可能会写成:

(6) 9月6日,一个农民打扮的人在翠微路商场附近摆了个摊子,声称专治脚鸡眼。两名路过的青工决定让看看,"病可治,挖一个鸡眼四元钱。"为了治病,两青工欣然同意。

在这里,"两名路过的青工"是第一次出现,使用数量名形式表示不定指,"两青工"是用数名形式表示回指。其中的数词已经不是"一"了。下面的实例证明了这个假设的合理性:

(7) 近日,两名广东旅客被拉到襄樊火车站附近某旅社休息。不久,两名年轻女子端着4杯葡萄酒进了他们的房间。他们感觉不对,要求退房。不料两女子当即把葡萄酒喝下,并一口咬定葡萄酒是广东旅客所请。几个自称是旅社工作人员的彪形大汉突然出现,说两女子喝掉的葡萄酒是"轩尼诗人头马",售价为每盎司(杯)68元。两旅客被迫无奈与店主协商,最后被敲诈200元。(《人民日报》2003.07.24,14版)

其中第一次出现的"两名广东旅客""两名年轻女"为不定指,后面的"两旅客""两女子"为回指。

通过对比发现,(5)使用"一+名"数名形式表示不定指,(6)(7)使用"数词(大于一)+名"数名形式表示回指,而(6)(7)中前面的"数+量+名"形式则表示不定指。可见"数名"结构不仅与"数量名"结构的篇章功能不同,而且内部的篇章功能也

---

❶ 关于所指与回指的区别,参看 Comish(1986),陈平(1987),徐赳赳(1982:42-52)。

不相同。"数名"结构确实有存在的价值。

针对现代汉语中存在数词和名词能够直接组合成数名结构这个事实，本文主要分析表示小数目的"基数+名词"结构的篇章功能。❶根据数名结构的内部篇章功能差异，我们把数名结构分为两类："一+名"结构和"数（大于一）+名"结构。其中的数词只限于基数词，不包括"四医院"这类表示序数的数名结构。下面的研究表明，表示基数的"一+名"结构主要充当不定指形式，而"数（大于一）+名词"结构主要充当回指形式。

第二节 "一+名"结构的不定指功能

一、"一+名"结构的位置和功能

普通话"一+名"结构常出现在新闻报道中，如一民工、一网友、一小姐、一男子、一运动员、一家长、一单位、一犯罪团伙、一诈骗团伙、一工程队、一学校、一宾馆、一农家菜馆。这种形式主要表示不定指，并且多用在主语位置上。如：

（8）江苏泗洪县<u>一农村妇女</u>提了几十个鸡蛋到农贸市场出售，青阳镇兽医站人员收了0.5元检收费，却未做任何检验。（《人民日报》2001.10.17）

（9）"你患的是淋巴癌"，目前武汉某医院肿瘤科<u>一大夫</u>不顾病人家属的一再暗示，直接将病情告诉患者本人。（《人民日报》2004.05.20）

（10）据报道，湖北随州市某镇<u>一妇女</u>，丈夫生病，算命先生说他俩"男女相克"，她听后即喝农药"先克"了；<u>一农村学生</u>为考上大学，背着大公鸡等供品到佛庙祭拜神灵，从早上8点到下午4点，滴水未进，最后体力不支，倒在"神坛"下……（《人民日报》

---

❶ 还有一类表示大数目的数名结构，如"百万军队"。我们这里不讨论。

1995.05.27，5版）

上述例中的"一+名"均是第一次出现，使用数名形式表示不定指，用在主语位置上。做宾语的例子如：

(11) 1月4日19时50分，济南市公安局110报警服务台接到报警，国棉一厂纱厂西街95号院内有一老太太自杀。(《人民日报》1997.04.29.11版）

(12) 近日，笔者带着4岁的儿子到一农村亲戚家做客。(《人民日报》2003.08.24）

"一+名"表示不定指，属于一种特指或实指（specific）。❶

二、与北京话、英语比较

现代北京话也有"一+名"结构，这类结构学者们研究得较为详细。关于其中的"一"，方梅（2002）认为"一个"的脱落形式，刘祥柏（2004）认为是"一个"的合音形式，董秀芳（2003）认为是"一个"的弱化形式。现代北京口语中的"一+名"结构与普通话的"一+名"结构在功能上有相同的地方，如"一+名"多用作不定指形式，不作为回指形式。但是它们还是有区别的。

第一，在北京口语里，"一"不遵循变调规律，一律念阳平，如一[i^{35}]大夫、一[i^{35}]老外、一[i^{35}]朋友；普通话"一+名"结构中的"一"一般遵循变调规律，即在去声字前念阳平，在非去声前念去声，如一[i^{35}]大夫、一[i^{51}]老外、一[i^{51}]朋友。这说明北京话的量词"个"已经融入了数词"一"中，而普通话没有。看实例：

(13) 普通话：一老外向在宁经商的徐州人屡次借钱，而且每次打的都是英文借条。(《江南时报》2003.05.28）

(14) 北京话：我这货好销，一老外昨天从我这儿买走好几条。(方梅，2002）

---

❶ 不定指属于一种特指，见大河内康宪（1988）；或者属于一种实指，见张伯江（1997）。

第二，北京口语"一+名"多用在宾语位置上（方梅，2002），普通话"一+名"多用在主语位置上。北京话的例子如：

(15) 我替我姐说吧，你还不能算一坏人。（方梅，2002）

北京话"一+名"表示不定指，其实符合普通语言学的一般规律。在不定冠词发达的语言中，不定冠词似乎总是数词"一"的弱读形式，即不定冠词是弱化了的数词（叶斯柏森，1988：143－144）。

普通话"一+名"也有不同于英语的"a+名"的地方，英语的"a+名"不仅可以表示不定指，而且可以用于泛指（generic），而普通话"一+名"不能表示泛指，对比：

(16) a. 英语：*A thief* is a coward. （叶斯柏森，1988：200）

b. 普通话：*一小偷是胆小鬼。

c. 普通话：小偷是胆小鬼。❶

尽管"一小偷"是合法的数名结构，也可以用在主语位置上表示不定指，但是还是不能用在像(16b)那样的泛指环境。可见"一+名"是不能作泛指形式。

三、"一+名词"不用于篇章回指

"一+名词"用于不定指，但不能用于篇章回指。如：

(17) 因为<u>一学生</u>不遵守课堂纪律，江西南昌市心远中学一班主任老师强令<u>这个学生</u>的家长到学校陪读；因为工作忙，家长无法陪读，<u>学生</u>便被赶出学校。（《人民日报》2004.05.31）

其中后面两处的"学生""这个学生"回指前面提到的"一学生"；在这里，"一学生"是用数名形式表示不定指，"学生""这个学生"分别用名词的光杆形式和定指形式表示回指。后面两处不能说成"一学生"：

(18) *因为<u>一学生</u>不遵守课堂纪律，江西南昌市心远中学一班

---

❶ 我们把"小偷是胆小鬼"中的"小偷"看成是泛指而不是无指（non‐referential），是因为它们还可以回指，如"小偷是胆小鬼，<u>他</u>当然害怕人们议论。"

主任老师强令一学生的家长到学校陪读；因为工作忙，家长无法陪读，一学生便被赶出学校。

这证明"一+名词"不能用于回指。

"一+（量）+名"不能用于回指，廖秋忠（1986）有过说明，即当某个或几个对象由带有数量词"一"的名词短语引进篇章时，它的指同表达式不可能是原形，除非是对词语本身进行的解释。

第三节 "数（大于一）+名词"结构的回指功能

一、"数（大于一）+名"结构的类型

许多学者已经指出现代汉语中存在数名能够直接组合的事实。在俞士汶等（1998）的研究中，"数名"成了词典中为名词设立的一项语法属性，用于判断一个名词是否能直接受数词修饰，比如名词"姐妹、兄妹"可以直接受数词修饰表示数量，说成"三姐妹、两兄妹"。郭锐（2002：211）列出数词直接修饰名词的8种情形，其中就有"'大于一'的系数词+部分集合名词"形式（如五姐妹）、"数+名词"形式（如三部门）。再有汉语中也确实存在"两夫妻、两姐妹"这样的数名结构，比如隆回湘语（笔者的母语）有"两爷崽（父子俩）、四姊妹"这样的数名结构，却没有"两个爷崽、四个姊妹"这样的数量名结构。

数词大于"一"的数名结构，其中的名词主要有两类：个体名词和关系集合名词。"数词+个体名词"，如：两被告人、两弟弟、两老外、两同事、两单位、两公司、两学校、4学生、五职工、四少年、三战士、五姑娘、三青年、三记者、三民工、6歹徒、三农民、三男子、五公司、六疫区、四政法单位。

"数词+关系集合名词"，如：两兄弟、两姊妹、两姐妹、两亲家、三姊妹、三姐妹、五兄妹、六兄弟。其中数词和名词之间一般不能插入量词，为强制性较强的数名结构。如果要出现量词，只能

改变语序：

　　两夫妻——*两个夫妻——夫妻两个　　两父子——*两个父子——父子两个

　　两师徒——*两个师徒——师徒两个　　两母女——*两个母女——母女两个

我们曾经以关系集合名词"兄妹、姊妹、姐妹"为例，调查了北大语料库"系数词＋名词"的运用情况，结果如表7-1所示。：

表7-1　"系数词＋名词"的运用情况

结构类型 系数词与名词组合	"数＋名"结构	"数＋量＋名"结构	数名与数量名比例
系数词与"兄妹"组合	36例	4例	9∶1
系数词与"姊妹"组合	26例	4例	6.5∶1
系数词与"姐妹"组合	146例	8例	18∶1

从表7-1中可以看出，数词与"兄妹、姊妹、姐妹"这类关系集合名词结合时，以不使用量词的"数＋名"结构占绝对优势，即通常使用"数＋名"结构。

方言中普遍存在"两＋关系集合名词"数名结构，中间一般不能插入量词，这也说明这类数名结构存在的普遍性。如长沙方言、娄底方言、南昌方言、于都方言、萍乡方言、贵阳方言、柳州方言、建瓯方言等。❶

数词大于"一"的数名结构，其中的数词一般只能是系数词（即从二到十），不能是位系数词，如可以说"三青年"，但不能说"十三青年""三十三青年"。

这里主要分析"数（大于一）＋名"结构的篇章回指功能。

二、"数（大于一）＋名"结构的篇章回指特点

Comish（1986∶1）认为，回指是为了避免重复，人们常用一种

---

❶ 详见李荣主编《现代汉语方言大词典》，江苏教育出版社，1994—1998。

语义上（词汇上或音韵上）衰减的（attenuated）表达式，来代替前面出现过的全称的表达式。全称的表达式称为"先行词"，衰减的表达式称为"回指词对象"。"数（大于一）+名"结构就具备回指功能：所指对象在上文出现过，现在对它进行回指，使用数名结构，如上文例（7）。数名结构的回指特点有：

第一，这类数名结构主要用在主语位置上，充当回指形式，表达回指功能。如：

（19）2000年7月，"大篷车"在周庄镇巡访时，受理了残疾人王立成的申诉：王立成用三轮车拉<u>3名青年</u>到目的地后，<u>三青年</u>因少付车费与王立成发生争执，并拽住王立成的残腿拖出车外10多米毒打。(《人民日报》2002.11.27)

"三青年"对前面的"3名青年"进行回指。"3名青年"在宾语位置上，"三青年"在主语位置上。

（20）<u>十姐妹</u>看到周恩来专注地采茶，而且采得又快又好，不禁露出惊喜的神色，"呀！总理采得真好！"（北大语料库）

"十姐妹"回指上文提到的"双手采茶十姐妹队"。

第二，如果先行词采用数量名形式，回指往往采用数名形式。第一次涉及事物的数量时往往使用数量名结构来表达，然后用数名结构回指前面的这个数量名结构。例如，上例"3名青年"和"三青年"就是这样，又如：

（21）昨天中午，中华中学的<u>两名初三学生李某、刘某</u>放学行至长乐路时，身后突然窜出<u>两名流里流气的小青年</u>。两人将他们强行带至大油方向的巷口，开口向<u>两学生</u>要钱。李某和刘某在两人的威逼下，掏出了身上的全部零用钱。<u>两青年</u>见油水不足，骂骂咧咧地走了。(《江南时报》2003.01.03)

句中的"两学生""两青年"是一种回指，代替上文提到的"两个学生""两个青年"。回指形式使用数名结构，先行词是用数量名结构。

第三，这种回指在形态—句法上属于名词回指，在语义上属于

同义回指。

第四，数量名形式和数名形式前后连用，可以形成一个回指链，回指链后面的节点往往采用数名形式。按照徐赳赳（2003：52），如果 A 和 B 之间的联系是回指关系的话，那么这种 A 和 B 之间的联系就可以进一步扩大，即 A–B–C……N 的联系，这样就可以把篇章中具有所指相同的对象连在一起，得到一个回指的"链"，即篇章回指链。比如上文例（7）就有一个回指链：两名年轻女子——两女子——两女子，后面两个节点采用了数名形式。

在篇章回指链中，会出现数名形式和数量名形式交替出现的情况。如下面的报道《苗款官司农民胜诉》：

(22) 泌阳县是全国著名的火炬松生产基地。1988 年和 1989 年春，泌阳县林业局与贾楼乡马湾村"育苗专业户"杨奎文、杨奎春、杨兴得三位农民先后两次签订了火炬松育苗合同。合同规定：三农民持现款到县林业局购买火炬松种籽 20 余公斤，培育出的火炬松苗出售给县林业局，每株松苗价格为 0.04 元。1989 年和 1990 年三农民先后培育出火炬松苗 42.5 万株，全部按合同规定出售给了县林业局。……如今，三农民培育出的火炬松幼苗已在全县山区"安家落户"。但县林业局却以种种理由迟迟不予支付苗款，并且找各种借口拒付。三位农民无奈，依法向泌阳县人民法院起诉。（《人民日报》1995–03–17，10 版）

文中划线部分是一个回指链，在这个回指链中，"三农民"和"三位农民"交叉使用，"三农民"使用了 3 次，"三位农民"使用了 1 次。在这里，数名结构依然是主要的回指形式。

三、回指形式的"衰减"手段与数名结构形成的篇章动因

Comish（1986：1）曾经使用了"衰减"来表达先行词与回指对象之间的关系，即回指对象在形式上、语义上会出现"衰减"。因为回指形式的所指对象都是旧信息，它在形式和语义内涵方面有趋向

于简略的倾向（廖秋忠 1986），即是用较弱（weaker）和较单薄（attenuated）的方式表达旧信息（Chafe 1976：31）。按照这种方式，原来充当先行词的数量名形式在回指时就被"衰减"为数名形式。于是"数（大于一）+名词"结构就可以看成是通过"衰减"手段造成的回指形式，这样数名结构便成了篇章回指的产物。具体地说是：

先行词是"数+量+名"→回指时"衰减"量词→形成"数+名"结构。

"衰减"在形式上表现就是，数量名结构"衰减"为数名结构，而不可能是量名结构。这种"衰减"在语义上表现出的后果就是，回指形式丢失了量词的分类功能（因为失去了量词），保留了计数功能（保留了数词），其中的原因跟个体量词的表义功能有关。在回指时，个体量词的表义功能不甚重要，因为在句中用或不用不影响数量的表达，在这里，数词的计数功能压倒了量词的表义（分类）功能。不仅如此，回指形式还显示了数名结构的整体特点：数名结构不强调个体，更凸现整体，比如上面例（20），"不禁露出惊喜的神色"表明作者是把"十姐妹"看成了一个整体在描述，而不是作为一个个的个体在描述。可见，数名结构的形成有一个深层次的语篇动机，那就是回指的需要，[1] 而且具有自己的作为一个结构的整体特点。

四、复指和预指

根据 Kallmeyer 的观点，回指形式（指同形式）大致可分为两类：由右向左的指同称为复指，由左向右的指同称为预指（转引钱文彩 2001：517）。前者标明正在表达的和已经表达的两者指称相同

---

[1] 我们在语料中也发现极少数的数名结构用于不定指，主要原因可能是受"一+名词"结构不定指用法类推的影响。如：据中央电视台《焦点访谈》报道，在一起普通的经济纠纷中，山东省鄄城县两农民虽打赢了官司，但没想到为了使判决得以执行，耗时 7 年多，至今仍未执行终结。（《人民日报》2002.01.09）

的一种方式，后者标明正在表达的和即将表达的两者指称相同的一种方式（克里斯特尔 2000：19/51）。我们上文讨论的数名结构都是复指性的回指形式。预指的数名结构回指形式主要见于标题中。现在的新闻标题喜欢使用数名结构，可以看成一种表示预指的回指形式。如：

(23) 4少年迷恋黄网轮奸女生入法网（《江南时报》2004.09.20） | 六疫区解除封锁（《三湘都市报》2004.02.29） | 四政法单位受全国表彰（《湖南日报》2004.02.29） | 云南大学4学生被杀藏尸宿舍疑凶为在校生（《新闻晨报》2004.02.25）

在标题中用数名形式标明一种事物及其数目，表明即将在后面的正文语句中把数名结构具体指称的事物及其数目表达出来。这种回指主要是由于标题语法的需要，将数量名形式"衰减"成数名结构的。

结　语

人们常常把数名结构看成是量词省略或者是古汉语的遗留，但是本章更重要的是把数名结构看成一种数词与名词发生组合关系时的一种结构类型。从类型学角度看，数名结构的出现值得引起我们的注意，它有存在的价值。

本章揭示了现代汉语中数名结构形成的篇章动因及其功能差异，即表示小数目的"基数词+名词"结构的形成主要跟篇章因素有关，其中"一+名"结构主要表示不定指，"数（大于一）+名"结构主要表示回指。研究表明，表示小数目的"基数词+名词"结构的形成可以归为定指、回指一类的篇章功能。现代汉语"基数词（大于一）+名词"数名结构可以充当回指形式，是本文的一个发现。

对现代汉语来说，数名结构是名词范畴中表现出的非典型形式，也是数词和名词发生组合关系时的一种非典型形式。表小数目的数名结构与英语里因为没有个体量词而导致的数名结构相比，有很大的区别。前者更多的是一种篇章因素导致的数名结构,而后者完全是一种句法因素导致的数名结构。

  表小数目的数名结构是一个发展着的结构。因为篇章因素可能推动这类结构进一步发展,现在的新闻标题中常常出现"数+名"结构已经表明了这种倾向。

中篇

湖南方言与配价语法、
语义地图理论

第八章 小句视点下的汉语配价问题

> 本章认为句子因素参与并影响着配价。文章首先指出当前汉语配价研究中所碰到的问题，这些问题很难用当前的动词配价理论来解释；然后，从汉语配价的角度，考察并论证"小句中枢说"和"句管控"理论之可用。

第一节 目前汉语配价研究所面临的几个重要问题

当前汉语的配价研究主要采用动词配价理论，在引进国外（主要是法德）动词配价理论的基础上，结合汉语的实际，以动词为中心，通过弄清每类动词的配价情况来说明句子的合格性。（袁毓林，1998）这种研究路向的基本假设是，动词是句子的核心成分，句子的合格性可以从动词的配价推导出来。（沈家煊，2000）动词配价研究已取得很大的进展，随着研究的深入，动词配价所面临的问题也逐渐显露。人们看到，句式（主要指小句句式）自身的整体意义或语法意义无法完全从组成成分推导出来，句子（主要指小句）的合格性不能完全从动词的配价中推导出来。事实表明，汉语配价研究不能忽视对句子和小句的管控制约作用的观察。

一、动词价与句式价不一致

根据动词配价理论，动词的配价指数跟它所派生的句式价基本一致，即一价动词跟一个必有的名词性成分相关联，从而形成一价句式；二价动词跟两个必有的名词性成分相关联，从而形成二价句式。但是，动词价与句式价可能不一致。

（一）一价动词在小句中能直接跟两个名词性成分发生联系，构成二价句式

比如，一价动词可以构成二价把字句（转引范晓，2001）：
(1) 这天气把他冻得够呛。
(2) 你要小心，别把个犯人跑了。
(3) 这件事把他忙了一阵子。
可见，把字句中动词的价数与句式的价数可能不一致。

（二）二价动词在小句中能够跟三个名词性成分发生联系

比如，现代汉语中有一类动词被称为置放动词或附着动词，一般认为它是三价动词，如放、挂、搁、种、摆（范晓 2001），因为它们能进"S+把+N+V+(在)+L"形式的三价放置句。如：
(4) 她把许多花草种在院子里。
(5) 他不声不响把早准备好的东西摆在面前。
(6) 你把书放桌子上。
但是非置放动词或非附着二价动词也可以进入该句式：
(7) 厨师把土豆皮削在地上。
(8) 小明把铅笔屑吹在地上。
(9) 我把行李扔在车上，跳上去。
其中"削、吹、扔"都是二价动词。在这里，动词价与句式价不一致。

又如，二价动词被认为可以构成三价双宾句：
(10) 他吃了我一个苹果。
(11) 那小偷偷了王老师三幅画。
(12) 他占我一间房间。
现代汉语双宾句是个三价句式，进入双宾句的谓语动词自然应

是三价动词（如"我送他一份礼"）。但是，动词"吃、偷、占"等，孤立地看，大家都会判定为二价动词，可一旦进入上面的特定小句，就有许多学者认为应该承认构成了三价双宾句。这表明，好些学者在他们的研究实践中，并未保持双宾句动词价数与句式价数的一致。

上面这些事实，均反映了动词价与句式价的不一致。造成这种不一致的动因，不是动词，而是句式义。

二、动词论元与句式论元不一致

根据动词配价理论，动词的语义角色（论元）跟它所派生的句式中的论元基本一致，比如带有施事、受事两个必有论元的二价动词，它指派给句式的必有论元也是施事、受事。但是事实告诉我们，动词所带的论元与它在小句中联系的名词性角色也可能不一致。

以表被动义的被字句为例。被字句的主语和"被"的宾语通常分别由动词的受事与施事充当，但也有不一致的情况。首先，动词的处所也可以充当被字句的主语，而动词的受事不出现：

（13）那座祠堂年久失修，虽是祭祀祖宗的神圣的地方，却毕竟又是公众的官物。……铺地的方砖底下被老鼠掏空，砖块下陷。（陈忠实《白鹿原》）

（14）外面的绳子上总被你们晒满了被子。（残雪《山上的小屋》）

（15）村巷里脚步踢踏，人影闪动，奔到围墙的出口，那儿已被手执梭镖的村民围得水泄不通。（陈忠实《白鹿原》）

其中被字句的主语都是动词的处所，可以理解为"在铺地的方砖底下掏、往外面的绳子上晒、在那儿围着"，属于动词的可有论元，但在句式中为必有论元。处所论元充当被字句的主语后，受事论元就不再出现在主语位置上。

其次，动词的感事论元也可以充当被动句的主语。如：

（16）我已经被这场面惊呆，灵魂出壳，只剩下躯体立在那里。

(冯骥才《末日夏娃》)

（17）在这无人的山中，<u>我</u>给这位比小的野女子窘住了。（转引李临定，1986）

（18）（<u>庞太监</u>）叫他的侄子们给饿死了。（转引李临定，1986）

其中"我、我、庞太监"分别是动词"愁、窘、饿"的感事论元，在被字句中充当句子的主语。

另外还有一种情况值得注意，被字句的主语可以是动词的间接参与角色。被字句的主语一般是动词的直接参与角色，比如是动作的受事，如：

（19）桌子被他敲烂了。

主语"桌子"是动词"敲"的受事。但是有些被字句主语不好说是动词的直接参与角色。如：

（20）我被他敲醒了。

动作"敲"的受事可能不是"我"而是"门"一类，它没有出现。句子相当于"他敲（　）+我醒"，而不是"他敲我+我醒"，主语"我"就没有直接参与"敲"的动作了。这时的主语只能按"受影响者"理解，"我"是受影响者，它没有直接参与事件。原因在于"敲"的认知场景中还包含一个"受影响者"角色：常识告诉我们，"敲"会影响别人。这个"受影响者"角色不是"敲"的参与角色，但是在语义上却跟被动句的"被动者"（被动遭受影响）论元相匹配。又如：

（21）突然一天夜里，<u>我</u>被一片忙乱声嘈醒，这时我就听见院里有人在走动，是刘妈的声音。（林希《婢女春红》）

其中的"我"也只能是动作"嘈"的"受影响者"，为动词的非直接参与角色。

上面这些事实，均反映了动词论元与句式论元不一致。这取决于句式，句式的配价或论元主要由句式的整体意义决定，是句式管控着动词论元入句。

三、句类影响动词配价及价载体

目前考察配价问题一般只限于陈述句，很少研究其他句类。如果扩大句类范围，就会发现句子的语气类型管控着或影响着句子的配价，包括句式论元与价载体（谓语动词）。比如祈使句是根据句子的语用功能划分出来的句类，任何一个进入祈使句的语言单位都要受到祈使句的语用约束，我们可以说"洗衣服、补衣服、晾衣服"，也可以说"卖衣服、熨衣服、看衣服"，但是当这些动词（价载体）进入"把＋N＋Vv"祈使句时，前一组动词可以，后一组动词受限制（陆俭明，1993；张谊生，2000）：

（22）把衣服洗洗｜把衣服补补｜把衣服晾晾

（23）*把衣服卖卖｜*把衣服熨熨｜*把衣服看看

诚然，句类影响价载体。根据张谊生（2000）对"把＋N＋Vv"祈使句的配价分析，祈使句类的语用意义对动词（价载体）进入把字句具有特定的约束作用。

四、小句的语用因素影响动词配价

已有研究表明，句子的交际因素或语用因素管控着或影响着动词和句子的配价。

（一）价载体的使用频率影响着句式论元结构和语义角色

陶红印（2000）的研究表明，动词的使用频率影响着论元结构。他提出了"动态论元结构假说"，认为动词能带的论元类型及其范围不是固定不变的或因先验性而确定的，而是具有开放性和流动性；产生论元结构变化的一个必要条件是动词的高频性，一个动词越是使用频率高，其论元结构流动性就越大、越不稳定；动词是否能带受事宾语，是受多种话语因素的约束的。另外，张伯江（2002）也认为施事的理解很大程度上取决于语用因素。

（二）句子的语用因素影响着论元的凸现

在交际过程中，说话人受到来自两个方面的制约，一方面要让听话人准确无误地识别指称对象，一方面人又有将注意力集中于显著事物的自然倾向，因此采用凸现的方法是一种折中的也是最佳的解决办法。（沈家煊、王冬梅，2000）有些论元是句子的焦点，要求凸现，如双宾语句里的受事论元往往要求凸现数量，数量可以看作其中的凸现论元。

（三）句子的语用因素影响着句式义

比如汉语"把"字句总有"追究责任"的意味，这种意味究其实质是说话人带来的，所以"把"字句是表达说话者追究责任语义的一种适宜句式。因为语言本来就是说话人的一种陈述，一句话一方面是对施事所做行为的一种描述，另一方面也是说话人的态度的表现。这时句子的视点严格说来就有取自施事者和取自说话人两种情况。（参看张伯江，2000）

若用小句中枢的观点看待配价问题，我们可以观察到语义角色在句子中的动态特征，观察到句子的交际因素或语用因素对句子配价和句式论元的影响。

第二节　句式对配价控制作用

一、小句的句式义管控着小句配价和小句论元

以动词为中心的配价理论或论元理论在处理双宾句式时，都是从动词出发去推导论元结构的。动词配价理论的一般做法是，往往只分析给予义动词构成的双宾句（如"他送我一本书"），因为动词论元可以从动词语义中推导出来。但是，上文提到，好些学者在研究实践中并未保持双宾句动词价数与句式价数的一致：二

价动词可以构成三价双宾句,二价动词能够在小句中能直接跟三个名词性成分发生联系。所说的双宾句,从句式义看,有两类:给予义双宾句和非给予即夺取义双宾句。(朱德熙,1982;陆俭明,2002)如果是三价动词进入三价双宾语,则表示给予义,间接宾语是与事(如"我送他一份礼");如果是二价动词进入三价双宾语,则表示夺取义,间接宾语是夺事。(沈家煊,2000;张国宪,2001)显然,其中的与事可以由动词指派,但夺事不能由动词指派。如果承认非给予义动词可以成为夺取义双宾句句式,那么,就得承认其中的夺事宾语是为句式义所决定的,其夺取义只能由句式所生成。

再来看上文提到的被字句。被字句主语的语义角色可以是动词的受事、处所、感事甚至非直接参与角色。受事做主语往往含有变化和位移的特征,处所做主语往往含有变化和受影响的特征,感事做主语往往含有心理感觉受到影响的特征,其中有一点最重要,这些变化、特征的出现都是被动的。这些动词的直接参与角色在被字句中都可以概括为被字句式的句式论元——被动者论元。张伯江(2001)也认为,现代汉语被字句的主语可以是直接受影响者又可以指向间接受影响者。严格地说,动词的非直接参与角色(即间接参与角色)不是动词的配价成分,但是它在被动句中占据主语位置,表示一种被动地受到环境影响的意义,是必有成分,这个成分不是动词的配价而是句式的配价,所以这个动词的非直接参与角色也可以概括成一种句式论元即被动者论元。由此可见,被字句主语的语义角色也不能完全只用动词的论元来概括,还要用句式义或句式论元来概括。这些被字句均表示一种被动地遭受影响或被动地受到某种变化的意义,被字句主语容纳的多种语义角色如受事、处所、感事、受影响者等,它们有必要进一步概括成一种句式论元即被动者论元,这种概括只能借助被动句式了。

我们曾经对隆回湘语的被动句进行过句式配价研究(丁加勇,2003),发现隆回湘语被动句的主语可以是动词的多种参与角色,包括客体论元受事、与事，主体论元感事、主事和外围论元工具、处所、材料，甚至还可以不是动词论元的直接参与者，但是它们在句式中可以概括为一种句式论元：受影响论元，并且动词的"理想认知模型"（ICM）参与句式配价，所以隆回湘语的被动句需要用句式配价理论来解释。

二、句子的表达功能管控着小句的句法结构和小句配价

小句具有表述性，具有表达功能。（邢福义，1995）表达功能的需要，可以引起句法结构的变化和句式价的变化。以"被"字结构的演变为例。

据王力（1980）、唐钰明（1987）的研究，两汉时期的被字句基本限于"被+V"式；魏晋六朝，"被+N+V"式已见于各类文献，但所占比例甚少；入唐以后，"被+N施+V"式迅速增多，比如敦煌变文"被+N施+V"式与"被+V"式的比例为113：86（吴福祥，1996）。被字句式的这种演变发展，一个主要原因就是表达功能的需要。因为"被+N施+V"句式满足了被字句语义表达精密化的要求，在言语交际中，如果需要指明某一受事对象遭受于何人（或何物）的处置时，或者说，当被字句中施事为未知而需要指明的信息时，"被+V"这一句式无法满足这一需要，而必需用添加另外的语法形势来补充，这样势必造成费辞多而意未精的状况。也正是由于这种语义表达功能，使得"被+N施+V"式在后代文献中发展较快，以至成为被字句的主要形式。（吴福祥，1996）从这里也可以看出，被字句由一价句式发展成二价句式，其主要原因来自语义表达功能。如：

（24）或有忠而被害，或有孝而被残。（汉·崔骃《大理箴》，转引王力，1980）

（25）亮子被苏峻害。（《世说新语·方正》）

同样是二价动词"害"，在汉代只能用于一价被字句；到了南北朝就可以用于二价被字句了。

这种表达功能的需要在现代汉语中依然存在。电视剧《大明宫词》有一段台词,张易之被打,醒来之后奄奄一息地对太平公主说:

(26) 张易之:"我……我被打了。"

张使用的是"被+V"式。由于张的话几乎没有给太平公主提供新信息,因为张被打的事太平公主已经知道,公主关心的是被谁打了,于是太平公主接着问:

(27) 太平公主:"被谁打了?说。"

公主使用的是"被+N施+V"式。在这里,表达功能决定了两人分别使用不同的被字句,二价动词"打"随着表达功能的需要进入不同价数的句式:一价被字句和二价被字句。这说明,表达功能不同,所选用的句法结构就不同,句式的句式价也不同。

三、小句的语用因素管控着响句子的配价

一个合乎语义和语法的句子,一旦进入交际领域,还要受到一定的语用因素的约束。反映在配价问题上就是,小句的语用因管控着响句子的配价。以祈使句为例。

祈使句是根据句子的语用功能划分出来的句类,任何一个进入祈使句的语言单位都要受到祈使句的语用约束。比如上文提到的"把+N+Vv"祈使句,祈使语气对动词进入该句式的语用约束表现为,这类祈使句要求其配价结构的语义在一定的语境中对于听话人来讲是十分明确的,换句话说,进入这类祈使句的动词及其必有论元之间都应该含有某种相对明确的语境提示义。(张谊生,2000)。比较:

(28)

甲	乙
把衣服洗洗〔衣服脏了〕	*把衣服举举〔衣服?〕
把衣服补补〔衣服破了〕	*把衣服卖卖〔衣服?〕
把羊肉炖炖〔羊肉是生/冷的〕	*把羊肉送送〔羊肉?〕

115

把羊肉蒸蒸［羊肉是生/冷的］　　*把羊肉拿拿［羊肉？］

甲组的语境提示义是明确的，而乙组的语境提示义是含糊的。

甲组明确地提示了这样一个信息：N处于不如意、待加工的状态之中，亟待改变和处理。这些句子合乎祈使句的语用约束，因而是合格的。

乙组正好相反，句中的谓语动词及其必有论元之间并不含有相对明确的语境提示义，祈使句的动因不清楚，因而这些句子不合乎祈使句的语用约束，句子是不合格的。（张谊生，2000）

结　语

基于以上认识，笔者认为：

第一，有必要研究"小句配价"。

"小句配价"是指受小句所管控的、与谓语动词同现的名词性成分的数目和类属，其理论基础来源于"小句中枢"和"句管控"。本文的"小句配价"与沈家煊（2000）提出的"句式配价"在本质上是一致的。两者均重视句式或句法结构的整体意义和制约作用，只不过前者重视句法机制的管控作用，重视小句的表达功能和语用因素管控或影响句子的配价，后者重视认知因素参与句子的配价。从广义上说，认知因素也属于语用因素，认知因素参与句子配价也可以看作语用因素参与了配价。

第二，有必要多视角地研究"小句配价"。

认知功能语法所主张的"句式意义大于组成它的词语意义的总和"的观点，给我们带来了系统理解汉语句式的新视角。重视结构和句式的整体意义的研究传统，与现代配价语法理论结合在一起，自然就诞生了句式的配价观。我们可以从不同的角度或者用不同的语法观考察句式的配价。比如，可以用认知功能语法观来考察句式的配价，也可以用"小句中枢"和"句管控"的观点来考察句式的配价；可以考察普通话的句式配价，了解普通话句式配价、句式论元的构成情况；也可以考察古代汉语的句式配价，了解句式配价、句式论元古今演变情况，还可以考察汉语方言的句式配价情况，了解句式配价、句式论元在方言中的差异。

第八章 小句视点下的汉语配价问题

第九章　隆回湘语被动句主语的语义角色
——兼论句式配价的必要性

> 隆回湘语表被动关系的句式是用"吃"字句,"吃"字句主语的语义角色非常复杂,这种复杂性反映了动词的语义角色与句式的论元不一致。"吃"字句主语的语义角色不能完全用受事、必有论元或原型受事这些动词论元概念来概括,而应该用句式义和句式论元(构式角色)来概括,并且动词的"理想认知模型"(ICM)参与了"吃"字句的句式配价。文章把这个句式论元(构式角色)概括为受影响论元。隆回湘语被动句的事实说明了句式配价的必要性和解释力。

引　言

　　隆回县位于湖南省中部稍偏西南,根据《中国语言地图集》,隆回北片方言属于赣语洞绥片,南片方言属于湘语娄邵片。本章讨论的隆回湘语是一种老湘语,主要语音特点是声母保留了比较完整的浊音系统。本章通过考察隆回湘语的被动句,揭示这样一个重要事实:隆回湘语被动句主语的语义角色复杂多样,不能完全用受事、必有论元或原型受事这些动词论元概念来概括,而需要用句式配价理论来解释,从而说明了句式配价理论的必要性与合理性。本章所

用的隆回湘语语料来自县城桃红镇城南以及距县城不远的山界乡一带。❶

隆回湘语表示被动关系的词是用［tʂʅ⁵⁵］，伍云姬（1998）记作"吃"，本文据此暂且也记作"吃"，本字和语源待考。"吃"做表示被动关系的介词，引出动作者，后接名词宾语，结构形式为：N1 + 吃 + N2 + VP，句子表示某对象遭受某事物一种动作而受到影响，句式的核心意义是"遭受影响"，遭受义是被动义的一种体现。如：

（1）我眯那杯水吃被其他吃过了哩了。

这个"吃"一定要后接名词宾语，不能与动词直接组合，不能说"吃害、吃笑、吃讲、吃打"。

第一节　隆回湘语"吃"字句主语语义角色的复杂性

隆回湘语"吃"字句主语的语义角色非常丰富，可以是动词的受事，也可以是动词的其他语义角色，甚至可以不是动词的直接参与角色。这些现象均显示了"吃"字句动词的语义角色与句式的论元不一致。本文动词语义角色的界定和动词配价指数的确定主要参考袁毓林（1998、2002）。

一、句式的主语为动词的受事论元

这就是通常所说的被动句式，如上例（1），又如：

（2）眯那个壶壶吃被其他甩扔过哩。

这类句子的主语能与动词构成动宾结构，发生"动作—受事"关系：吃过眯杯水、甩过眯个壶壶。

---

❶ 隆回湘语有五个调类：阴平 55、阳平 13、上声 31、阴去 35、阳去 24。

二、句式的主语为动词的与事论元

如：

（3）a. 我吃其撕过一本书。

　　b. 我吃其烧过一双鞋。

　　c. 我将刚子_{刚才}吃其改坏一个衣衫_{衣服}。

　　d. 我吃其弄起一身灰。

这类句子的主语都能出现在"S + V + N1 + N2"双宾结构中 N1 的位置上，和动词发生"动作—与事"关系：撕过我一本书、烧过我一双鞋、改坏我一个衣衫、弄起我一身灰。还有一类与事主语：

（4）a. 其吃我一讲一讲_{不停地说}，还笑起来过哩。

　　b. 眯只鸡要死哩，吃我喂滴些青霉素，还好过哩。

　　c. 咯里灯亮起在咯里，吃其一咳一咳，担_给咳熄个。

　　d. 眯里禾禾_苗吃其加过滴肥料，青黑哩。

这类句子的主语都能出现在"对倒对着/给 + N + VP"结构中 N 的位置上，和动词发生"动作—对象"关系：对倒我讲对着我说、给眯只鸡喂个滴青霉素给那只鸡喂了些青霉素、对倒灯咳对着灯咳、给眯滴禾加个滴肥料给那些禾苗加了一些肥料。

受事论元、与事论元为动词的客体论元[1]。在"吃"字被动句式中，充当必有论元。

三、句式的主语为动词的工具论元

如：

（5）a. 那把刀吃其切得腥个死。

　　b. 那个脚盆吃其洗烂过哩。

这些句子的主语都能出现在"担_用 + N + V"结构中 N 的位置

---

[1] 客体论元和下文提到的外围论元、主体论元这些概念均见袁毓林（1998、2002）。

上，和动词发生"动作—工具"关系：担那把刀切东西、担那个脚盆洗东西。

四、句式的主语为动词的处所论元

处所论元充当"吃"字句主语，通常由名词附上方位词充当。如：

（6）a. 咯桌子高头_{上面}吃其刻起一滴_些字，刻个粉。

b. 眯窗子高头吃其裱起蛮多个纸。

c. 那衣衫高头_{衣服上面}吃其滴起蛮多个油。

d. 那桶桶顶里_{里面}吃其空_{倒起}蛮多个水。

主语位置上的方位词也可以不出现，这个主语依然看作动词的处所论元。如：

（7）a. 咯只桌子吃其刻起一滴字，刻个粉。

b. 眯个窗子吃其裱起好多纸啊。

c. 那个衣衫吃其滴起蛮多个油。

d. 那只桶桶吃其空起蛮多个水。

这些句子的主语都能出现在"S＋V＋N＋在＋L"结构中L的位置上，和动词发生"动作—处所（终点）"关系：刻起一滴字在咯桌子高头、裱起蛮多纸在眯窗子高头、滴起蛮多个油在那衣衫高头、空起蛮多个水在那桶桶顶里。可见，"吃"字句式的处所论元做主语有两类，一类是方位短语做处所论元，一类是一般名词做处所论元。

五、句式的主语为动词的材料论元

如：

（8）a. 眯滴饭吃其做过甜酒哩。

b. 眯滴米吃其烤过酒哩。

这些句子的主语都能出现在"担＋N＋V＋O"结构中N的位置上，和动词发生"动作—材料"关系：担眯滴饭做甜酒_{用那些饭做甜酒}、担眯滴米烤酒_{用那些米烤酒}。当句子的主语为动词的材料论元时，动词同

121

时必须带上的受事宾语或结果宾语，形成三价句式。

工具论元、处所论元、材料论元为动词的外围论元，属于可有论元。但在被动句式中，它们占据主语位置，属于必有成分。一旦这些论元占据主语位置，就不容许那些动词的必有论元再占据主语位置。如上述例（5a）、（6a）、（8a）分别不能说成：

(9) a. *那把刀鱼吃其切得腥个死。

　　b. *咯桌子高头我吃其刻起一滴字，刻个粉。

　　c. *眯滴饭甜酒吃其做过哩。

由此可见，"吃"字句主语语义角色不能完全用动词的必有论元来概括。

六、句式的主语是动词论元的感事

感事是非自主的感知性事件的主体。如：

(10) a. 我今日吃你笑傻过哩。

　　 b. 我今日吃你烦个死。

　　 c. 我今日吃你急个死。

　　 d. 我今日吃你气个死。

句中的主语"我"均是感事：我烦、我笑、我急、我气，动词为一些感觉心理动词。此时被动标记"吃"的宾语不好说是动词的施事，宜看成一种致事，如（a）句的意思是由于你的某个动作行为影响，致使我笑傻了；其余几例都有这一层意思。

七、句式的主语是动词论元的主事

主事是性质、状态或变化性事件的主体。如：

(11) a. 今日一没出日头_{太阳}，那床被_{被子}也吃其干过哩。

　　 b. 咯个柑子也吃其红过哩，一又没见日头_{阳光}。

　　 c. 那只树我没淋水_{浇水}，也吃其活过哩。

　　 d. 一锅那大个水，也吃其开过哩。

句中的主语均是感事：那床被干过哩、咯个柑子红过哩、那只树活过哩、水开过哩。被动标记"吃"的宾语为代词"其﹙它﹚",复指主语。整个句子表示主语所指事物的性状发生了变化,并且这种变化、影响在说话人看来是意想不到的。

感事论元、主事论元为动词的主体论元或原型施事❶,属于必有论元。但在被动句式中,却也可以占据主语位置,充当必有成分。由此可见,"吃"字句主语语义角色也不能完全用原型受事来概括。

八、句式的主语不是动词论元的参与者

有些"吃"字句的主语不好说是动词的直接参与角色。如:

(12) a. 其尽倒﹙不停地﹚到睏里﹙在那儿﹚敲,我吃其敲醒过哩。
b. 吾爷老子﹙我父亲﹚一同和别个吵呢就拜天,我吃其拜怕过哩。
c. 咯只桶桶有滴﹙有点﹚漏,我咯条裤子吃其漏湿过哩。
d. 其尽倒到睏里哭,燕妹子吃其哭醒过哩。

其中 a 句和 b 句中的"我"不是二价动词"敲""拜"的受事或与事(对象);c 句、d 句的"我咯条裤子""燕妹子"不是一价动词"漏""哭"的与事(对象)。这些成分都没有直接参与事件,为非参与者。

严格地说,这些动词的非直接参与角色不是动词的配价成分。但是在被动句中,它占据主语位置,充当一种"受到环境影响"的语义角色,是必有成分,这个成分不是动词的配价而是句式的配价。由此可见,"吃"字句主语语义角色也不能完全只用动词的论元来概括。下面这个句子有歧义:

(13) 我吃其敲醒过哩。

"我"可以是受事("敲我"),也可以是受影响者("影响了我"),按受事理解,句子相当于"其敲我+我醒";按受影响者理

---

❶ 原型施事、原型受事的概念见 Dowty(1991)、程工(1995)。

解,"我"是受影响者,动作"敲"的受事却未出现,句子相当于"其敲(　)+我醒",而不是"其敲我+我醒"。

值得注意的是,我们在调查中发现,尽管"吃"字句主语可以有上述多种类型的语义角色,但是它不能是动词的施事论元。可见,"吃"字句主语语义角色也需要限制。

汉语中似乎有一条通则,就是句首位置被公认是对论元角色约束力最低的,可以容纳语义较为间接的成分。(张伯江,2001)上述材料表明,与普通话相比,隆回湘语"吃"字句句首位置的语义角色更为间接、更加复杂,对这条通则的适用性也更具有典型性。问题是我们应该怎样对这个间接的成分做进一步的概括和解释。

通过"吃"字句主语语义类型的分析,以下几点值得注意:①"吃"字句的主语可以是动词的多种参与角色,包括客体论元受事、与事和外围论元工具、处所、材料,甚至还可以是主体论元感事、主事,但不能是动词的施事论元。②有的主语甚至可以不是动词的直接参与角色,如例(12)。③不管句子主语是动词的何种论元,它们在"吃"字句中都占据主语位置,充当必有论元,并且这个论元有必要在语义上进一步概括,以收到以简驭繁的效果。因为概括性是衡量一种语法理论好坏的重要标准之一,也是科学研究的基本目标之一。(沈家煊,2000a)

第二节　用句式配价观看待"吃"字句式

从动词角度分析"吃"字句存在许多问题,用受事、必有论元或原型受事这些概念均不能完全概括"吃"字句主语的语义角色,用通常所说的受——施关系(介标的作用就是把动词的受事提前)也不能完全概括"吃"字句的意义。本文主张,"吃"字句主语语义角色需要用句式义和句式论元来概括,"吃"字句需要用句式配价理论来解释。❶ 句式配价是指抽象的句式配备的、与谓语动词同现的名词性成分的数目和类属。（沈家煊，2000b）与动词配价观把配价成分看成动词的属性不同，句式配价从句式出发来观察动词和相关名词的组配关系，认为句式的配价成分主要由句式的整体意义即句式义来决定。句式配价内容十分丰富，方言语法的事实可能对句式配价理论的某个方面反映非常敏感，显示了普通理论下的个性特点。就本文提到的"吃"字句而言，我们发现：①"吃"字句主语的语义角色需要用句式义和句式论元来概括；②动词的"理想认知模型"（ICM）参与句式配价。

一、"吃"字句主语的语义角色需要用句式论元来概括

典型"吃"字句的句式语义可以概括为：某人或某物（N1）遭受另一人或物（N2）的动作而受到影响。这种影响在说话人看来一般是消极的或意想不到的。句式的核心意义是"遭受影响"。我们把典型的遭受影响这一事件大致描述为：

1. 存在受影响者 N1 和致使者 N2 双方；
2. 存在一个能够使某人或某物遭受影响的动作；
3. N1 由于 N2 的动作遭受一种消极的或意想不到的影响。

句式由三部分组成：受影响论元、致使者论元和动作方式，句式配价图式可以描述为：

受影响论元（N1）——致使者论元（吃 + N2）——动作（VP）

典型的"吃"字句包括两个句式论元：受影响论元和致使者论元，是个二价句式。"吃"的作用就是遭受影响的事件中，引出致使者论元，同时指明前面的主语是受影响论元。

问题的关键是怎样理解"受影响"和"受影响论元"。N1 遭受

---

❶ 沈家煊先生（2002）从句式出发来观察动词和相关名词的组配关系，明确提出了句式配价，标示着汉语配价理论形成了两种研究取向：动词配价和句式配价。句式配价观是认知功能语法理论在看待配价问题上的一种研究取向。动词配价强调动词对名词性成分的支配能力，句式配价强调句式对名词性成分的支配能力。

N2 的动作影响，包括 N1 出现了变化、位移、消失、受损等，变化、位移、消失、受损均可以视为一种影响。此外，受影响可以是直接受影响，也可以是间接受影响。❶

受影响论元 N1 是"吃"字句的句式论元，占据主语位置，它涵括了"吃"字句主语位置上的各种语义角色，不仅包括受事、与事这些原型受事（客体论元）和感事、主事这些原型施事（主体论元），也包括工具、处所、材料这些非典型角色（外围论元），还包括不是动词论元直接参与者的成分。当一个动作出现之后，动作的参与角色如受事、与事、工具、处所、材料、感事等均会受到一定程度的影响，动词的非直接参与角色也会受到影响。比如受事做主语往往含有变化和位移的特征，与事做主语往往含有受损的特征，工具做主语往往含有变化和位移的特征，处所做主语往往含有变化和受影响的特征，材料做主语往往含有变化和消失的特征，感事做主语往往含有心理感觉受到影响的特征，主事做主语往往表示在没有外力影响下事物性状受到意想不到的影响的特征。以处所论元充当"吃"字句的主语为例。处所论元充当"吃"字句主语，意在说明该处所受到了影响，应视为句式的受影响论元。如：

（14） a. 咯菜中间_{里面}吃其放起蛮多个辣子，辣个死。

b. 那桌子高头_{上面}吃鸡 kyε^{35}_踩起蛮多脚印印。

在 a 句中，对动词"放"来说，"咯菜中间"是它的处所论元；对整个句式来说，"咯菜中间"却是它的受影响论元。在 b 句中，对动词"kyε^{35} 踩"来说，"那桌子高头"是它的处所论元；对整个句式来说，"那桌子高头"却是它的受影响论元。

一个动作出现之后，动作的参与角色不仅会受到影响，相关的环境因素也会受到影响，而相关的环境因素不是动词的直接参与角色。所以上述例（12）句子的主语尽管不是动词的直接参与角色，但它进入"吃"字句以后，均可以概括为受影响论元。或者说，这

---

❶ 现代汉语被字句的主语可以是直接受影响者又可以指向间接受影响者，见张伯江（2001）。

些环境因素或非直接参与角色能与"吃"字句的受影响论元相匹配，从而构成了句式的配价成分。

感事和主事虽然都是动词的原型施事，但是它们均是受到某种影响而导致的。感事所形成的心理感觉是受了某动作行为的影响而致使的，主事所指事物的性状发生了变化也是由某种影响致使的。不过主事论元充当"吃"字句的主语用法比较特殊，如上述例（11），特殊之处在于被动标记"吃"的宾语后一定要有一个复指代词"其$_它$"，复指主语，这样才能构成一个二价被动句式。从句式义看，这些句子均表示事物的性状发生了一种意想不到的变化；在说话人看来，事物的性状发生意想不到的变化，说话人就认同它受到了一种影响，只不过这种影响不是由于外力而是由于自身形成的。因为影响可以是外力造成的，即"它变"；也可以是自身造成的，即"自变"，"自变"表示事物没有受到外力影响。如上文例（11）：

（11）a. 今日一没出日头（S1），那床被也吃其干过哩（S2）。
　　　b. 咯个柑子也吃其红过哩（S1），一没见日头（S2）。

a句被动结构在后面（S2），S1陈述事物没有受外力影响；b句被动结构在前面（S1），S2陈述事物没有受外力影响，在这里说话人均强调一种"自变"。由此看来，在形式上，句式用"吃"指示"影响"，用复指代词指示"自变"。这样，句式的受影响论元和致使者论元依然还在，并占据不同的句法位置，这也说明隆回湘语的被动句是个二价句式。所以，从句式配价看，动词的主事充当主语的"吃"字句，虽然受影响论元和致使者论元的所指重合了，但不多余，它们分别占据主语和宾语的位置，表达一种"自变"，即由于自身的原因而不是外力的原因导致事物发生影响。

由于施事具有"自立性"（所指的事物先于动词所表示的事件独立存在）和"使动性"（所指的事物施行某个动作、或造成某种事件或状态）的语义特点（袁毓林，2002），它是施与影响的，自然就不能充当受影响论元。所以"吃"字句的主语不能由动词的施事论元充当。

二、动词的"理想认知模型"(ICM)参与句式配价

"吃"字句动词的价与句式的价可能对应,也可能不对应,不对应是指以下一类被动句:

(15) a. 今日唉也要交钱,明日唉也要交钱,我硬吃你交怕过哩。

b. 其尽倒_{不停地}到昧里_{在那儿}敲,我吃其敲醒过哩。

c. 我今日_{今天}吃你笑傻过哩。

其中"交、敲"是二价动词,"笑"是一价动词。仔细分析,句中的语义角色与动词的配价成分不对应:例(a)"交"的施事是"你",受事为"钱"而不是主语"我";同样,例(b)"敲"的施事是"其",受事没有出现,也不是主语"我";例(c)"笑"的感事为"我"(而不是"你"),"你"不是"笑"的参与角色。怎样看待这种不对应性呢?

句式配价观认为,动词的参与角色与句式论元之间有一种的匹配,这种匹配遵循"语义一致原则":如果参与角色可视为论元的一个实例(instance),则两者在语义上相一致(沈家煊,2000b)。受事、工具、处所、材料、与事、感事、主事这些动词的参与角色均可以是"吃"字句主语论元的一个实例。既然都是句式论元的实例,这些参与角色在句式中就无所谓必有与可有之分,它们中的一个会通过句式义或句式论元被提取到句子中。但是句式配价不只限于此,Goldberg(1995)、沈家煊(2000b)将配价看作是句式的属性,并认为动词的词义应该用"理想认知模型"(Idealized Cognitive Model,简称ICM)来描述。动词词义的"理想认知模型"中包括与动作相关的参与角色(Participant Roles),但不仅仅是参与角色,所以上述"语义一致原则"的定义范围要加以扩展:如果动词的ICM中有一个角色(不一定是参与角色)可视为论元的一个实例,则两者在语义上相一致。(沈家煊,2000b)

很多动词的ICM中都包含一个"受影响者"角色。比如一价动

词"哭"本来只有一个参与角色，但是"哭"的ICM中还包括"哭会影响别人"这样一些背景知识，"哭"的ICM中很明显包含一个"受影响者"角色。这个"受影响者"角色虽然不是"哭"的参与角色，但是在语义上跟遭受义句式的"受影响者"论元相匹配，所以"哭"能进入二价遭受义"吃"字句式。如"我吃其哭醒个哩。"这类动词还有：笑、走逃跑、叫大喊大叫、咳，"我吃其笑/走/叫/咳怕个哩我被他笑/走/叫/咳怕了"这类句子均是合法的句子。一价动词进入遭受义"吃"字句式，由于句式需要，增加了一个受影响者论元。二价动词稍有不同。二价动词本来就有两个参与角色，这两个角色当然可以进入"吃"字句式，动词的受事和施事分别做"吃"字句式的主语和宾语。比如"敲"：

（16）桌子吃其敲烂过哩。

但是"敲"的ICM还包含一个"受影响者"角色：常识告诉我们，"敲"会影响别人。这个"受影响者"角色同样不是"敲"的参与角色，但是在语义上却跟遭受义"吃"字句的"受影响者"论元相匹配，所以"敲"还能进入另一类二价遭受义"吃"字句式。如上文例（12a），又如：

（17）其在眯里敲过一日一天哩，我吃其敲得心紧心烦死哩。

在这里，二价动词进入"吃"字句式，主语"我"不是动词的受事角色，动词的受事角色没有出现，由于句式需要，"我"成为句式的受影响者论元。

不正常的动作行为往往会影响到旁人，所以在不正常动作行为中，动词的ICM常包含一个"受影响者"角色，主要包括下列动作：

1. 动作过量会影响到别人。如多次提问、放很多盐或油、多次交钱、多次喊、煮过头、多次买零食、多次赊账，如上文例（15a）。

2. 动作不正常地反复会影响到别人。比如反反复复敲、反反复复说、反反复复唱、反反复复吃、反反复复关门、反反复复洗衣服、反反复复煮同样的菜，如上文例（15b）。

3. 突发事件或突然出现的动作会影响别人。如：

(18) a. 我吃其一冲就冲咚了进来过哩，吓个死。

b. 我吃其冲咚进来，魂着都吓脱掉过。

句子的主语"我"由于突然的动作而受到影响，遭受损失。

4. 违反常规的动作反复发生（以至成为一种坏习惯），会影响到别人。如乱关门、乱修车、乱放盐、乱讲话、乱写、讲梦话、打鼾、咳嗽、嘈人、撕书、上夜茅厕晚上上厕所、喜欢拜天、喜欢哭、喜欢笑。看实例：

(19) a. 其碰倒滴滴事子一点事就哭，别个人家净都吃其哭怕过哩。

b. 你煮菜听倒随便乱放盐，一下一会儿就咸哩，一下就淡哩，我硬吃你放怕过哩，快没要你放。

c. 其今日扯萝卜，明日咚扯萝卜，我硬吃其扯厌厌烦过哩。

很明显，这种遭受义"吃"字句往往跟动作的体态有关，动作往往表示反复体或贯常体。短暂的动作很难进入该句式：

(20) a. *其今日煮菜放盐放多哩，我吃其放怕过哩。

b. ?其今日扯萝卜，我硬吃其扯厌过哩。

c. ?其敲过一下，我吃其敲醒过哩。

d. *其昨夜间发梦气说梦话，我吃其讲怕过哩。

"今天煮菜放盐、今天扯萝卜、昨夜讲梦话"等都不是反复发生或一贯发生的动作，"敲一下"是个短暂的动作，它们均不能进入上述遭受义"吃"字句。

动作过量会影响别人，但是动作量过少却不会影响别人。以"放盐"为例，我们可以说：

(21) 其舍得放盐得很非常舍得放盐，煮菜咸个死，我硬吃其放盐放怕过哩。

不能说成：

(22) *其连很舍唔得放盐，我吃其放盐放怕过哩。

结　语

　　王静、王洪君（1995）以动词配价理论为主要框架，考察了汉语普通话被字句中动词的配价问题，认为被字句的谓语动词必须是有两个必有论元的二价及物动词，只有一个必有论元的动词（如形容词、不及物动词）不能用于被字句。本节以句式配价理论为主要框架，考察了隆回湘语"吃"字句的配价情况，结果显示：①一价动词可以进入"吃"字句，表示一种遭受义；②"吃"字句的主语可以是动词的多种参与角色，包括客体论元受事、与事，主体论元感事、主事和外围论元工具、处所、材料，甚至还可以不是动词论元的直接参与者，但是它们在句式中可以概括为一种句式论元：受影响论元；③动词的"理想认知模型"（ICM）参与句式配价。本文的研究表明，隆回湘语的被动句需要用句式配价理论来解释，显示了句式配价理论的必要性与解释力。

第十章 从方言被动句主语的
语义角色看句式配价的必要性

引 言

　　丁加勇（2005）以隆回湘语为例，论证了隆回湘语有标记被动句主语语义角色的复杂性，很好地诠释了句式配价的必要性和解释力。隆回湘语的事实表明，隆回湘语有标记被动句主语的语义角色非常复杂，这种复杂性反映了动词的语义角色与句式的论元不一致；被动句主语的语义角色不能完全用受事、必有论元或原型受事这些动词论元概念来概括，而应该用句式义和句式论元（构式角色）来概括，并且动词的"理想认知模型"（ICM）参与了被动句的句式配价，我们可以把这个句式论元（构式角色）概括为受影响论元。
　　文章发表以后，我们留意了其他方言的情况，发现许多方言存在像隆回湘语被动句那样的事实。这些事实支持丁加勇（2005）得出的观点，同时进一步说明了句式配价的必要性和解释力。

第一节　湖南黔阳方言被动句

　　孟玉珍（2006，2011）借用丁加勇（2005）的分析方法来分析湖南黔阳方言（属于西南官话怀靖片）被动句的主语的语义角色，同样发现，黔阳方言被动句主语的语义角色与隆回湘语一样丰富复杂，包括受事、与事，也包括感事、主事，还包括工具、处所、材料，甚至还包括不是动词论元直接参与者的成分。黔阳方言被动标记用"着"或"把乞"。

1. 主语 NP 是动词的受事角色。

如：

（1）他的手着橡皮筋弹着。（他的手被橡皮筋弹伤了。）

哦车桔子着我老婆子卖嘎咧。（那车桔子被我老婆卖了。）

句子的主语都能与动词构成动宾结构，发生"动作—受事"的关系：弹着他的手、卖嘎哦车桔子。

2. 主语 NP 是动词的与事角色。

如：

当主语 NP 是动词的与事时，能够出现在 "S + V + N1 + N2" 这个双宾结构中 N1 的位置上，和动词发生"动作—与事"的关系。例如：

（2）我着他骗嘎一万块钱。（我被他骗了一万元钱。）

他把乞狗蚤去啦得一身的包。（他被跳蚤咬得一身的疙瘩。）

我着他偷嘎一本字典。（我被他偷了一本字典。）

我好倒着他喊老姐姐。（我经常被他叫老姐姐。）

以上各例的主语均能与动词发生"动作—与事"关系：骗嘎我一万块钱、啦得他一身的包、偷嘎我一本字典、喊我老姐姐。

3. 主语 NP 是动词的工具角色。

如：

（3）哦把刀着我剁缺嘎咧。（那把刀被我砍钝了。）

哦支笔把乞他去画坏嘎咧。（那支笔让他给画坏了。）

这类句子的主语都能出现在"拿（用）+ N + V"结构中 N 的位置上，和动词发生"动作—工具"关系：拿哦把刀剁、拿哦支笔画。

4. 主语 NP 是动词的处所角色。

如：

（4）菜园的又让他们撒嘎药去咧。（菜园里又被他们放了药去了。）

桌子高头又着摆朋嘎书咧。（桌子上又被摆满了书了。）

裤子高头着毛毛屙起好多尿。（裤子上被弟弟拉了许多尿。）

锁内头着塞起好多口香糖。（锁孔里面被塞了许多口香糖。）

这些句子的主语都能出现在"S+V+N+在+L"结构中L的位置上，和动词发生"动作—处所（终点）"关系：撒嘎药在菜园的、摆朋嘎书在桌子高头、屙起好多尿在裤子高头、塞起好多口香糖在锁内头。

5. 主语NP是动词的材料角色。

如：

（5）哦粒青菜着我做嘎酸菜咧。（那些青菜被我做了酸菜了。）

哦块布着我做嘎衣咧。（那块布被我做成衣服了。）

这类句子的主语都能出现在"拿（用）+N+V+O"结构中的N位置上，和动词发生"动作—材料"关系：拿哦粒青菜做酸菜、拿哦块布做衣。当NP1是动词的材料时，动词同时必须带上结果宾语，动词一般是"做"类动词。

6. 主语NP是动词的感事角色。

感事是非自主的感知性事件的主体。如：

（6）他带两天着烦死咧。（他这两天被烦死了。）

姑唧着莉莉气得要死咧。（姑姑被莉莉气得要死。）

句中主语"他"和"姑唧"均为感事：他烦、姑唧气。这种情况比较少见，其谓语动词限于心理感觉动词，一般为不及物动词。这类句子是由使动句变换而来。如：姑唧着莉莉气得要死咧。←莉莉使姑唧气得要死。

7. 主语NP是动词的主事角色。

主事是性质、状态或变化性事件的主体。如：

（7）牛毛唧生下来只有三斤多，带也着他长大嘎咧勒。（牛毛生下来只有三斤多，居然也长大了。）

哦丘田的禾我从来冒去管过,带也着它长好嘎咧勒。(那丘田的稻谷我从来没去管过,现在居然也长好了。)

句中主语均为主事:牛毛唧长大嘎咧、哦丘田的禾长好嘎咧。被动标记"着"后宾语为代词"他""它",均复指主语。句子的意思表示主语所代表的事物的性状发生了意想不到的变化,这种变化也是由某种影响致使的,只不过这种影响不是来自外力而是由于自身形成的。

8. 主语 NP 不是动词的直接参与角色。

如:

(8) 他信都冒晓得就哭,我都着他哭怕嘎咧。(他动不动就哭,我都被他哭怕了。)

哦个狗尽倒在哦粒叫,毛毛都着他叫醒嘎咧。(那只狗一直在那里叫,弟弟都被他叫醒了。)

句中"我"不是"哭"的关涉对象,"毛毛"不是"叫"的关涉对象,这些成分没有直接参与与动词有关的事件,只是充当了一种"受到环境影响"的语义角色。因为一个动作出现之后,不仅动作的参与角色会受到影响,相关的环境因素也会受到影响。

第二节　湖南长沙方言的被动句

根据陈玲(2013)的研究,湖南长沙方言(属于湘语长益片)被动句主语语义角色同样很复杂,要用句式配价理论来解释。长沙方言有多个被动标记:①被,②仰,③把得,④送、送得、送得把、送把,⑤捞。被动句主语 NP 可以是受事、感事,还可以是工具、处所、材料。

1. 主语 NP 是动词的受事角色,如:

(9) 李满娭毑的金项链送得把带笼子的撮起克咖哒。(李奶奶的金项链被骗子骗走了。)

他在饭店里跟别个吵架,捞老板赶起出克哒。(他在饭店跟别人吵架，被老板赶了出去。）

这两例的主语 NP 都可以直接作动词的宾语，构成动宾关系，如"撮金项链""赶他"。

2. 主语 NP 是动词的感事角色，如：

（10）他爷老倌仰他气得要死。（他爸爸被他气坏了。）

李师傅送他堂客的病急得头发哈白咖哒。（李师傅被他老婆的病急得头发全白了。）

例中 NP 是动作"气"感事或"急"的感事，都与动作构成"感事—动作"关系，动词一般为表示心理状态的词。

主语 NP 是动词的工具角色，如：

（11）咯把菜刀送隔壁屋里借起去剁肉哒。（这把菜刀被隔壁家借去切肉了。）

钢笔仰他写得冒墨哒。（钢笔被他写得没墨水了。）

例中主语 NP "菜刀"是表示工具的主语，可与 VP "借起去"构成动宾关系"借菜刀"，是动作发出时所凭借的工具，如"用刀剁肉"；例中主语 NP "钢笔"既可看作是动作"写"的工具，又可看成是动作处置的对象，如"把钢笔写得冒墨哒"。

3. 主语 NP 是动词的处所角色，如：

（12）地板上送付哒水。（地上被洒了水。）

屋顶高头捞他晒满哒酸菜子。（屋顶上被他晒满了酸菜。）

这些例子的主语 NP 都能出现在"(S)＋把＋O＋V＋在＋L"这种句型中"L"的位置上，与动作构成"动作—处所"的关系，从而转化为表示处置意义的把字句的格式。如"把水付得地板上"、"他把酸菜子晒得屋顶高头"。

4. 主语 NP 是动词的材料角色，如：

（13）国块烂布巾捞妈妈拿起做抹布克哒。（那块烂布被妈妈拿去做抹布了。）

那袋鸭毛哈送他做咖鸭绒衣哒。（那袋鸭毛都被他做了鸭绒衣。）

在这些例子中，NP 可出现在"用 + NP + V + O"这种句型 NP 的位置上，NP 充当动作的材料，O 充当动作处置后的结果。在这种结构中，结果宾语必须出现，否则主语 NP 在语义上会变为受事主语，不为材料。

第三节　湖南娄底方言的被动句

湖南娄底龙塘方言（属于湘语娄邵片）被动句材料发现，娄底龙塘方言被动句主语语义角色同样很复杂，要用句式配价理论来解释（材料由研究生邱丽女士提供）。主语 NP 可以是受事、与事、感事，还包括工具、处所、材料，甚至还可以不是动词论元的直接参与成分，但主语 NP 不能是施事。娄底龙塘方言被动标记是用"拿赐 [$lε^{44}sï^{45}$]"。

1. 主语 NP 是动词的受事角色，如：

（14）你就要拿赐风吹倒哩。（你就要被风吹倒了。）

那只烂脸盆拿赐佢卖呱哩。（那个坏脸盆被他卖了。）

鸡拿赐佢爸爸杀呱哩。（鸡被他爸爸杀了。）

你煮个汤下拿赐佢吃呱哩。（你煮的汤都被她喝了。）

那滴钱下拿赐我丢呱哩。（那些钱都被我丢失了。）

句中主语都能与动词构成动宾短语，发生"动作—受事"关系：吹倒哩你、卖呱哩脸盆、杀呱哩鸡、吃呱哩你煮个汤、丢呱哩那滴钱。

2. 主语 NP 是动词的与事角色，如：

（15）我拿赐佢骗呱一万块钱。（我被他骗了一万元钱。）

主语 NP 是动词的工具角色，如：

（16）那只脚盆拿赐佢洗烂哩。（那个脚盆被他洗坏了。）

用简大个力，刀下拿赐你切烂哩。（用这么大的力气，刀都被你切坏了。）

这些句子的主语都能出现在"拿 + N + VP"结构中 N 的位置上，

和动词发生"动作—工具"关系：拿刀切东西、拿那只脚盆洗东西。

3. 主语 NP 是动词的处所角色，如：

(17) 衣裳高里拿赐你滴起筒多个油。（衣服上面被你滴了那么多油。）

桌子高里拿赐你贴满哩画。（桌子上被你贴满了。）

壁头高里拿赐别个写满哩字。（墙壁上被别人写满了。）

桶子内者拿赐佢倒哩蛮多嗝水。（桶里被他倒了很多水。）

这些句子的主语都能出现在"S+V+N+L"结构中的 L 的位置上，和动词发生"动作—处所"关系：滴起筒多个油到衣裳高里、贴满哩画到桌子高里、写满哩字到壁头高里、倒哩蛮多个水到桶子内者。

4. 主语 NP 是动词的材料角色，如：

(18) 那滴糯米下拿赐佢做呱酒哩。（那些糯米都被他做酒了。）

今年子个白菜下拿赐你做呱咸菜哩。（今年种的白菜都被你做酸菜了。）

那块布拿赐佢做呱衣裳哩。（这块布被他做了衣服了。）

这些句子的 NP1 都能出现在"拿+N+V+O"结构中的 N 位置上，和动词发生"动作—材料"关系：拿那滴糯米做酒、拿今年子个白菜做咸菜、拿那块布做衣裳。

5. 主语 NP 是动词的感事角色，如：

(19) 我就要拿赐你气死哩。（我就要被你气死了。）

我今日拿赐你急死哩。（我今天被你急死了。）

佢那个两日拿赐你烦死哩。（他那两天被你烦死了。）

句中的"我"和"佢"都是感事：我气、我急、佢烦。

6. 主语 NP 不是动词的直接参与角色，如：

(20) 依只桶有点唧漏，我条裤下拿赐佢滴湿哩。（这个桶有点漏，我的裤子都被它滴湿哒。）

那只细把戏只晓得哭，我拿赐佢哭怕哩。（那个小孩就知道哭，我被他哭怕了。）

佢哩总是筒吵，我拿赐佢哩吵醒哩。(他们总是吵，我被他们吵醒了。)

句中"裤"不是"滴"的关涉对象，"我"不是"哭"的关涉对象，"我"不是"吵"的关涉对象，这些成分都没有直接参与与动词有关的事件，只是充当了一种"受到环境影响"的语义角色。

第四节 湖南祁东方言的被动句

根据胡静（2017）的研究，湖南祁东方言（属于湘语永全片）中被动句主语的语义角色非常丰富，既包括受事，也包括感事、与事、材料、工具、处所等，还包括句中主语不是动词论元的直接参与者。

1. 在祁东方言中，被动句的主语为动词的受事角色，比较常见。如：

(21) 碗得老弟打烂呱了。（碗被弟弟打烂了。）

门得其踢烂呱了。（门被他踢坏了。）

钱得扒手扒呱了。（钱被扒手扒走了。）

我得我老弟骂呱一餐。（我被我弟骂了一顿。）

水得其个喝呱了。（水被他们喝了。）

辣椒得太阳晒干呱了。（辣椒被太阳晒干了。）

2. 被动句的主语为动词的材料角色，如：

(22) 漆得其刷呱墙了。（漆被他刷了墙了。）

那件旧衣衫得我做抹布了。（那件旧衣服被我做抹布了。）

那点毛线得我打绳子衣了。[那些毛线被我（用来）打毛衣了。]

洗澡水得我挑去淋菜了。（洗澡水被我挑去浇菜了。）

3. 被动句的主语为动词的与事角色，如：

(23) 其得骗子骗呱一万块钱。（他被骗子骗了一万块钱。）

其得老师留堂。[他被老师留堂（因未完成作业放学后留在学校)]。

4. 被动句的主语为动词的感事角色，如：

(24) 我得你硬是急死了。（我被你急死了。）

我得那隻卖东西个人气死了。（我被那个卖东西的人给气死了。）

5. 被动句的主语为动词的主事角色，如：

(25) 今年落那大个雪，白菜仍及_{仍然}得其长成呱了。（今年下那么大的雪，白菜仍然长成了。）

我放呱水个，那隻鸡仍及_{仍然}得其干死了。（我放了水的，那只鸡仍然渴死了。）

我就得冷水泡呱一下，薯粉仍及_{仍然}得其泡发呱了。（我就用冷水泡了一下，红薯粉依然泡发了。）

田里我连有管，禾仍及_{仍然}得其长得蛮好。（田里我连没有管，禾仍然长得很好。）

6. 被动句的主语为动词的工具角色，如：

(26) 铁锄头得其挖断呱了。（铁锄头被他挖断了。）

菜刀得妈妈切断呱了。（菜刀被妈妈切菜了。）

7. 被动句的主语为动词的处所角色，如：

(27) 那张纸得其涂起不像张纸了。（那张纸被他涂得不像张纸了。）

马路（上）得树遮起墨黑巴黑。（马路上被树遮得很黑。）

楼道（里）得人挤呱丰满。（楼道里被人挤得很满。）

教室角落（里）堆起下是垃圾。（教室角落里堆的全是垃圾。）

鱼塘（里）得其放起尽是石螺。（鱼塘里被他放得尽是螺蛳。）

8. 被动句的主语不是动词的直接参与者，如：

(28) 我得隔壁个毛毛哭醒呱来了。（我被隔壁的婴儿哭醒了。）

其得那首歌唱起流眼里水。（他被那首歌唱得流眼泪。）

第五节　宁波方言非受事主语被动句

阮桂君（2014）的研究表明，宁波方言（属于吴语太湖片）被动句的主语语义类型十分丰富，在"NP1 + 拨 + NP2 + VP"式被动句中，NP1除了是受事以外，还可以是工具、材料、处所、对象（蒙事）甚至可以是施事、感事，整个句式所要表达的是言说者蒙受"拨"字引出的事件，言说者的主观性对该句式的选择有着决定性的影响。

1. NP1是受事角色，例如：

（29）一晌工夫两幅图画拨伊画好嚯。（一会儿的工夫两幅画就被他画好了）

两把宝剑老早拨伯伯做好勒。（两把宝剑早就被伯伯做好了）

2. NP1为工具角色，例如：

（30）红布拨伊对牢，"咣"泼过去。（被他用红布对准，"咣"的一声泼了过去）

链条锁拨伊锁牢嚯。（被他用链条锁锁住了）

3. NP1为材料角色，例如：

（31）糯米饭拨伊搭老酒搭掉嚯。（糯米饭被他做老酒用掉了）

人家丢掉眼个编丝绳拨伊打勒一只篮。（人家丢掉了的编织绳被他编了一只篮子）

4. NP1为处所角色，例如：

（32）眠床勒拨伊睏勒五日。（床上被他睡了五天）

后头山拨伊盘勒两日。（后山被他躲了两天）

余姚搭拨伊走到啦。（余姚都被他走到了）

水缸里头拨伊爬进嚯。（水缸里头被他爬进了）

5. NP1是受影响的对象（蒙事）角色，例如：

（33）半夜过敲门，我拨伊敲掉觉嚯。（半夜里敲门，我被敲

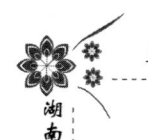

醒了）

其交关会造乱话，阿拉拨伊造怕嚯。（他非常会撒谎，我们被他撒怕了）

6. NP1 为感事，例如：

（34）介有趣小顽，人真拨伊欢喜煞啦！（这么好玩的小孩，人真被他喜欢死了）

侬搭隔壁阿爷介名贵个花摘带落来，姆妈拨诺惶恐煞。（你把隔壁爷爷这么名贵的花摘了下来，妈妈被你惶恐死了）

7. NP1 还可以是施事，比较特别。例如：

（35）葛日夜到，黄狗拨伊叫勒一夜啦！（那天晚上，黄狗被它叫了一个晚上）

瘟小鬼昨日夜到拨伊哭勒一夜啦！（臭小孩昨天晚上被他哭了一个晚上）

结　语

湖南黔阳方言、长沙方言、娄底方言、祁东方言、浙江宁波方言都可以借用丁加勇（2005）的分析方法来分析被动句的主语的语义角色，同样发现，这些方言被动句主语的语义角色与隆回湘语一样丰富复杂。主语可以是动词的多种参与角色，包括客体论元受事、与事，主体论元感事、主事和外围论元工具、处所、材料，甚至还可以不是动词论元的直接参与者，但是不能是施事。被动句的主语的语义角色不能完全用受事、必有论元或原型受事这些动词论元概念来概括，而应该用句式义和句式论元（构式角色）来概括，它们在句式中可以概括为一种句式论元：受影响论元。也就是说，这些方言的被动句主语的语义角色同样不能完全用动词配价理论来解释，而需要用句式配价理论来解释，显示了句式配价理论的必要性与解释力。

第十一章　隆回湘语的"N+担+VP"处置式

　　与普通话不同的是，隆回湘语表示处置的语序有两种："担/把+N+VP"语序和"N+担+VP"语序。与其他许多方言相比，后一种结构比较特殊。关于"担"[tã⁵⁵]、"把"[ba¹³]的详细用法，见丁加勇（2006）。本节详细分析了湖南湘语隆回话"N+担+VP"处置式的句法语义特点（N代表受事成分）。这类结构的句法地位需要重新认识。本章内容包括：隆回湘语"N+担+VP"处置式语序的特殊性；"N+担+VP"处置式与受事主语句联系紧密；"N+担+VP"处置式的处置标记可以悬空；不能狭义理解处置式。

第一节　隆回湘语"N+担+VP"处置式语序的特殊性

在隆回湘语中，"担"[tã⁵⁵]做动词，是"拿"的意思，如：
(1) 你莫担拿差个的，只选好个担。（你别拿差的，只挑好的拿。）

　　担只碗过来。（拿只碗过来。）

　　担咯这本书行开。（把这本书拿开。）

　　你将刚子刚才担过了我个钱么？（你刚才拿了我的钱吗？）

"担"虚化为介词后，可以表示处置，依然读"担"

[tā⁵⁵]。如：

(2) 你担咯只屋扫一下者。（你把这间屋子扫一下吧。）

莫担咯身衣衫散_给过_了哩。（别把这套衣服送人了。）

担钱递把_给我。（把钱递给我。）

其_他担眯_那鞋子甩过哩。（他把那双鞋扔了。）

你担咯只鸡宰过算哩。（你把这只鸡杀了算了。）

这些句子的语序为"担 + N + VP"，其中的"担"也可以用"把"去说。即：

(3) 你把咯只屋扫一下者。（你把这间屋子扫一下吧。）

莫把咯身衣衫散过哩。（别把这套衣服送人了。）

把钱递把我。（把钱递给我。）

其把眯那那双鞋子甩过哩。（他把那双鞋扔了。）

把咯只鸡宰过算哩。（你把这只鸡杀了算了。）

"担"做处置标记，还可以采用"N + 担 + VP"语序，该结构中的"担"和普通话"N + 给 + VP"中的"给"有相似之处。其中受事一定出现在"担"前面，施事可以不出现，可以被抑制。如：

(4) 咯只屋你担扫一下者。（你把这间屋子扫一下吧。或：这间屋子你给扫一下吧。）

咯身衣衫莫担穿坏过哩。（不要把这身衣服穿脏了。或：这身衣服不要给穿脏了。）

那滴钱担递把我者。（把那些钱递给我吧。）

眯双鞋子其担甩过哩。（他把那双鞋扔了。或：那双鞋他给扔了。）

咯只鸡你担宰过算哩。（你把这只鸡杀了算了。或：这只鸡你给杀了算了。）

咯只鸡担宰个。（把这只鸡杀了。或：这只鸡给杀了。）

其中的"担"不能用"把"去说。

(5) *咯只屋你把扫一下者。/ *咯身衣衫莫把穿坏过哩。

*那滴钱把递把我者。/ *眯双鞋子其把甩过哩。

*咯只鸡你把宰过算哩。

隆回湘语表示处置的语序有两种:"担/把 + N + VP"语序和"N + 担 + VP"语序。在"N + 担 + VP"语序中,被处置者在处置标记的前面,处置标记用"担"不用"把",它引出一个处置动作,强调处置语气,同时指明前面的名词性成分为一个广义的被处置对象。"N + 担 + VP"格式在隆回湘语中十分常见。比如普通话"把鞋子穿上"用隆回湘语去说就有两种语序。

(6) a. 把鞋子穿起。/担鞋子穿起。(把鞋子穿上。)
　　　b. 鞋子担穿起。(鞋子给穿上。或:把鞋子穿上。)

其中 a 句的被处置者在处置标记的后面,而 b 句的被处置者在处置标记的前面。普通话没有 b 式 "*鞋子把穿上"。又如"你把那些鸡关上"也有两种不同语序的说法:

(7) a. 你担那滴鸡关倒。/你把那滴鸡关倒。(你把那些鸡关上。)
　　　b. 那滴鸡你担关倒。(那些鸡你给关上。或:你把那些鸡关上。)

湘语其他方言也有类似"N + 处置标记 + VP"语序、被处置者可以在处置标记前面的处置式。如湖南娄底方言(彭逢澍,1998):

(8) a. 他拿倒把封信发咖来。
　　　　姆妈拿倒滴钱还赐给他来。
　　　b. 封信他拿倒发咖来。
　　　　滴钱姆妈拿倒还赐他来。

其中的处置标记为"拿倒",a 句是"处置标记 + N + VP"语序,b 句是"N + 处置标记 + VP"语序。

第二节　隆回湘语"N + 担 + VP"处置式与受事主语句联系紧密

汉语中的受事主语句比较复杂,它到底与哪类句式直接联系,

145

学术界有分歧，比如有的学者把它归为被动句的一种。朱德熙(1982)的重法与这种看法不同，他认为，"把"字句关系是密切的，不是"主—动—宾"句式，而是受事主语句。也就是说，处置句与受事主语句关系密切。在隆回湘语中，处置句与受事主语句的联系是很明显的。因为表处置的"N＋担＋VP"句式让受事做主语的同时，还使用了处置标记，处置句式和受事主语句融合在一起了，成为有标记的受事主语句。如：

（9）咯身衣衫莫担散送过哩。（不要把这套衣服送人了。）

咯双鞋子担甩过算哩。（把这双鞋扔了算了。）

咯只屋你担扫一下者。（你把这间屋子扫一下吧。）

在"N＋担＋VP"句式中，受事 N 一般不能处在动词后面，这也符合受事主语句的要求。下列句子不成立：

（10）*莫担散送过咯身衣衫哩。

*担甩过咯双鞋子算哩。

*你担扫一下咯只屋者。

原因是受事 N 处在动词后面。如果我们把这个受事 N 放在"担"的后面，句子便成立，形成"担/把＋N＋VP"处置句，当然已经不是受事主语句了，如：

（11）莫担咯身衣衫散过哩。（不要把这套衣服送人了。）

担咯双鞋子甩过算哩。（把这双鞋扔了算了。）

你担咯只屋扫一下者。（你把这间屋子扫一下吧。）

可见，在隆回湘语中，表达处置意义时，有强烈排斥受事成分后置于动词的倾向。必须把受事成分置于动词之前，或者让它做主语，形成受事主语句或"N＋担＋VP"处置句；或者让它做"担"的宾语，形成"担/把＋N＋VP"处置句。

第三节　隆回湘语"N + 担 + VP"处置式的处置标记可以悬空

一、表处置的"担"悬空

汉语普通话有一条经典规则,就是"把"字句中的处置标记"把"不能悬空,"把"字后面的语迹必需显示为一个复述代词,复述"把"前面的话题主语。(曹逢甫,1995:27;邓思颖,2004)如:

(12) a. 那本书,我把它放在你的桌子上。

　　 b. *那本书,我把__放在你的桌子上。

隆回湘语表处置的"把"不能悬空,但是表处置的"担"却可以悬空,形成"N + 担 + VP"格式,显示了隆回湘语处置式的特殊性。"N + 担 + VP"处置式的受事一定出现在"担"前面,而施事则可以不出现,可以被抑制。如:

(13) a. 那本书(N),我把/担其放到你个桌子高头。(含有复述代词)

　　 b.*那本书(N),我把__放到你个桌子高头。("把"不能悬空)

　　 c. 那本书(N),我担放到你个桌子高头。("担"可以悬空)

　　 d. 那本书(N)担放到你个桌子高头。("担"可以悬空,施事被抑制)

隆回湘语"担"能悬空而"把"不能悬空,可能跟它们的来源有关。处置标记"担"来源于它的动词义"拿",见上文。处置标记"把"来源于它的动词义——"给予"义或"容许"义,"把"做动词,是"给、让"的意思。如:

(14) 咯身衣裳把我算了。(这身衣服给我算了。)

　　　 我把过你眯滴钱子着。(我还了你那些钱再说。)

上面的动词"把"是给予的意思。下面的"把"表示容许义,动词，相当于"让"。如：

(15) 把我来讲个着啰，你莫讲着啰。(让我先说，你别说。)

　　那条门把_让高高来开。

　　莫找急，把我悟个着。(别着急，让我想一下。)

虚化为介词后可以表示处置，后一定要接宾语，和普通话的"把"字句相当。

(16) 其把眯个羊牯子宰过哩。(他把那只羊宰了。)

对比处置标记"担"和处置标记"把"的来源，我们可以推测"担"能悬空跟它的拿持义有关，即来源于"拿持"义的"担"容易悬空，而来源于"给让"义的"把"不容易悬空。

在"N＋担＋VP"语序中，"担"一方面和前面的主语 N 关联，因为这个 N 是被处置的对象；另一方面又和后面的动作关联，引出处置动作，这样"担"接成了一个"联系项"。根据语序联系项理论（Dik，1997：406；刘丹青，2003：69），联系项的优先位置是在两个被联系成分之间，"N＋担＋VP"语序刚好符合这条语序原则。这应该是为什么"N＋担＋VP"格式能够成立并且在隆回湘语中十分常见的主要理由。

二、"担"悬空后的句法后果

"担"悬空后的一个句法后果就是受事前置而施事被抑制；除此之外，"担"悬空后另一个句法后果就是"担"前面的主语的语义角色扩大了，即"担"的被处置对象扩大了。在"N＋担＋VP"结构中，主语 N 的语义角色除了动词的受事外，还可以是动作的结果、材料、工具、处所等。与"担＋N＋VP"格式相比，这种格式的处置义减弱了。

动词的受事角色成为被处置对象。如：

(17) 水担倒过！(把水倒掉！)

　　碗盏担捡起！(把碗收拾好！)

动作的工具角色成为被处置对象。如：

（18）眯个_{那个}皮箍箍_{橡皮筋}担扎过了头丝_{头发}哩。

　　　眯只桶桶担装过煤油哩。

动作的材料角色成为被处置对象。如：

（19）眯滴糯米担烤过酒算哩。

　　　咯滴洋梭梭_{毛线}担钩过鞋子算哩。

动作的处所角色成为被处置对象。如：

（20）眯只桌子担放过书哩。

　　　眯个垱担晒过谷哩。

　　另一个句法后果就是处置式"N+担+VP"中的"担"会重新分析为语气助词，"担"引出处置动作，强调一种处置语气，整个句子的处置义减弱，主观性增强❶。这种主观性表现之一就是"担+VP"用于祈使句，可以伴随祈使语气一起使用，既表祈使又表处置。如：

（21）a. 担捡起！捡起它！

　　　b. 担打死！打死你！

这种主观性的另一个表现就是"担"后面出现一价动词。如：

（22）a. 你只担坐倒_{坐着}，莫朝_{理睬}其！

　　　b. 你担站倒，站倒就看得倒_{看得见}哩。

　　　c. 其要骂个话，你只担行_走过。

　　　d. 其要打呢，你就担走过。

　　　e. 其要留你歇_睡个话，你只担溜过。

　　其中的动词为一价动词，主语 N 是动作的发出者，但这个动作是在说话人的建议、劝告或祈求下发出的，句子表示说话人想通过建议、劝告或祈求的方式对该动作进行控制，是说话人根据自己的立场去推测别人可能施行的一种处置行为，具备主观处置的意义。可见"担"字句的"主观性"体现在说话人的认识方面。

　　对比"担+N_{施事}+VP"格式和"N_{施事}+担+VP"格式：

---

❶ 关于句子的主观性，见沈家煊（2001、2002）。

(23) a. 吾_我家_毛毛_小孩子_要吵吵吵，你只担其站倒。
　　　b. 其要担站倒呢，我就看得倒哩。

a句用"担＋N_施事_＋VP"语序，"其"具有很强的受动性，动作"站"是在"你"的影响下被迫发出的，处置意义强；b句用"N_施事_＋担＋VP"语序，"其"具有一定程度的自主性，动作"站"是在"你"的建议下自愿发出的，句中的"要"表示这种动作具有情态义，可见句子的处置义带有主观性。

第四节　不能狭义理解处置式

　　总的来说，隆回湘语表处置的"N＋担＋VP"格式与表处置的"担/把＋N＋VP"格式相比，前者的被处置对象相对扩大了，处置义相对减弱了，主观性相对增强了。形式上主要体现为使用不同的语序和不同的处置标记。

　　关于怎样理解汉语"把"字句式的处置意义，学者们有不同的看法，有的学者主张放宽"处置"的含义，有的学者主张缩小"处置"的含义（具体评价参看沈家煊（2002））。吕叔湘（1980）、詹开第（1983）、马真（1985）、宋玉柱（1991）等就认为不能狭义地理解"处置"。比如吕叔湘（1980）认为"把"的宾语还可以是后面动词的处所；詹开第（1983）认为"把"的宾语还可以是后面动词的施事、系事（当事者）或处所；马真（1985）认为"把"的宾语还可以是后面动词的处所和工具，并指出所谓"处置"，不能只理解为对人或事物的处理，甲对乙主动施加某种直接的影响，或者甲的行为动作使乙发生某种变化或处于某种状态，都可以看作是一种处置。隆回湘语的事实说明，"处置"的确不宜做狭义理解，在形式上表现为可能有多种处置格式，隆回湘语"N＋担＋VP"处置式属于介词悬空型处置式，并且处置句确实表达了"主观处置"的意义。

第十二章　隆回湘语双宾句中的动词类型和句式特征

> 本章基于"句管控"和"句式语法"的观点，对隆回湘语双宾句的动词类型和不同动词构成的双宾句句式特征进行分析，主要是对隆回湘语双宾句的句式结构、句式动词、句式语义和句式论元进行了分析。主要内容包括：①文章证明了隆回湘语取得义动词构成的"S＋V＋O间＋O直"句式是一种双宾语结构而非单宾语结构；②进入双宾句式的动词类型丰富，主要以取得义动词为主，但是动词的语义选择最终受控于句式；③考察了双宾句的句式语义和句式论元，认为其核心意义是"转移性得失"；与事是一种句式论元，包括接收者和提供者，部分句子的主语具有使因性特征；④双宾句式与给予句式存在区别。

引　言

张伯江（1999）、刘丹青（2001）、张国宪（2001）等曾经对汉语双及物结构（ditransitive construction）进行了详细的研究，认为双及物结构指的是一种论元结构，在施事主语以外带一个受事和一个与事的结构，在句法上可以表现为多种句式，有的是双宾语句，有的是介宾补语句，等等。双及物结构是人类语言的普遍现象，根据语法意义的不同，双及物结构主要有两类：给予义双及物结构和非给予义即取得义双及物结构（朱德熙，1982；陆俭明，2002）。语法意义不同，双及物结构间接宾语的语义角色也就不同，有的学者把前者归为与事，把后者归为夺事（沈家煊，2000；张国宪，2001）。不同的语言对这两种意义和这两类语义角色可能会采用不同的语法形式。隆回湘语采用不同的格式（主要是词序和介标）来表达这两种意义，主要是以下两种句式：

A 式：S + V + O 直 + 介标 + O 间

B 式：S + V + O 间 + O 直

其中 A 式为介宾补语式，受事在前，与事在后，并且一定要使用介标；B 式为双宾式，与事在前，受事在后，不使用介标。如：

(1) a. 你递那把刀把_给其_他。

b. 其偷咕_了学校两只树。

a 句为介宾补语式，表示给予，不能说成"你递其一把刀"；b 句为双宾式，主要表取得。

隆回湘语典型的给予动词一般不使用 B 式为双宾式，如"乞_给"为典型的给予动词，表达给予义，分别使用介宾状语式和介宾补语式，不说"乞_给其一百块钱"。如：

(2) 给其乞一百块钱_{给他一百块钱}。   乞_给一百块钱把其_{给一百块钱给他}。

隆回湘语典型的给予动词不采用"S + V + O 直 + O 间"双宾结构形式，不说"把一杯茶其、把书其、递书其"。尽管这是南方或靠南方言的说法（陈淑梅，2003），湘语中如长沙、衡山、韶山、祁阳、娄底、益阳、邵阳、新化、涟源、新宁等方言中均有此格式。可见隆回湘语双及物结构，既有不同于周边湘语方言的地方，也有不同于普通话和其他方言的地方。

隆回湘语典型的双宾句主要是由取得义动词构成，下文讨论的双宾句式，我们记作"S + V + N1 + N2"，其中 S 表示施事主语，V 表示谓语动词，N1 表示做间接宾语的与事名词，N2 表示做直接宾语的受事名词。

本章受"句管控"和"句式语法"（Construction Grammar）的

启发（Goldberg，1995；张伯江，1999；沈家煊，2000；邢福义，2001；陆俭明，2004），对隆回湘语双宾句的动词类型和不同动词构成的双宾句句式特征进行分析，重点放在四个方面：（1）句式结构，（2）句式动词，（3）句式语义和句式论元，（4）句式对比。

第一节　隆回湘语双宾句的句式结构

隆回湘语典型的双宾句式主要是由取得义动词构成。在普通话中，对于由取得义动词（如"吃了他一个苹果、偷了他一块钱"）构成的"V＋N1＋N2"结构，其结构类型存在分歧。一种意见认为是领属结构做宾语的单宾语格式，即N1和N2是领属结构做宾语，N1是定语；一种意见认为N1和N2是双宾格式，即N1和N2不是领属结构做宾语，N1是其中的一个宾语。（李宇明，1996；张伯江，1999；张宁，1999；刘乃仲，2001；陆俭明，2002；徐杰，1999、2004）。方言可以为双宾句句式类型的研究提供更加丰富的语言事实。本节讨论隆回湘语取得义动词构成的"V＋N1＋N2"结构的类型，就是基于这种想法。

根据隆回湘语的实际，我们认为取得义动词构成的"V＋N1＋N2"结构中的N1和N2不是偏正关系，不是领属结构做宾语的单宾语格式，而是双宾关系。虽然句式中的N1和N2有领属关系，但这种领属关系是一种语义关系，缺乏形式上的依据，也就是说，没有表现为语法上的偏正结构（定中结构），领属关系没有语法化为定中结构。这要从隆回湘语中领属关系的表达方式说起。

一、隆回湘语里有标记的定中结构

在隆回湘语中，两个名词性成分构成有标记的定中结构，主要有两种方式：一种方式是借助结构助词的定中结构，另一种是借助指示代词的定中结构。

（一）借助结构助词构成的定中结构

在 N1 和 N2 之间插入结构助词"格［ke³¹］"，此时 N2 往往排斥受数量词和指量词修饰，即助词"个的"与数量词、指量词不能同现。如：

(3) a. N1 + 个 + N2：我个书_{我的书}｜加兵个衣衫_{加兵的衣服}｜学校个车子_{学校的车子}

b.*N1 + 个 + 数量词 + N2：*我个一本书｜*加兵个两身衣衫｜*学校个一部车子

c.*N1 + 个 + 指代词 + 量词 + N2：*我个眯_那本书｜*加兵个那身衣衫｜*学校个咯_这一部车子

陆俭明（1988、2002）认为，普通话非给予义双宾结构一般要求远宾语（直接宾语）必须含有数量成分。隆回湘语也是如此。由于隆回湘语表领属结构时数量词与"格"存在矛盾、不能同现，即有了数量词就不能有领属标记"个"，所以双宾句中"N1（指人与事）+ N2（数量名结构）"也就不可能是表领属的偏正结构。

（二）指量化的定中结构

在 N2 的前面增加指量词，可以使 N2（定中结构的中心语）指量化，变成"指示代词 + 量词 + N2"，然后再与 N1 组合。N2 指量化后，往往也排斥结构助词"格"，即指量词与结构助词"格"往往不能同现。N2 如果不指量化，而是用数量词、量词来修饰，也不能构成定中结构。如：

(4) a. N1 + 指示代词 + 数量词 + N2：我眯_那本书｜学校咯部车子｜加兵那两身衣衫

b.*N1 + 个 + 指示代词 + 量词 + N2：*我个眯本书｜*学校个咯部车子｜*加兵个那两身衣衫

c.*N1 +（数）量词 + N2：*我（一）本书｜*学校（一）部车子｜*加兵（两）身衣衫

（三）关系化的定中结构

用中心语指量化的手段可以使句子关系化，这样句子就成了小句做定语的定中结构，即关系化结构❶。如：

(5) a. 你借起我一滴钱。（你借了我一些钱。）

　　b. 你借起我眯滴钱（你借了我的那些钱）

　　c. 你借起我眯滴钱子，你担把得我者。（你借了我的那些钱，你给我吧。）

其中 b 为受事关系化结构，c 为关系化结构做主语的句子。❷

以下都是较复杂的关系化结构：

(6) 隆回湘语：我昨日穿眯身太短哩，今日穿咯身一ㄨ太长哩。

　　普通话：我昨天穿的那身太短了，今天穿的这身又太长了。

(7) 隆回湘语：将刚子来眯个你认得么？

　　普通话：刚才来的那个你认得么？

(8) 隆回湘语：昨日同你打架眯个人号哪个唉？

　　普通话：昨天和你打架的那个人是谁呀？

句子如果像普通话那样插入名词化标记"个"，就不地道了：

(9) a. ?我昨日穿个眯身太短哩，今日穿个咯身一ㄨ太长哩。

　　b. ?将刚子来个眯个你认得么？

　　c. *昨日同你打架个眯个人号哪个唉？

　　d. *你借起我个眯滴钱子，你担把得我者。

上述分析表明，在有标记的名名组合的定中结构中，结构助词"个"与数量词、指量词一般存在一种对立分布：要么用结构助词"个"来表示领属关系，这是一种名词化手段；要么用指量词来表示

---

❶ 关于关系化结构，见朱德熙《自指和转指：汉语名词化标记"的、者、所、之"的语法功能和语义功能》，《方言》1983 年第 1 期；陈平《汉语中结构话题的语用解释和关系化》（徐赳赳译），《国外语言学》1996 年第 4 期。

❷ 普通话也可以用指量词构成定中结构，如"新来那位老师""他写那首诗"有歧义，既可以理解为主谓结构又可以理解为偏正结构，理解成偏正结构相当于"他写的那首诗"。见朱德熙（1982：145）。

领属关系，这是一种指量化手段。句子关系化的手段主要不是采用名词化而是采用指量化手段来表达，是隆回湘语的一大特点。

二、隆回湘语"V + N1 + N2"是双宾结构而非单宾结构

现在我们来分析取得义动词构成的"S + V + N1 + N2"结构里 N1 和 N2 有没有偏正关系。

第一，双宾句中的 N1 和 N2 之间不能插入结构助词"个"，表明它们没有偏正关系。如：

(10) a. 其赊起我蛮多账。→*其赊起我个蛮多账。

b. 其偷过了学校两只树。→*其偷过了学校格两只树。

c. 其撕过了你一本书。→*其撕过了你个一本书。

d. 其打烂我一个壶壶。→*其打烂我个一个壶壶。

第二，N1 和 N2 之间，如果用了指示代词，则变成了关系化结构，而不是单宾结构。N2 指量化后，整个句子的独立性被取消，就倾向于关系化了，N2 变成了关系化结构的中心语。也就是说，句式中的 N2 原来多是由数量名结构充当，在它前面添加指量词后，N2 就变成指量名结构了，即指量化了。这时，整个句子的独立性被取消，变成了小句做定语、N2 做中心语的定中结构了，N2 与"S + V + N1"发生定中关系，与 N1 不直接发生关系。如：

(11)　　　主谓句　　　　　　关系化结构

a. 其赊起我蛮多账。　→其赊起我眯滴账

b. 其偷过了学校两只树。→其偷过了学校眯两只树

c. 其撕过了你一本书。　→其撕过了你眯本书

d. 其打烂我一个壶壶。→其打烂我眯个壶壶

所以当 N2 指量化后，结构中的 N1 与 N2 已经不是直接成分，当然也没有偏正关系。

第三，双宾句中的"N1 + N2"一般不构成合法的定中结构。由于双宾语句中的 N2 不能是光杆名词，而是数量名词语（绝大多数）或指量名词语（少数），所以"N1 + N2"有两种情况：

1）如果 N2 是数量名词语，"N1 + N2"不构成一个合法的定中结构。如：

(12) *我五块钱｜*我蛮多账｜*学校两只树｜*我一个壶壶

2）如果 N2 是指量名词语（即指量化），那么整个句子就倾向于关系化，句子就成了一个小句做定语的定中结构。分析见上。

只有给予义动词中的一部分动词构成的双宾句，其中的 N2 才可以是指量名词语。比如"我眯五块钱"可以单独做定中结构，也可以进入双宾句：

(13) a. 你还过了我眯五块钱着。（你先还了我那五块钱吧。）
　　　b. 其退过了我眯五块钱哩。（他退了我那五块钱了。）

由于它们进入的是双宾句式框架，宜看成双宾语。

总之，句式中 N1 与 N2 之间的偏正关系得不到确定，也找不到形式上的依据，这也就肯定了 N1 与 N2 之间的双宾关系，N1 为与事，N2 为受事。隆回湘语支持"V + N1 + N2"是一个双宾结构的事实。

第二节　进入双宾结构的动词类型

普通话双宾句的动词一般只分为两类：给予义动词和取得义动词（朱德熙，1979、1982），隆回湘语的事实说明双宾句中动词的小类非常复杂。此节详细描写了动词的小类，然后提出宜用句式来管控动词小类。

一、进入双宾句式的动词小类

进入双宾句式的动词大致分为以下几类：

1. 侧重于获取义或夺取义的动词，如：偷、捉、扯、夹、抢、骗、罚、分、赚、钓（~鱼）、沉（~鱼）、买、捡、占、摘。这类动词的成员较多，动词的获得义是显性的，固有的（陆俭明，2002），无给予义，但是含有受损义。其中与事是提供者。如：

（14）a. 其抢过了眯个司机蛮多钱。

　　　b. 其扯过了你你们一滴百合。

2. 侧重于消耗义的动词，如：吃、用、浪费等，这类动词的获得义是隐性的，非固有的（陆俭明，2002），同时含有受损义。其中的与事是提供者，也是未来的受损者。如：

（15）那个人用过了吾我一缸子水，还吃过了吾我一餐饭。

3. 侧重于去除义的动词，如撕、剁、甩、拆、倒［tɜ³⁵］、空倒、剪、打，这类动词的获得义也是隐性的，非固有的，同时含有受损义。如：

（16）a. 其撕过了你一本书。

　　　b. 其将刚子刚才打过了你屋底你们家一只碗。

以上几类动词通常称为取得义动词或非给予义动词。

4. 侧重于给予义的动词，如：把、退、找、该、还、赔等。这类动词的给予义是显性的，固有的（朱德熙，1979；陆俭明，2002），但隐含有获得义。其中的与事是接收者，但又是曾经的提供者。如：

（17）其该过还了我五块钱。其退过了我一样东西。其赔过了吾一升米。

信息传递类动词也是一种给予，如：告诉、问、考。

但是另一类给予义动词，如：乞给、递、送、捐、交、付、租、卖，就不能进入双宾句。如：

（18）*我乞其一本书。｜*我递其一只碗。｜*我交其一块钱。｜*其付你一百块钱。

主要原因是这一类给予义动词动词只有给予义，没有获得义。可见给予义动词有两类，一类能够进入双宾句，另一类不能。

值得注意的是，通常提到的给予义动词中（见：张伯江，1999），在隆回湘语中一般不能进入双宾句：

1）部分现场给予类动词，如：乞给、递、送、交、卖，例见上面（18）；

2）远程给予类动词，如：付、寄、带：

(19) *其付你一百块钱。｜*我寄其一身衣衫。

上述两类动词要表达给予义，只能用"S + V + N2 + 介标 + N1"即介宾补语句去说。

3）命名类动词，相当于马庆株（1983）提到的"表称类"动词。如：喊、骂。

(20) *我喊其舅舅。｜*我骂其坏癞子。

地道的说法是采用重动式或连动式：

(21) 我喊其喊舅舅。（或：我喊其做舅舅。）｜我骂其骂坏癞子。

4）瞬时抛物类动词。张伯江（1999）认为瞬时抛物类动词（扔类动词）属于给予义动词，但是在隆回湘语中进入双宾句后表示取得义，不表给予义，如甩(扔)：

(22) 我将刚子(刚才)甩过了其一个衣衫。

5. 取予两可的动词，如：借、赊、得、拨、担、捡、差、欠等。这类动词的给予义是隐性的，非固有的（朱德熙，1979；陆俭明，2002），同时含有明显的获得义。这类动词我们通常也把归为给予和取得两可的动词，但是进入双宾句后表示取得义，不表给予义。其中的与事是提供者，也是曾经的给予者、未来的接收者。如：

(23) 我借起其三把镰子(镰刀)。其拨(借)起我五块钱。其担起明明一本书。

我将刚子(刚才)空咕其一鼎开水。

如果要表达给予义，也只能用"S + V + N2 + 介标 + N1"即介宾补语句去说。

6. 侧重于受损义的动词，动词的受损义是显性的，获得义也是隐性的，非固有的。其中的与事是提供者或受损者。包括部分不可控动词（如：燃、烧、倒［tɤ³¹］、着(丢)、折）和动结式复合词（如：弄死、开坏、洗坏、踢倒、踩死、打烂、改坏），后者的动词可能是可控的、有意的，也可能是不可控的、无意的。例如：

(24) a. 我昨夜间燃过了其一双鞋。

　　 b. 其将刚子刚才倒过了别个人家一桶油。

　　 c. 其着丢过了我一本书。

(25) a. 其洗坏我一身衣衫。

　　 b. 其将刚子刚才踩死别个一只鸡。

还有一类损失义动词不含有获得义,只有损失义,不能进入三价双宾句,只能进入二价单宾句。如"死、过死、烂、坏、臭、霉、酸、馊"。

(26) a. 其三岁就死过了娘哩。

　　 b. 七队过过了一个老人家。

　　 c. 其翁屋底他家走过跑了一只鸡。

　　 d. 我昨夜坏过了一只鸡。

　　 e. 我去年子烂过了五双鞋。

　　 f. 我昨夜间馊过了一鼎饭。

可见损失义动词也有两类,一类能够进入双宾句,另一类不能。

二、通过句式控制动词意义

如果单纯从动词本身去看句子的意义,我们就会发现许多问题:

1) 动词的固有意义与非固有意义不好确定、显性意义与隐性意义不好确定;

2) 同样是受损义动词,受损对象因句式不同而不同。如:

(27) a. 我昨夜间燃过了其一双鞋。(与事受损)

　　 b. 我昨夜间燃过了一双鞋。(施事受损)

3) 通常提到的给予义动词是表示给予义的,但是进入双宾句却表示取得义,进入介宾补语句表示给予义。动词意义不好把握。

4) 一些动词不好归类,但它们照样可以进入双宾句。如:

(28) 其待招待过了我三餐饭。｜我讲过了其几句重话。｜其弄起我一身灰。｜其发过了我一顿火。

于是我们寻求句式的帮助,寻求句式对动词的控制作用,寻求

"句管控"的作用，以便更好地确定动词的意义。"句管控"是指句子如何在中枢地位上对汉语语法规则的方方面面发挥其管束控制作用。（邢福义，2001）事实证明，凭借句式的管控作用，动词意义可以很好地把握。

从句式角度看，双宾句中动词语义与句式语义之间的关系大致是：

1. 就获得义动词而言，它本身含有较明显的获得义，似乎能够推导出句式的获得义，但是这类动词往往是二价动词（如：偷、捉、扯），它不能推导出三价双宾句式，三价双宾句的许多特点就无法从动词本身体现出来。比如句式的取得义往往还与受损义关联，句式中的与事还是提供者或受损者。确切地说，动词的获得义与句式的取得义不是一回事。

2. 消耗类动词和去除类动词是典型的二价动作动词，取得义只有在句式中才显现出来。

3. 就给予义动词而言，只有那部分已经隐含有获得义的给予义动词，才能进入双宾句结构。就损失义动词而言，只有那部分已经隐含有获得义的损失义动词，才可以进入双宾结构。在动词语义不太明确的情况下，句式成了确定意义的手段。取予义两可的动词语更是如此，使用双宾结构表达的是取得义，使用介宾补语式结构表示的是给予义。

也就是说，句式的取得义不能或者很难从动词本身推导出来，而是从句式中获得的。比如"吃饭""撕书"表示一类动作，无所谓获取不获取，但是"那个人吃咕吾我家好多饭""其撕咕我一本书"除了表示"吃饭""撕书"的动作之外，更强调"那个人""其"有所获，而"吾我家""我"就有所损。这种意义是双宾句式带来的。我们可以采用后续句的方法，使这种获得—受损义显现出来：

（29）那个人今日用咕吾我一缸子水，还吃咕吾我一餐饭，亏个死。

"亏个死"的主语省略了，受损的自然是"吾"。如果去掉与事，变

成单宾句,则句子不成立:

(30) *那个人今日用咕一缸子水,还吃咕一餐饭,亏个死。

尽管"那个人用咕一缸子水、吃咕一餐饭"是合法的结构。

动词小类不同,句式的句法特征也就不同。反映最典型的一条就是双宾句的与事能否被动化。事实表明,获取类、消耗类、去除类、损失类动词构成的双宾句,与事一般能被动化。(被动标记为"吃")

(31) a. 其偷咕学校两只树。→学校吃其偷咕两只树。
    b. 其撕咕我一本书。→我吃其撕咕一本书。
    c. 其将刚子改坏我一个衣衫。→我将刚子吃其改坏一个衣衫。

而取予类动词和给予类动词构成的双宾句,与事一般不能被动化。

(32) a. 我借起其翁三把镰子→*其翁吃我借起三把镰子。
    b. 其退咕我五块钱。→*我吃其退咕五块钱。

如果结合动词和句式来考察动词内部的典型性,我们会看到,获取类、消耗类、去除类损失义动词形成的双宾句式是双宾句中的典型成员,取予两可类动词构成的双宾句是双宾句中不太典型的成员,给予类动词形成的双宾句式是双宾句中的一个很不典型的成员。动词小类与句式的典型性等级为:获取类、消耗类、去除类动词、损失类动词 > 取予类动词 > 给予类动词。

第三节　双宾句的句式语义与句式论元

既然双宾句里的动词小类受控于句式,那么接下来的问题就必须解决句式语义的问题,看看句式和句式语义是怎样控制句子的组成部分的(包括动词和论元)。

一、隆回湘语双宾句的句式语义

朱德熙(1979)已经对"取得"的意义作了很好的概括:①存在

"得者"和"失者"双方；②存在得者所得即失者所失的事物；③得者主动地使事物由失者转移至得者。但是汉语中关于双宾句式意义的归纳存在分歧，如张伯江（1999）认为它的原型语义是"施事者有意地把受事转移给接收者，这个过程是在发生的现场成功地完成的"，其核心语义是"有意的给予性转移"；张国宪（2001）认为双宾句式的语义是"施动者有意识地使事物的所有权发生转移"，其原始句式语义是"强制的索取性转移"。分歧主要在于双宾句的核心意义是"给予"还是"取得、索取"。

针对隆回湘语双宾句的实际，我们不能简单地套用上述说法，要结合语言的实际情况进行具体的分析。以下情况值得我们注意。

1. 双宾句动词主要是非给予义动词，句式语义大都表示"取得"而不是"给予"。

2. 要解释为什么只有一部分给予义动词和一部分损失义动词进入双宾句式。

3. 部分不可控动作也可以进入双宾语句式，如"倒、着丢、打烂、踩死"，所以要对"主动转移""有意转移"做具体的分析。这涉及句子所表达的动作是可控的还是不可控的，因为可控的动作才能"主动转移""有意转移"，不可控的动作就不能"主动转移""有意转移"了。所以"主动转移""有意转移"不完全适合方言的情况。

4. 下面一类双宾句不涉及转移，无所谓接收者和提供者。

（33）咯个钉子挂烂我好多衣衫啊。｜咯个鼎关烧咕吾_{我家}好多饭啊。

"好多衣衫""好多饭"没有发生转移，"我""吾"无所谓是起点还是终点，它是受损者。

基于这些情况，我们把隆回湘语双宾类双及物式的句式语义大致概括为：在形式为"S + V + N1 + N2"的句式里，S通过某个动作使得 N2 发生转移，并导致 S 或 N2 有所得或有所失。核心意义可以概括为"因为转移而导致有所得失",即"转移性得失"。其中动词由获得类充当、N1 为提供者、N2 数量名形式的三价双宾句,为典型的双宾结构。

二、句式论元与事的性质和类型

(一) 与事在双宾句中扮演重要作用

正因为有了与事才有了双宾句,可见与事在双宾句重的地位非常重要。在不同的语言中,与事(间接宾语)在双宾句中扮演的角色可能不一样,可以是接受者,也可以是提供者;或者说,句子或者以与事为动词传递方向的终点,或者以与事为动词传递方向的起点。比如英语"S + V + O 间 + O 直"形式的双宾语与事一般是接收者,即以间接宾语的所指为传递终点。(张宁,1999)传递方向单一,容易理解。如:

(34) John gave Mary a book. / He stole me a book. / He bake me a cake. 其中 gave(给)、stole(偷)为给予义动词,bake(烤)为制作义动词。

日语的与事可以是接收者(传递的终点),也可以是提供者(传递的起点),比如日语中"借"这一类动词授受有歧义,不过常常使用接受补助动词来区分。(王健,2001)如:

(35) 私は彼にニラを分けてあげる。我分给他一点韭菜。
　　　私は彼からご飯を分けてもらう。我从他那里分到一点饭。

"てあげる"是"由内向外"的给与,指明前面主语"私は"为动作的提供者,"彼に"为动作的接受者;"てもらう"是"由外向内"的取得,指明前面主语"私は"为动作的接受者,"彼に"为动作的提供者。因此,日语的授受者的区分和传递方向从补助动词的使用可以分辨出来。在这里,日语利用补助动词指示接受者和提供者,指示传递方向,为这两种语义角色的区分提供了形式上的依据。

上述语言事实说明了在双宾句中区分两种与事语义角色的重要性。没有与事，句子就没有双宾句的句式义。如果准确地区分了与事，也就基本上理解了双宾句的意义。汉语的间接宾语可以是接受者，也可以是提供者，传递方向是双向的，一般借助动词类型来理解。

隆回湘语双宾句也有两种与事角色以及相应的两种动词语义传递方向。

（二）与事应该看作一种句式论元

隆回湘语双宾句的与事有两类：提供者充当的与事和接受者充当的与事，它们的意义表明它们是句式语义的反映。

1. 提供者充当与事。

下面的句子含有由提供者（包括受损者）充当的与事，由于有了提供者参与事件，句子就有了"转移—得失"这样的句式意义，事物转移的方向是从 N2 指向 S。

（36）其今日吃过了吾我家一升米。｜其昨日折过了我五块钱。｜其将刚子撕过了你一本书。

这类句子有这样一层意思：与事提供某事物并遭受损失，致使与事遭受损失的是施事主语。这刚好是双宾句的一种句式义。如果句子没有这个与事，则是一般的陈述，相应地也就没有上述意思。如：

（37）其今日吃过了一升米。｜其昨日折过了五块钱。｜其将刚子撕过了一本书。

大冶方言也有同样的情形，在大冶方言 S + V + N1 + N2"形式的双宾句中，与事 N1 是个起点，整个句子表示"取得"，N1 可以放入"从 X 里/底（那里/这里）"结构挪移到 V 的前面。（汪国胜，2000）如：

（38）你扣渠一百块钱～你从渠里扣一百块钱。（你从他那里扣一百块钱。)

2. 接受者充当与事。

上文提到例（28）的动词不好归类，但是我们可以很清楚地理解其中的与事为接受者。以下句子均含有由接受者充当的与事，由于有了接受者参与事件，句子就有了"转移—接受"（接受可能有得有失）这样的句式意义，事物转移的方向是从 N2 指向 N1。

（39）其待_{招待}过了我三餐饭。｜我讲过了其几句重话。｜其弄起我一身灰。｜其发过了我一顿火。

这类句子有这样一层意思：与事主动或被动地接受了某事物并有得有失，致使与事得失的责任者也是施事主语。这也是双宾句的一种句式义。如果句子没有这个接受者与事，则是一般的陈述，相应地也就没有上述意思。如：

（40）其待咕三餐饭。｜我讲咕几句重话。｜其弄起一身灰。｜其发咕一顿火。

可见与事在结构中反映的是一种句式意义，应该属于句式论元，没有与事，就不构成双宾句，也没有双宾句的句式语义。

（三）两类与事的句法特征

1. 与事为提供者的双宾句。

提供者与事是动词传递的起点。可以分为两类：一类提供者还跟受损有关，形式上表现为与事一般可以被动化，是最常见的双宾句。如：

（41）a. 其偷咕学校两只树。→学校吃其偷过了两只树

b. 其甩_扔过了我一本书。→我吃其甩_扔过了一本书。

c. 其烧过了我一双鞋。→我吃其烧过了一双鞋。

d. 其将刚子改坏我一个衣衫。→我将刚子吃其改坏一个衣衫。

另一类提供者还跟未来的给予有关，形式上表现为与事不能被动化，数量不多。如：

（42） a. 我借起其翁三把镰子。→ *其翁吃我借起三把镰子。

　　　b. 你赊起我五块钱。→ *我吃你赊起五块钱。

2. 与事为接受者的双宾句。

接受者与事是动词传递的终点，又可以细分为主动的、自愿的接受者和被动的、强迫的接受者，前者的动词一般是给予类动词，对接受者来说，这种给予行为可以接受，也可以拒绝，接受者拥有自主权，当然无所谓受损不受损，句法上表现为与事不能被动化；后者的动词往往是动作动词，对接受者来说，这种给予行为只能被迫接受，接受者没有自主权，所以接受者同时也是受损者，句法上表现为与事能被动化。与事为主动的、自愿的接受者，不能被动化，如：

（43） a. 其赔过_了我五块钱。→ *我吃_被其赔过_了五块钱。

　　　b. 我待过_了其三餐饭。→ *我吃其待过_了三餐饭。

　　　c. 其告诉过_了我三个题目。→ *我吃其告诉过_了三个题目。

与事为被动的、强迫的接受者，能够被动化，如：

（44） a. 其 iɑ$^{55}_{泼}$起我一身水。→ 我吃其 iɑ$^{55}_{泼}$起一身水。

　　　b. 其弄起我一身灰。→ 我吃其弄起一身灰。

　　　c. 其吐过_了我几把口水。→ 我吃其吐过_了几把口水。

由于是被动的、强迫的，所以接受者往往是受损者。

三、句式主语具有使因性特征

双宾句的主语一般都是施动性强的有生名词，但是还可以是施动性极弱的无生名词，该成分虽然没有主动施行某个动作，却造成某种事件或状态，具有使因性特征，所以应该把这个占据主语位置的成分看成一种原型施事（Dowty，1991），即使因性成分。如：

（45） a. 咯个钉子挂烂我好多衣衫啊。

　　　b. 咯个鼎关烧过_了吾_我家好多饭啊。

例中只出现了受损者"我""吾_我家"，没有出现指人施事，主语"咯个钉子""咯个鼎关"不是施动者，宜看作致使者、使因者。

当施事的施动性减弱，而使因性增强时，句子的受损义就更加明显，并且句子有追究责任的意思，这时受损义来自于句式而不是动词的观点也更加明显。

双宾句要强调一种"受损"，而遭受损失是需要驱动力（driving force）的，这种驱动因素必须是先于行为而存在的、能致使与事"受损"的动作参与者。这样，使因性成分自然而然地在句子主语位置上出现。这就是双宾句主语是使因性成分的必要性。

下列句子中，占据主语位置的成分都是施动性弱的无生名词，都具有使因性特征：

(46) a. 咯个茅厕浸死好吾_{我家}多鸡。

b. 咯个坡坡绊着_{绊倒}六队好多牛。

c. 那个闹钟嘈醒我好多眼皮。

d. 咯个针zā[13]着_{扎伤}奶奶好多到手啊。

e. 咯部电视机浪费吾_{我家}好多电啊。

这些例子里的主语对动词来说，有的是动词的处所（如45a、45b），有的是动词的工具（如45c、45d）。但是对句子来说，它们无一例外都是使因性成分，句子含有明显的受损义。

上文提到，这类句子有一个不同于其他双宾句的特点，那就是N2无所谓起点终点，因为没有发生转移。这是由句式强调致使性的受损意义造成的。其句式义是：致使者S通过某个动作致使N2发生变化，并导致N2有所失。这样，这个句式义依然是双宾句句式义的一个表现。

双宾句主语的使因性特征进一步说明，"致使性受损"的意义是句式（construction）带来的，而不是动词带来的。

第四节 双宾句式与给予句式的区别

隆回湘语典型的给予义句式为介宾补语式，它与典型的双宾句式有明显的区别，比如选用的句式不同：给予句使用"S + V + N2 +

介标 + N1"形式，取得句使用"S + V + N1 + N2"形式；给予义句式一定要有给予介标，取得义句式无介标。又如直接宾语和间接宾语的位置不同：给予句直接宾语在前，间接宾语在后，并且二者分离；取得句直接宾语在后，间接宾语在前，并且二者紧密结合在一起。

以动词"借"为例，动词"借"可能表示借出，也可能表示借入，在隆回湘语中使用不同的句式表示不同的意义：介宾补语式表示借出、给予，双宾式表示借入、取得。

(47) a. 我借本书把_给其。

b. 我借起其一本书。

典型的给予义句式与典型的取得义句式在形式上有以下的区别：

1. 给予义句式的受事宾语往往可以话题化，取得义句式很难。如：

(48) a. 我借本书把_给其。→咯本书我借把_{借给}其。

b. 我甩_扔本书把其→咯本书我甩把_{扔给}其哩。

(49) a. 我借起其一本书→*眯本书我借起其。

b. 我甩_扔过_了其一本书→*咯本书我甩过_了其。

c. 其担_拿过_了我五块钱→*眯五块钱其担过_了我哩。

取得义句式的受事宾语要话题化，必须要与与事宾语复合后构成领属结构，才能话题化，但是这样已经不是双及物结构了。如：

(50) a. 我甩_扔过_了其一本书。→其眯本书我甩过_了哩。（直宾间宾复合后话题化）

b. 其担_拿过_了我五块钱。→我眯五块钱其担过_了哩。

2. 给予义句式的受事往往能被动化，与事不能；取得义句式的与事往往能被动化，受事不能。如：

(51) a. 我借本书把其。→眯本书吃_被我借把_{借给}其哩。

b. 我甩_扔本书把其→眯本书吃_被我甩把_{扔给}其哩。

c. 其担_拿过_了我五块钱→我吃_被其担过_了五块钱。

d. 我甩_扔过_了其一本书→其吃_被我甩过_了一本书。

3. 给予义句式的动词可以是非限定性的，无需依赖体标记；取得义句式的动词常常是限定性的,不能是非限定性的,往往需要依赖体标记,如"咕/起/倒"。

(52) a. 我甩_扔_本书把_给_其。(给予句,无体标)
　　　b. 我甩过_了_其一本书。(取得句,有体标)
　　　c. *我甩其一本书。(取得句,无体标不成立)

4. 给予义句式和取得义句式受事都可以关系化,但给予义句式依然要带给予介标:

(53) a. 我借一本书把_给_其→我借把_借给_其睬本书
　　　b. 我甩_扔_本书把其→我甩把其睬本书
　　　c. 我借起其一本书→我借起其睬本书
　　　d. 我甩过_了_其一本书→我甩过_了_其睬本书

给予句与双宾句在形式上的区别,可以从各自的句式语义特征来解释。

给予句所表达的给予事件有转移和到达两个过程,而双宾句所表达的取得事件转移和取得是个统一的过程。体现在形式上,给予句通过介标使直接宾语和间接宾语分离;取得句不需介标,直接宾语和间接宾语紧密结合在一起。

也正因为给予句的受事和与事关系不紧密,可以分离,所以充当受事的直接宾语可以话题化;而取得句的受事和与事关系紧密,很难分离,所以充当受事的直接宾语很难话题化。

也正因为双宾句往往含有受损义,与事往往还是受损者,所以双宾句式的与事往往能被动化(受事不能),因为被动句适宜表达受损义。给予义句式往往不含受损义,与事也不是受损者,所以与事不能被动化。给予句受事宾语能被动化,是因为它是典型的宾语。

给予句的动词可以是非限定性的,也可以是非限定的,而双宾句的动词常常是限定性的。这是因为给予义句式的给予事件可以是已经发生的,也可以是没有发生或将要发生的,所以动词用已然体,也可以用未然体,表示未然体时,动词就可以采用光杆形式。而双宾句式的获取得义常常要求取得事件是已经发生的(即已经获得),所以动词要使用已然体,一般不使用未然体,形式上体现为动词一般不使用光杆形式。

此外，就组成部分而言，还有以下区别，也可以用各自的句式语义来解释。

双宾句式的动词可以是不可控动词，给予义句式的动词不能是不可控动词。因为不可控动词常常表示消极意义、损失意义，所以能够进入表达这种意义的取得句。

给予义句式受事宾语的数词可以不出现，双宾句式受事宾语的数词往往要出现。因为取得句凸显受事宾语的数量，数量是注意焦点；给予句凸显受事的分类或属性。

双宾句式主语位置的成分可以不是有意志的施事成分，比如可以是具有使因性特征的成分；给予义句式主语位置的成分往往是有意志的施事成分。这是因为使因性成分可以造成损失义和获得义，不能造成给予义，符合进入双宾句的条件。

结　语

本章的事实表明，用"句管控"和"句式语法"的理论来研究汉语（包括方言）的句式，是切实可行的。正如陆俭明（2004）所说的，就汉语研究来说，按照句式语法理论，我们需要重视对一个个具体句式的研究，而且要从具体句式所表达的语法意义来考察分析句式内部词语之间的语法关系和语义关系。本章把这种观点与方言句式结合起来，算是这方面的一个尝试。

方言语法研究一个重要的目的就是揭示方言语法的多样性。本章详细分析了隆回湘语各类动词构成双宾句的情况，从中可以看出双宾句动词的多样性和连续性。

第十三章　语义角色的连续性与语义地图

> 语言形式的"多功能性"是一种跨语言普遍可见的共时现象。许多语言中标记或引出语义角色的语法形式（如介词、助词）往往是具有两个或两个以上不同的但又相关的语义功能，这种现象属于语言形式的"多功能性"现象。本章在前人研究的基础上，列举出了许多跟语义角色相关的多功能语法形式，介绍了 Haspelmath 等人的语义角色的连续性的观点和语义地图的做法，比如依据"与格功能的概念空间"，可以绘出不同语言与格形式的语义地图。汉语界"语义地图模型"的研究，张敏（2011）、吴福祥（2011、2014）等有出色的成果和成功的案例，比如张敏（2011）得出的"汉语方言主要间接题元的语义地图"，解决了汉语处置、被动方面诸多难题；我们尝试得出了湘语隆回话介词"把"和"担"的语义地图，结果显示介词"把"和"担"的多种功能在图上均可画出连续的空间，验证了张敏（2011）"汉语方言主要间接题元的语义地图"的正确性。吴福祥（2011、2014）将语义地图模型和语法化联系起来，开阔了语义地图模型研究的视野。

第一节　语言事实：引出语义角色的语法形式的多功能性

许多语言中标记或引出语义角色的语法形式（如介词、助词）

往往是具有两个或两个以上不同的但又相关的语义功能，这种现象属于语言形式的"多功能性"现象。语言形式的"多功能性"是一种跨语言普遍可见的共时现象，所谓"多功能性"，是指语言中某个编码形式（词汇形式、语法成分、语法范畴以及结构式）具有两个或两个以上不同而相关的功能。（吴福祥，2011）

比如英语的介词 to 可以是个典型的多功能语法形式，它可以引出多个语义角色。如英语的 to：(Haspelmath, 2003)

(1) a. Goethe went to Leipzig as a student. (direction) ［方向］

  b. Eve gave the apple to Adam. (recipient) ［接受者］

  c. This seems outrageous to me. (experiencer) ［经验者］

  d. I left the party early to get home in time. (purpose) ［目的］

即英语的介词 to 具有"方向""接受者""经验者"和"目的"四种标记功能。

法语的与格介词 à 具有"方向"（à Leieig）、"接受者"（à Adam）和"经验者"三种标记功能，英语和法语的不同在于法语 à 不具有"目的"功能，但可以表达"谓语性领有者"功能（Ce chien est à moi. "This dog is mine."）。

德语介词 zu 具有"目的"（Anna ging zum Spielen in den Garten "Anna went into the garden to play"）和"方向"（Ich gehezu Anna "I'm going to Anna's place."）功能，但没有"接受者"功能。

又如，表达工具角色和相关功能的介词与格标，英语中，常用的工具介词是 with，它也有伴随的功能或称为随伴格 comitative），如下面（2）b 所示。

(2) a. Kanzi cracked the nut **with** a nutcracker.

  b. Sancho Pansa has arrived **with** Don Quijote.

随伴—工具的多义在世界语言中比较常见。

在非洲 Nkore-Kiga 语（一种乌干达的班图语）中，介词 na 可以表示工具角色，表示随伴格，此外还有连接功能。

(3) Nkore – Kiga（Taylor, 1985）

  a.（工具）n' enyondo "with a hammer"

  b.（随伴）na Mugasho "(together) with Mugasho"

  c.（连接）emeeza n' entebe "a table and a chair"

德语的介词 von 表达被动施事和来源：

(4) a.（来源）Ich beckomme eine Pension von der Regierung.

   "I get a pension from the government."

  b.（被动施事）Ich wurde von Hunden gebissen.

   "I have been bitten by dogs."

法语的介词 par 表达被动施事和原因，德语 aus 表达来源和原因。

第二节　语义角色的连续性和语义地图

  针对这些跨语言的事实，近年来学者们一般使用语义地图来表现语法功能之间的互相关系。

  语义地图模型（Semantic Map Model）是近年来语言类型学和认知语义学广泛使用的一种重要的语义分析方法，也是跨语言研究多功能语法形式的重要工具。"语义地图模型"是表征跨语言的语法形式——语法意义关联模式的差异与共性的一种有效分析工具。其基本思路是：某个语法形式若具有多重意义/用法，而这些意义/用法在不同语言里一再出现以同一个形式负载，则其间的关联绝非偶然，应是有系统的、普遍的，可能反映了人类语言在概念层面的一些共性。（张敏，2011）这种关联可基于"语义地图连续性假说"（The Semantic Map Connectivity Hypothesis）将之表征在一个连续的区域（即概念空间）里。

  Haspelmath（1997a：105）将这一假说表述为"邻接性要求"：特定语言的某个语法标记可能具有不同的功能，但这些功能必须在语义图上相互毗邻，也就是说，这个语法标记必须在语义图上占据邻接区域。

Croft（2003：134）将这一假说表述为"语义地图连续性假设"：任何与特定语言及/或特定构式相关的范畴必须映射到概念空间内的毗连区域（connected region）。

图 13-1 是 Haspelmath（2003）构建的与格功能的概念空间，其中的节点代表不同语言中和与格相关的语法形式的不同功能。注意，这些功能之间都具有连续性。

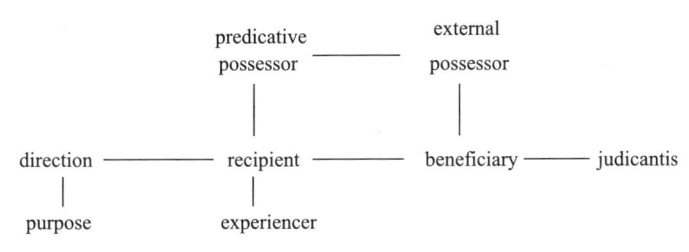

```
                predicative        external
                possessor          possessor
                    |                  |
                    |                  |
direction ——————— recipient ——————— beneficiary ——————— judicantis
    |                  |
    |                  |
purpose            experiencer
```

图 13-1　与格功能的概念空间

（说明：direction 相当于"方向"，purpose 相当于"目的"，recipient 相当于"接受者"，experiencer 相当于"经验者"，beneficiary 相当于"受益者"，judicantis 相当于"判决者与格"，predicative possessor 相当于"谓语性领有者"，external possessor 相当于"外位领有者"。）

依据上述图 13-1"与格功能的概念空间"，可以绘出英语 to 和法语 à 的语义地图，见图 13-2：

```
                 ┌─ predicative ─┐    external
   法语à         │  possessor    │    possessor
                 │      |        │        |
    ┌────────────┤      |        │        |
    │ direction ─┼── recipient ──┼── beneficiary ─── judicantis
    │    |       │      |        │
    │    |       │      |        │
    │ purpose    │  experiencer  │
    └────────────┴───────────────┘
      英语to
```

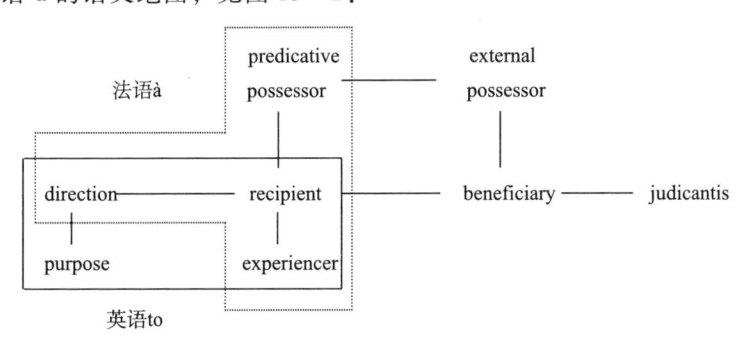

图 13-2　英语 to 和法语 à 语义地图

由图 13-2 可以看出，英语 to 和法语 à 在与格概念空间上的功能界域虽有不同，但二者的功能关联模式总是在与格概念空间内做出选择，并且绘出的英语 to 的语义地图和法语 à 的语义地图都是连续的空间。

吴福祥（2011）认为，语义图和概念空间之间的关系是：概念空间提供人类语言多功能语素在语义关联模式上的变异范围和普遍制约；语义图则表征不同语言对应或相关的多功能语素在语义关联模式上的变异类型。换言之，概念空间表征的是人类语言的普遍特征，语义图刻画的是不同语言的变异模式。

下面再看 Haspelmath（2003）构建的表达工具角色和相关功能的概念空间，其中的节点代表不同语言中和工具相关的语法形式的不同功能。注意，这些功能之间都具有连续性。如图 13-3 所示。

图 13-3 工具及相关功能的概念空间

依据上述"工具及相关功能的概念空间"，Haspelmath（2003）绘制出了英语前置词 with，法语前置词 par 和德语前置词 aus、von 在概念空间上所切割出的语义图，如图 13-4 所示（此语义地图略去了功能之间的连线，其中"共同施事"（co-agent）指类似"伴随"却主动参与活动的参与角色（例如"X fought with Y""X kissed with Y"中 with 引入的参与角色），如图 13-4 所示。

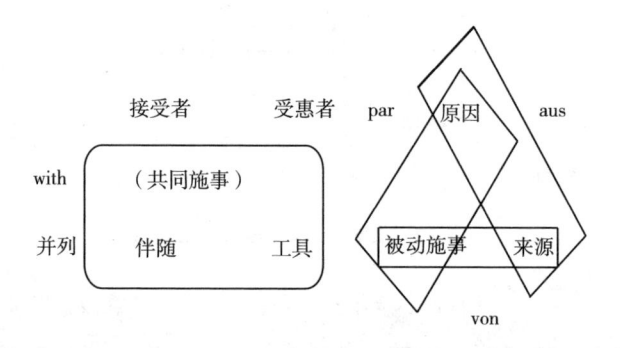

图 13-4 英语前置词 with、德语前置词 aus 和法语前置词 par 的界域

又如，在塞舌尔克里奥尔语中，介词 ek（源自法语的 avec "with"）的功能范围很大。除了"受惠者"，它可以表达上述概念空间上的所有功能（以上各例来自：Haspelmath，2003）：

(5) 塞舌尔克里奥尔语

  a.（工具）Nou fer sevolan, nou file ek difil.

   "We made a kite, we let it fly with a string."

  b.（随伴）Mon 'n travay ek Sye Raim.

   "I have worked with Mr. Rahim."

  c.（连接）dan zil Kosmoledo ek Asonpsyon

   "on the island of Cosmoledo and Assomption."

  d.（被动施事）Mon 'n ganny morde ek lisyen.

   "I have been bitten by dogs."

  e.（来源）Mon ganny pansyon ek gouvernman.

   "I get a pension from the government."

  f.（原因）Pa kapab reste laba ek moustik.

   "It was impossible to stay there because of the mosquitoes."

  g.（受体）Mon 'n donn larzan ek li.

   "I gave the money to him."

塞舌尔克里奥尔语 ek 在概念空间上所切割的界域如图 13-5 所示。

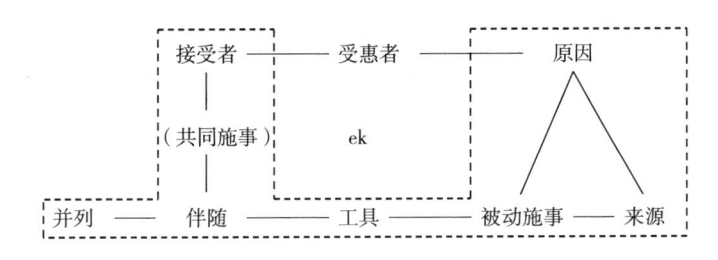

图 13-5　塞舌尔克里奥尔语 ek 的界域

概念空间的构建及邻接性原则其实体现了不同功能之间的蕴含关系，据此可导出一系列蕴含共性。假定 A、B、C 三种功能在概念空间上是以下面这样的序列存在：

A——B——C

那么根据邻接性要求,可以作出这样的预测:如果一个语言的多功能形式具有 A、C 两种功能,那么该形式同样具有功能 B。比如,如果一个语言的语法形式若具有图 10-1 中"方向"和"经验者"两种功能,那么这个形式也会具有"接受者"功能(如英语 to 和法语 à)。

第三节　汉语方言几幅语义角色语义地图

一、绘制汉语方言语义角色语义地图

"语义地图模型"基本操作方式并不复杂,张敏(2011)有介绍。由最简单的问题出发,即若某个形式 X 在某个具体语言里具有 x1、x2、x3 三种不同意义/用法,那么,语义地图模型可帮助我们通过比较弄清这三者之间的亲疏关系,并将其表征在一个几何空间上。显然,三个项目在一维空间里的排列方式可以有六种,但若不考虑方向性,则仅有三种可能的排列方式,即:(a) x1 - x2 - x3,(b) x1 - x3 - x2,(c) x2 - x1 - x3。仅考察单一语言一般不易从中作出选择。但在跨语言的考察中,若发现某个/某些语言的 X 只有 x1、x2,根据"语义地图连续性假说",则选项(b)可以排除,因为 X 在(b)所代表的语义地图上勾画出的区域是不连续的;而若另一个/一些语言的 X 只有 x1,x3,则选项(a)可以排除。由此可得出反映语言共性的判断,即(c)是唯一合乎"语义地图连续性假说"要求的关联模式。(c)所代表的排列方式"x2 - x1 - x3"其实就是一幅最简单的一维语义地图。在这个共同的空间里,不同语言/方言里各种不同形式均可刻画出区域相连的语义地图(或称作"个别的语义地图")来。例如:

|x2| - |x1| - |x3|　　三个概念分别由三种不同形式负载

|x2 - x1 - x3|　　三个概念由同一个形式负载

$\boxed{x2} - \boxed{x1 - x3}$　x2 由一个形式，x1 和 x3 由另一形式负载

$\boxed{x2 - x1} - \boxed{x3}$　x3 由一个形式，x2 和 x1 由另一形式负载

以上都是可能出现且合乎"语义地图连续性假说"要求的语义地图切割方式，但该分析排除了"某个形式 X 可以负载 x2 和 x3 两种意义，却不能表示 x1"的可能性：它是不可能的，因为导致了不相邻的空间。但如果扩大考察的范围，发现确有语言以某个形式负载 x2 和 x3 的意义却没有 x1 的用法，这就需要进一步研究了：要么是原来的语义地图有误，要么是出现问题的语言因某种特别原因（如语言接触、偶然同形）而产生了例外，当然也有可能是 x1、x2、x3 中的每两个都有直接的关联，其结果就是一幅不反映任何蕴含共性的三角形的语义地图。

下面是汉语方言几幅语义角色语义地图。

张敏（2011）在一百多个汉语方言点语法资料的基础上，以 Haspelmath（2003）"工具语及相关角色的语义地图"为基础，构建出下面图 13-6 所示的汉语方言里以处置和被动为核心的概念空间。

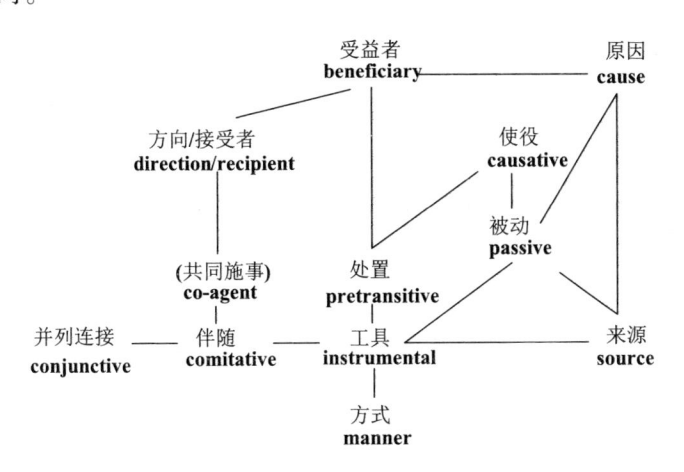

图 13-6　汉语方言主要间接题元的语义地图（张敏，2011）

二、隆回湘语介词"把""担"的语义地图

我们根据湖南隆回方言介词"把""担"的功能(详见:丁加勇,2006),参照张敏(2011)"汉语方言主要间接题元的语义地图",可以绘制出湖南隆回方言介词"把""担"的语义地图。

1. 隆回方言的介词"担"。

隆回方言的"担"做动词,是"拿"的意思。如:担只碗过来。"担"虚化为介词后,可以引出工具、处置、方式、受益者。如:

(6) 你担咯只屋扫一下者。[处置受事]

担杯子吃茶。[工具]

你担咯嘎_{这样}讲呢,就没得去场哩。(你这样说的话,就没必要去了)[方式]

你担我借本书。[受益者]

"担"在"汉语方言主要间接题元的语义地图"的区域为:

方式——工具——处置——受益者

2. 隆回方言的介词"把"。

隆回方言的"把"做动词,是"给"的意思。如:眯滴钱把过你哩(那些钱给了你了)。"把"虚化为介词后,可以引出接受者、受益者、处置受事、使役者、方向。如:

(7) 你借本书把_给其。[接受者]

咯身衣衫把我穿。[受益者]

那条门把_让明明来开。[使役]

把鸡关倒。[处置受事]

你把_从今日起唔_不准吃零星东西。[方向]

参照张敏(2011)"汉语方言主要间接题元的语义地图"(图13-6),隆回方言介词"把""担"的语义地图如图13-7所示。

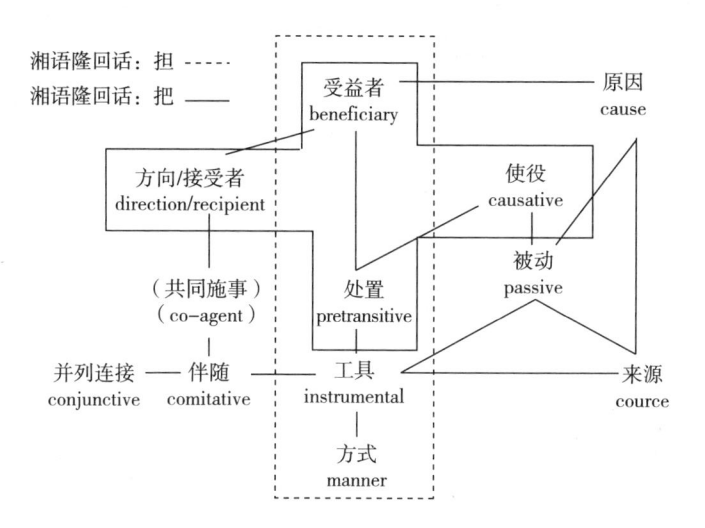

图 13-7 湖南隆回方言介词"把"和"担"的语义地图

如图 13-7 所示，隆回方言介词"把"和"担"的多种功能在图上均可画出连续的空间，验证了张敏（2011）"汉语方言主要间接题元的语义地图"的正确性。

第四节 语义地图模型的功用和价值

吴福祥、张定（2011）在《语义图模型：语言类型学的新视角》中把语义地图模型的功用和价值归纳为：

1. 直观地呈现不同功能之间的亲疏远近关系。语义地图模型在构建概念空间时根据意义的相似程度来确定不同功能的空间位置和连接方式，概念空间的构型可以非常直观地表征多功能语素不同功能之间的远近亲疏关系。

2. 有助于多功能语法形式的跨语言比较。在语义图模型中，只要将不同语言中相关语法形式的功能映射到特定概念空间并绘出相关语言的语义图，那么不同语言之间功能关联模式的相似性和差异性就得到直观而清晰地揭示。

3. 对人类语言中语法形式的多功能模式做出限制。张敏（2011）也认为，"语义地图模型"着眼点是"语义"，研究的是不同语法意义之间的内在关联,这些关联可通过对不同语法形式表义功能的相互交叉、部分叠合的比较而得知,无论这些形式是来自同一语言或不同语言。所以,语义地图模型本质上仍是一种跨语言比较的工具。

4. 包含一系列蕴涵共性概念空间的构型及邻接关系。吴福祥(2014)就从语法化角度讨论语义图模型中概念空间动态化的方法,认为有三种手段可作为概念空间动态化的凭借,即基于功能蕴含关系的跨语言比较、语法化(包括语义演变)路径的历时证据以及语法化程度和语法化原则。

绘制带有方向性的语义地图,可以将多功能之间的语法化方向直观地表现出来。前述图 13-1 的与格功能概念空间,Haspelmath(2003)基于共时蕴含关系和相关历时演变事实,将其动态化为带有历时信息的概念空间。如图 13-8 所示。

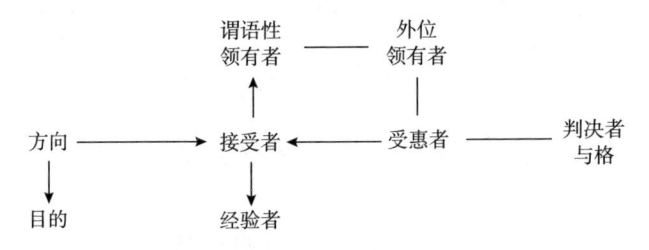

图 13-8 带有方向性的与格功能概念空间
(Haspelmath,2003:234)

图 13-9 是带有方向的汉语方言主要间接题元的语义地图(张敏,2008)。

在上述"汉语方言主要间接题元的语义地图"中,吴福祥(2014)认为有如下的演化路径:

"伴随(介词)"与"工具(介词)"之间的演变方向应是"伴随(介词)>工具(介词)",因为"伴随(介词)"功能总是"蕴含了指人的事件参与者",而"工具(介词)"蕴含的是一个无生的事件参与者,因此伴随介词的语法化程度低于工具介词;而按照单向性原则,语法化的演变总是由实到虚或由虚到更虚。

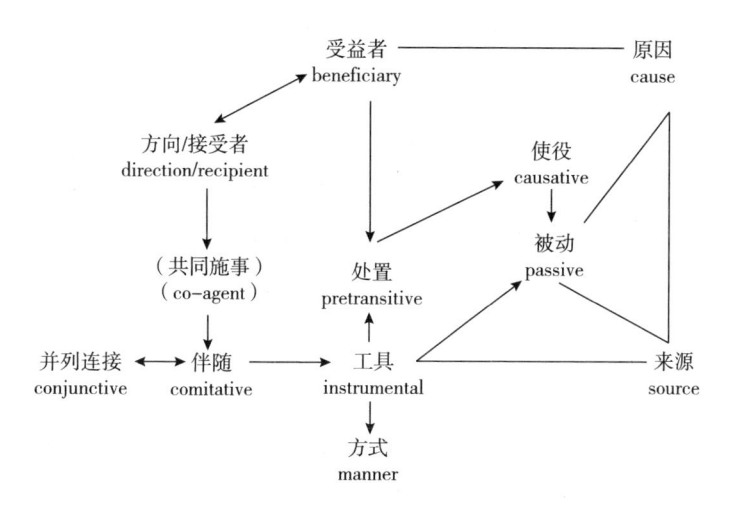

图 13-9　带有方向的汉语方言主要间接题元的语义地图（张敏，2008）

工具（介词）和方式（介词）之间的演化方向应是"工具介词＞方式介词"。

"来源"标记和"原因"标记以及"来源"标记和"工具（介词）"之间的演化方向应是"来源标记＞原因标记"和"来源标记＞工具（介词）"，因为前者表达空间概念而后者不然。

"工具"与"处置"、"工具"与"被动"、"被动"与"原因"、"使役"与"被动"、"工具"与"并列"等语法标记之间的演化应是"工具＞处置"、"工具＞被动"、"被动＞原因"、"使役＞被动"、"工具＞并列"，因为上举各组功能中，前者的去语义化程度明显低于后者。

第十四章　从湘方言双及物句式看双及物结构语义地图

> 语言里的双及物结构可以用语义地图来表现，主要原因是各种类型的双及物结构可以从中勾出连续的空间。MHC（2007）基于对大量语言的观察，得出了基于共性的双及物结构语义地图，汉语普通话的双宾结构在图上勾出的空间也同样是连续的，可以用这个双及物结构语义地图来呈现。湘语双及物结构的事实表明，MHC（2007）双及物结构语义地图的一些细节需要补充、完善。本章以湘方言隆回话双及物结构为例，尝试对该图的细节进行增补，在"客体—接受者"节点和"受损来源—客体"节点之间增加"客体—接受者（来源）"节点，这样就可以利用该图来更好地解释汉语双及物结构的有关现象，最后得出了经过修改的双及物论元结构语义地图。利用修改了的双及物论元结构语义地图，可以方便地绘出了隆回湘语双及物论元结构的语义地图，可以看出隆回湘语的双宾式、介宾补语式、介宾状语式在语义地图上是连续的。

第一节　英语、汉语双及物结构的语义地图

一、MHC（2007）的双及物结构的语义地图及相关研究

Malchukov（马尔丘科夫），Haspelmath（哈斯普马特）和 Comrie

（科姆里）（2007）（以下简称 MHC 2007）通过对大量语言的观察，得到了下面的双及物结构语义地图（图 14-1）：（其中"………"线为英语双宾结构语义地图，"‑‑‑‑‑‑‑"线为英语"to‑NP"与格结构语义地图）

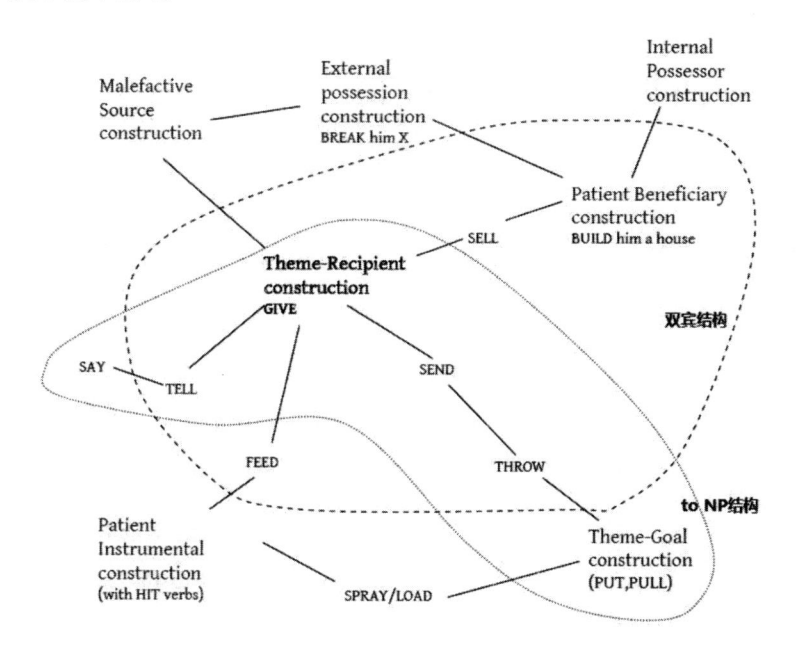

图 14-1　英语双及物结构的语义地图
(Malchukov, Haspelmath & Comrie, 2007)

MHC（2007）的这幅语义地图来自对大量语言的观察，这些语言里各种类型的双及物结构都可以从中勾出连续的空间，也就印证了该图极有可能是语言共性的反映。例如，图上短虚线勾出的是英语与格结构的语义地图，如"say...to..."" tell...to...""give...to..."，长虚线勾出的是英语双宾结构的语义地图，如"give me a book""send him a message""throw him a ball"等，它们都形成连续的空间。可以看出，英语这两种双及物结构在这个概念空间上的分布是连续的。

汉语普通话的双宾结构在图上勾出的空间也同样是连续的。（张敏，2010；郭锐，2012）

普通话双宾结构举例：

给他一本书　　卖他一块地　　　告诉他一件事

喂他一口饭　　送学校一份文件

扔他一个球　　搁桌上一本书

抢了他 100 块钱　　打断了他一条腿

汉语和英语双及物结构语义地图对比如图 14-2 所示：

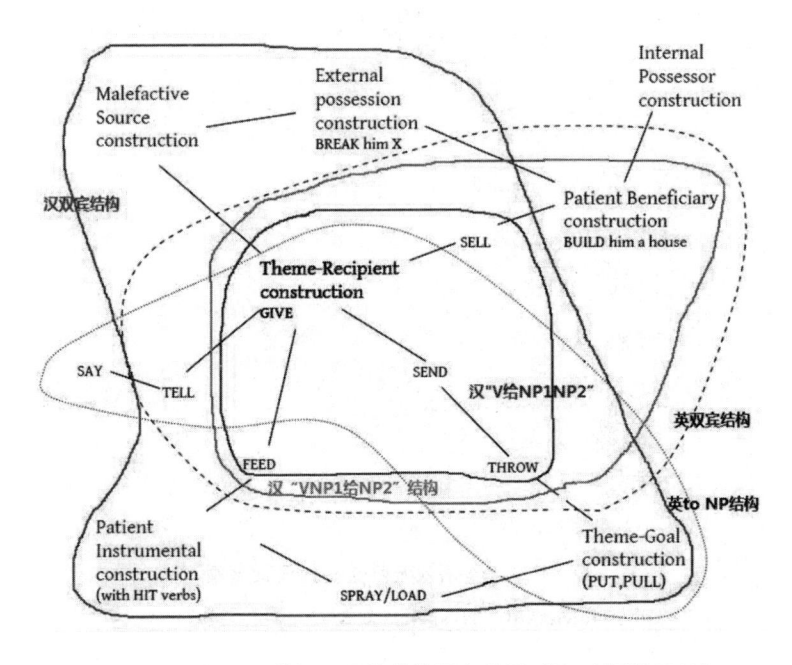

图 14-2　汉语和英语双及物结构语义地图对比（郭锐 2012）

双及物结构语义地图的研究最近在汉语语法学界得到了学者们的认同，有很好的反响，比如潘秋平（2010）研究了上古汉语双及物结构，张敏（2011）分析了汉语方言双及物结构南北差异的成因，这两篇文章以该图为依据，分别试图解决上古汉语、现代汉语方言双及物结构在性质判定、功能分布上的疑难问题。但是双及物结构的语义地图在类型学界未见修订和补充。

二、本章的理念和语言材料来源

本章通过对湘语双及物结构的事实进行详细的分析，表明 MHC

(2007) 双及物结构语义地图的一些细节需要补充、完善。本章以湘方言隆回话双及物结构为例，尝试对该图的细节进行增补，进一步利用该图解释汉语双及物结构的有关现象。

张敏（2010:36）指出"最能直接得益于语义地图模型的领域即方言语法，它有助于将汉语方言语法比较的研究推进到一个新的阶段"。

运用语义地图模型来比较汉语方言的语法，底图是关键。在这方面，目前在汉语学界有两种不同取向的研究，一是"以面带点"，二是"由点及面"。前者并未直接涉及底图或概念空间的建构，而是分别立足于类型学家的跨语言研究及所建构的底图或概念空间，由此反观汉语方言语法，在这种做法启发下重新审视汉语方言中不同词语或结构在形式和意义上的多功能关系，进而得出一些新的分析和解释。后者则是仅根据汉语方言材料把底图给建构起来，并在这个基础上进行汉语方言语法的比较研究。张敏（2011）得出的"汉语方言主要间接题元的语义地图"是这一方面的代表。

本章基于语义地图研究中"从一粒沙也能看世界"的理念（张敏2010），主要依靠单个汉语方言点，即湖南隆回湘语的资料，适量涉及汉语普通话、其他汉语方言的语料，试图对MHC（2007）的双及物结构语义地图进行完善和修改。隆回湘语的双及物结构包括双宾式、介宾补语式和介宾状语式，隆回湘语双及物结构的描写和例句主要以丁加勇（2006）为基础。

第二节　隆回湘语双及物句式及关联的句式

一、隆回湘语的双及物句式

隆回湘语的双及物句式主要是与格式和双宾式，另外，典型的给予动词比如"乞_给"一类动词还有介宾状语式。

与格式：S + V + O 直 + 介标 + O 间，表给予义。如：

187

(1) 你递那本书把_给_其他者。

　　我乞_给_只鸡得你，你过年担_用来_吃。

双宾式：S＋V＋O间＋O直（即双宾A式，见刘丹青，2001），动词主要是取得/夺取义的动词，也包括一些隐含有获得义的给予义动词。如：

(2) 其他偷过了学校两只树。

　　我赔过了其一百块钱。

如果同一个非给予义动词进入上述两类句式，则分别表示给予义和取得义。如：

(3) 你空_倒_滴点开水子把我者。（给予义，与格式）

　　我将刚子_刚才_空过其一鼎锅开水。（取得义，双宾式）

另外，典型的给予动词"乞_给_"能构成介宾状语式双及物句式。如"给其乞钱_给他钱_""给其乞一百块钱_给他一百块钱_"，但不能构成双宾式。

无双宾B式（"倒置双宾"式），即表给予义的双宾结构中没有"S＋V＋O直＋O间"形式，不说"把一杯茶其、把书其、递书其"，尽管这种格式在其他一些湘语点及其他南方话里都很常见。

二、隆回湘语双宾式的特异之处

隆回湘语双宾式的特异之处是，典型的给予义动词，如乞_给_、递、送、交、分，不能进入双宾式（要用与格式）。如：

(4) *我乞其一本书。

　　*我递其一只碗。

　　*我交其一块钱。

　　*其付你一百块钱。

但是侧重于给予义、隐含有获得义的动词，如赔、退、找、该[ka35]_还_、还，可以进入双宾式，其中的与事是接收者，但又是曾经的提供者。如：

(5) 我赔过其一部新车子。（我赔了他一部新车。）

其该_还过我五块钱。（他还了我五块钱。）

其找过我五块钱。

其退过我五块钱。

换言之，给予义动词并非完全不能进入双宾式。隆回湘语进入双宾式的的给予义动词显示，MHC（2007）的语义地图或有漏链：一是典型的给予义动词（give）向左上角延伸时，存在过渡性动词，二是接受者题元角色（Recipient）向左上角延伸至受损者来源角色（Malefactive Source）时，存在过渡性的语义角色，因为接受者延伸至受损者来源角色在语义上为非连续性的。

其他能进入双宾式的动词是边缘性给予类动词，如信息传递类动词"问、告诉"：

（6）我问你一句话者。

其他边缘性给予类动词，如称呼、命名类动词，不能进入双宾式。如"喊_叫、骂"一般不能直接进入双宾句。

（7）*我喊其舅舅。

*我骂其坏癞子_{坏小子}。

丁加勇（2006）的研究表明，隆回湘语中进入双宾句的动词是一个连续（continuum）：

给予 V – 取予 V – 获得 V – 消耗 V – 去除 V – 受损 V

可简化为：给予 V – 获取 V – 受损 V。在 MHC（2007）的双及物结构语义地图上处于左上角区域，见上面的图。

三、隆回湘语与格式的特异之处

第一，南方各地方言的与格式通常都是介宾补语式"S + V + O 直 + 介标 + O 间"，隆回话亦以此为常，如：

（8）你乞滴钱子把_给其。（你给点儿钱给他。）

递本书把_给我者。

卖担百合把_给你。

但部分本身含有明显给予义的动词（如"乞"）还能进入介宾

状语式"S+介标+O间+V+O直"（该式一般多见于西北方言的兰银、中原官话），如隆回话表示"给"义的动词"乞"：

(9) 你还有那多八多，跟_给我乞_给滴子啰！［你还有那么多，给我点儿。（字面：给我给点儿）］

跟_给其乞_给个包袱是，净是滴细绸子。［给他一个包袱呀（字面：给他给个包袱），全是些细绸子。］

我没跟_给其乞_给钱。［我没有给他钱（字面：我没有给他给钱）。］

（说明：隆回湘语存在"跟""给"混用的现象，上面这几句话中的"跟"也可以用"给"。）

这表明隆回湘语存在介宾状语式双及物结构，典型的动词就是"乞"。普通话"你给他一本书"在隆回湘语中有多种说法，都可以看成是广义的与格式（包括介宾补语式和介宾状语式）：

(10) a. 你乞本书把其。（介宾补语式）

b. 你跟_给其乞本书。（介宾状语式）

c. 你担_拿本书把其。（介宾补语式）

d. 你把本书把_给其。（把书给他；递书给他）（介宾状语式；介宾补语式）

意思略有不同：(a)(b)表示"书"的领有权发生转移，并含有施舍义；(c)只表示传递，不涉及"书"的领有权；(d)有歧义，可能以上两种意思。

上面的双及物结构的介宾状语式，与以下含受益者论元的单及物结构的介宾状语式性质不同，但格式相同，亦即这是一种多功能句式：

(11) 你跟我洗衣衫，我就跟你提水。

有的句子动词前面出现受益者，同时动词后面还出现接受者。这种混合格式其他方言少见：

(12) 我跟你掌炒滴菜子把你。

我跟你摘两个南瓜把你。

句中的主要动词并非给予义动词，本质上仍应是双及物的介宾补语式。

第二，介宾补语式的与格式中的介标有多种形式："把、得、把到、乞"（其中常见的、结合面最广的是"把"），其选用与主要动词相关。

给予义动词，如"卖、乞、把给、递、送、散"，一般都可以与给予介标"把、到、把到、乞"配合。

(13) 我卖斤油把/乞/到你。

　　　我乞只鸡到你。

　　　你把眯滴钱子那些钱把/把到我者。

　　　我递那只鸡把/到你。

非给予义动词，如"捡、扯、倒、撕、挤、削"，一般与给予介标"把"组合，部分也能与给予介标"把得"组合，不能与给予介标"到、乞"组合：

(14) 你挤滴牙膏子把我者。

　　　你倒滴热水子把我者，我担用来洗腊肉。

　　　你捡地上那个针把我者。

　　　你扯根头丝头发把我者，我有用。

　　　你空倒滴米子把我者。

　　　你氵凡倒滴汤子把我者

介宾状语式的介标用"跟、给、到"（其中常见的用"跟"）。

四、隆回湘语三价放置句式

由于隆回湘语的三价放置句式与 MHC（2007）语义地图右下端相关，所以有必要放在这里一起分析。

介词词组"在 + 处所 L"在句子中可以占据两个不同的位置，分别形成不同的句式：

活动句：介词词组"在 + 处所 L"居动词前。

放置句：介词词组"在 + 处所 L"与动词宾语同时出现在动

词后。

汉语普通话里,与动作有关的"在+处所L"和动词的宾语在多数情况下不能同时位于动词之后的,往往用介词"把/将"将宾语提到动词前:

小明把铅笔屑吹在地上。/把名字写在上头。

但也有部分"在+L"和动词的宾语可以同时位于动词之后,构成"S+V+N+在+L"形式(范继淹,1982):

(15) 我种了几颗菊花在院子里。

你做了个记号在茶缸上。

写一个名字在上头。(转引:吕叔湘,1980)

但在多数北方话口语里,以上形式极少见,"在+L"还是要前置于动词(张敏,2011)。

隆回湘语的活动句与普通话和其他方言分别不大,如"其在门前_外面_晾衣衫"。但是隆回湘语"S+V+N+在+L"形式的放置句比较特别,并且分布广泛,极为常见(丁加勇,2006)。以下(d)(e)(f)句在许多方言里都是不能说的:

(16) a. 我放起两担谷在你屋底_家里_,你还记得么?

b. 我晾起被在门前_外面_,你要记得收呢。

c. 我挂起一个钩钩在那个垱_那个地方_,你看见么?

d. 其买起只鸡在那笼笼中间,你去看下着。

e. 我留起几个学生在那里,去看下着。

f. 我吃烂_吃剩_一个苹果在眯里_那里_,你看倒么?

含"附着于某处"语义特征的三价置放动词能进入放置句,这在南方话里都很常见。但不含该特征的非置放动词在隆回湘语里也能进入放置句。非置放义的二价动词和述结式结构进入放置句,如:

(17) 我买起几本书在咯里,你看唔_不_看?

我折起一只船在那里,把得给你哈_玩_。

其闹死_毒死_一只鸡在那田里。

其弄坏一身衣衫在地上,你去洗下者。

其打烂只碗盏在桌子高头 _{上面}，你去甩过 _{扔了} 来者。

非置放义的一价动词进入放置句，如：

（18）我还站起几个学生在操坪里，去看下着。

我还囤睡起个小小子 _{小孩儿} 在屋底家里，我回去哩。

由非置放义的二价动词、一价动词构成的放置句，句式价和动词价不一致。句式义应不仅仅只概括为某人放置某物在某处，而应概括为事物在动作的影响下存在于某处，这个意义包括了"某人放置某物在某处"的意义在里面。

有些方言（如武汉话）放置句能容三价、二价动词，但不容如上非置放义的一价动词。

若有方言或语言，其放置句不容非置放义的二价、一价动词，但能容三价动词，则以下蕴含关系或能成立：

一价 ⊃ 二价 ⊃ 三价

即某语言若左边的动词能进入放置句，右边的亦能。

含三价置放义动词的放置句，在 MHC（2007）语义地图上的位置应是最右下端，但其下并无后续链条，因此或应增补。

隆回话的放置句和双及物结构的介宾补语式在较抽象的层面上是同一句式（三价介宾补语式），即"S + V + N1 + Prep + N2"，作为较抽象层面的同一句式，隆回湘语的双及物与格式和三价放置式在 MHC 的图上能勾画出相邻的空间。

作为具体层面的句式，隆回湘语的双及物与格式和三价放置式里的介词有交叉的地方，即多功能介词"到"［tɤ^{55}］，是个多功能句式。

"到"作动词读［tɤ^{35}］，表示空间移动达到某终点。如：

（19）你到那里去？

其_他到过_了长沙哩。

虚化为空间位移介词后，读"到"［tɤ^{55}］，可以引出处所、终点、接受者、受益者。

引出动作发生的处所，如：

(20) 你莫到咯里挡事碍事。
　　　你莫到咯里发脾气。

引出动作的终点，如：

(21) 衣衫放到床上哩。
　　　你吃饭吃到哪去哩？
　　　鸡关到笼笼中间哩。

引出接受者，如：

(22) 你借本书到给我。
　　　你倒杯水到我。

这个介词也有用"得"［te^{55}］的，表明隆回湘语引出接受者的介词存在"得"［te^{55}］、"到"［tɐ^{55}］互混现象。

引出受益者：

(23) 你到我开下门者。
　　　学校到其奖过了一千块钱。

隆回湘语空间位移介词"到"的语义地图可以表述为：

　　　处所──终点──接受者──受益者

放置句和双及物结构的介宾补语式在其他不少南方话里也是狭义的同义句式，其中两类格式里的介词有交叉现象，如赣语的"到/倒/得"和吴语的"来/勒/辣"既可引出处所论元，也可引出接受者论元。

第三节　经过修改的双及物论元结构语义地图和隆回湘语双及物论元结构的语义地图

一、MHC（2007）图上的节点及隆回湘语的实例

为了讨论方便，我们将前述 MHC（2007）的双及物论元结构语义地图（图14-1）的节点译成为了中文，并稍微进行了改动，见图14-3。

下面是隆回湘语双及物论元结构的情况。

（一）Malefactive Source construction（受损者—来源结构）

代表动词"偷""抢"，如：

（24）其抢过_了_睐个司机蛮多钱。（他抢了那个司机很多钱。）

其偷过_了_学校两只树。

（二）External possession construction（外位领属结构）

代表动词"吃""担_拿_"，如：

（25）其今日吃过吾_我家_一升米。

其担_拿_我五块钱。

其怀起别个一个崽。（不涉及受损者）

（三）Patient Beneficiary construction（受事—受益者结构）

代表动词"买""乞_给_"，如：

（26）我给你买起身衣衫。（我给你买了一身衣衫。介宾状语式）

（四）Theme-Recipient construction（客体—接受者结构）

动词有两类："把_给_"类和"乞_给_"类。"把_给_"类动词能进入双宾式，"乞_给_"类动词不能进入双宾式，只能进入介宾状语式或介宾补语式

（27）我乞_给_一百块钱到_给_你。（我给你一百块钱。介宾补语式/与格式）

我乞_给_身衣衫到_给_你。（我给你一身衣服。介宾补语式/与格式）

我买身衣衫到_给_你。（我买身衣衫给你。介宾补语式/与格式）

（28）我跟其乞_给_过_了_一百块钱。（我给了他一百块钱。介宾状语式）

我跟其乞_给_过_了_一身衣衫。（我给了他一身衣服。介宾状语式）

我跟其买起一身衣衫。（我给他买了一身衣服。介宾状语式）

(29) 我把过了你五块钱哩。（双宾式）

其退过了我五块钱。（双宾式）

我赔过了其一百块钱。（双宾式）

（五）Theme‑Goal construction（客体—目标结构）

(30) 我放起两担谷在你屋底_{你家里}。（介宾补语式）

我放起两本书在桌子高头_{上面}。（介宾补语式）

二、利用隆回湘语的材料尝试对 MHC（2007）图上的节点修订

MHC（2007）图上节点里的"结构"虽是语义概念（即论元结构，并非句法结构），但毕竟易与形式结构相混淆，且未能系统地彰显与题元角色语义地图之间的关联。

既然是三价的双及物结构图，更好的做法是统一用施事之外的其他两个题元角色，配对来命名图上的所有节点，如将"受损者来源结构"改作"受损者来源—客体"，将"外位领属结构"改作"外位领有者—受事"。

图 14-3 是我们在 MHC（2007）原图基础上，将原节点重新命名的结果（节点为汉译）。这样改动的好处是，每个节点都是与动词相联系的、施事之外的两个题元，重点是其中加黑的题元；抹去未加黑的题元，剩下的图应与题元角色语义地图（见张敏，2008、2010）完全一致。

根据隆回湘语的事实，我们还在左上端增加了"客体—接受者（来源）"节点，在右下角增加了"客体—处所"节点。理由如下。

在 MHC（2007）原图中，"客体—接受者"节点和"受损来源—客体"节点的关联有重大问题，因为从概念分析的角度看，很难理解为什么"接受者"能直接与完全相反的"来源"相通。

"客体—接受者"节点的典型动词（如给予动词）在隆回话只能用与格式表达，不能用双宾式来表达。而这些例句按一般理解都

符合"客体—接受者"的概括（在普通话和英语这类语言里和典型的给予义双宾式，如"给了他五块钱""I gave him five dollars"毫无区别）。如：

(31) 我赔过了其一部新车子。（我赔了他一部新车。）

　　其把过了我五块钱。（他给了我五块钱。）

　　其找过我五块钱。（他找给我五块钱。）

　　其退过我五块钱。（他退了我五块钱。）

如前所述，这些动词的特点是侧重于给予义，但隐含有获得义，其中的与事是接收者，但又是曾经的提供者，亦即兼具接受者、来源双重身份，或者说给予事件蕴含了获得事件。因此我们应该在"客体—接受者"节点和"受损来源—客体"节点之间增加"客体—接受者（来源）"节点，见图14-3。这是绝好的中间环节。

根据隆回湘语的事实，上述节点和代表动词修改为：

Theme - Recipient construction（客体—接受者结构）：

代表动词为"乞给"类动词。"乞给"类动词不能进入双宾式，只能进入介宾状语式或介宾补语式。

(32) 我乞给一百块钱到给你。（我给你一百块钱。介宾补语式/与格式）

　　我乞给身衣衫到给你。（我给你一身衣服。介宾补语式/与格式）

　　我买身衣衫到给你。（我买身衣衫给你。介宾补语式/与格式）

(33) 我跟其乞给过了一百块钱。（我给了他一百块钱。介宾状语式）

　　我跟其乞给过了一身衣衫。（我给了他一身衣服。介宾状语式）

　　我跟其买起一身衣衫。（我给他买了一身衣服。介宾状语式）

Theme - Recipient（Source）construction（客体—接受者/来源结构）：

代表动词为"把给"类动词。"把给"类动词能进入双宾式。

(34) 我把过了你五块钱哩。(双宾式)

其退过了我五块钱。(双宾式)

我赔过了其一百块钱。(双宾式)

图14-3是在MHC(2007)基础上得到了经过修正的的双及物结构语义地图,这样更加符合汉语和汉语方言的事实。

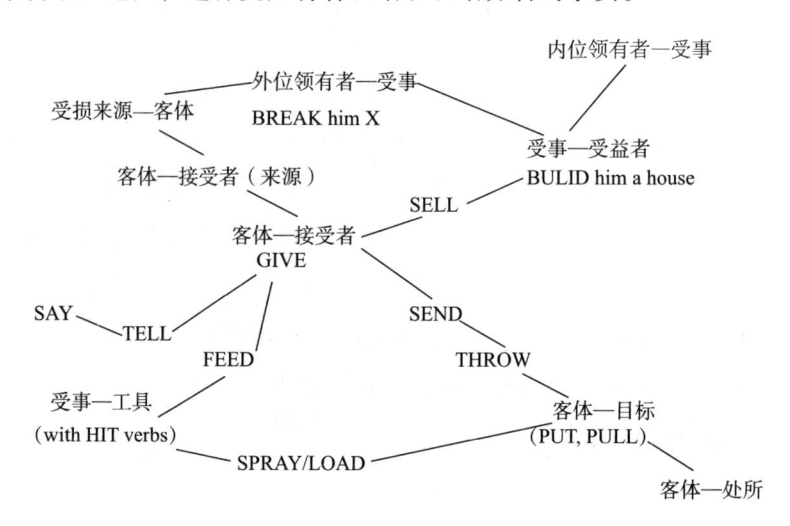

```
                                        内位领有者—受事
              外位领有者—受事
受损来源—客体    BREAK him X
                                        受事—受益者
              客体—接受者(来源)         BULID him a house
                                    SELL
              客体—接受者
              GIVE
    SAY   TELL        SEND
              FEED    THROW
                                        客体—目标
受事—工具                                (PUT, PULL)
(with HIT verbs)  SPRAY/LOAD
                                            客体—处所
```

图14-3 在MHC(2007)基础上经过修改的双及物论元结构语义地图

三、隆回湘语双及物论元结构语义地图

根据隆回湘语双宾式、介宾补语式、介宾状语式这三种双及物结构的事实,结合上述经过修改的双及物论元结构语义地图,我们可以得出湘语隆回话的双及物结构语义地图,可以看出双宾式、介宾补语式、介宾状语式在语义地图上是连续的。见图14-4,这个图与丁加勇、张敏(2015)给出的图稍有不同。

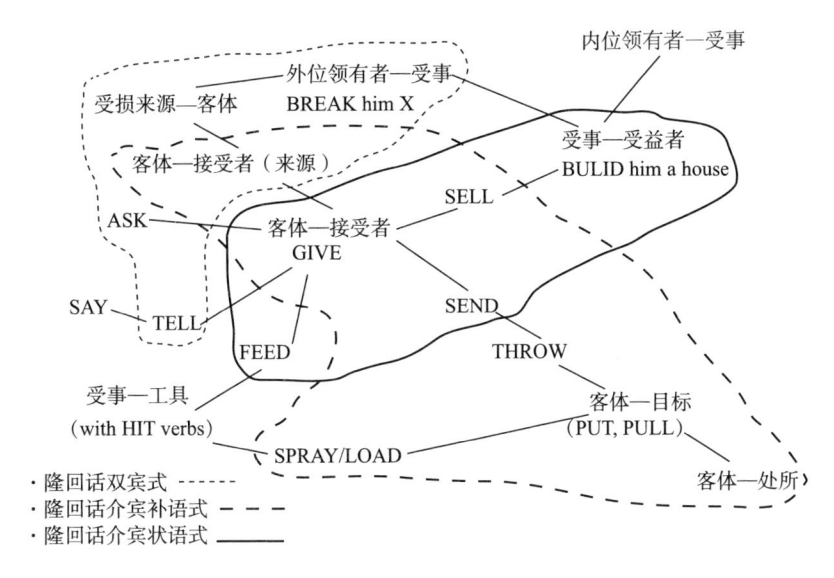

```
                             内位领有者—受事
         外位领有者—受事
受损来源—客体   BREAK him X
         客体—接受者（来源）         受事—受益者
                                BULID him a house
                         SELL
 ASK    客体—接受者
         GIVE
 SAY  TELL         SEND
         FEED
                    THROW
受事—工具                      客体—目标
(with HIT verbs)               (PUT, PULL)
         SPRAY/LOAD
·隆回话双宾式       ----                       客体—处所
·隆回话介宾补语式   — —
·隆回话介宾状语式   ———
```

图 14-4　湘语隆回话双及物论元结构的语义地图

结　语

MHC（2007）基于对大量语言的观察，得出了基于共性的双及物结构语义地图，汉语普通话的双宾结构在图上勾出的空间也同样是连续的，可以用双及物结构语义地图来呈现。隆回湘语双及物结构比较复杂，主要是典型的三价给予动词在 MHC（2007）双及物结构语义地图上不方便标出，并且接受者角色和受损者角色一般不直接关联，可见这个双及物结构语义地图的一些细节需要补充、完善。本章以湘方言隆回话双及物结构为例，尝试对该图的细节进行增补，在"客体—接受者"节点和"受损来源—客体"节点之间增加"客体—接受者（来源）"节点，得出了经过修改的双及物论元结构语义地图，这样就可以利用该图来解释汉语双及物结构的有关现象。利用修改了的双及物论元结构语义地图，可以方便地绘出了隆回湘语双及物论元结构的语义地图，可以看出隆回湘语的双宾式、介宾

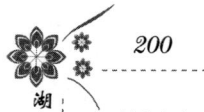

补语式、介宾状语式在语义地图上是连续的。

（本章和张敏先生合作完成。）

下篇

湖南方言与语法化理论

第十五章　汉语方言句末"着"的类型学考察

> 本章试图从类型学的角度对方言句末助词"着"的意义做出统一的概括和解释，认为方言句末助词"着"有两个意义：语气义和事态义。"着"在祈使句末尾和疑问句末尾分别表示祈使语气和疑问语气。"着"在陈述句末尾是个事态助词，表示未然的事态，包括即然、先然和将然。方言和近代汉语的事实显示，"着"的事态义是在祈使句这个语境中形成的，其前提是含"着"的祈使句祈使语气要弱化。事态助词"着"是从表祈使语气的语气助词"着"演变而来。

在汉语方言中有一个很不同于动态助词"着"的句末助词"着"，它分布在句子末尾。已有一些报告描写了单个方言点句末助词"着"的用法，如高福生（1990）、张林（1991）、王晖（1991）、马文忠（1992）、伍云姬（1996）、谢留文（1998）、乔全生（1999）、萧国政（2000）等。曹志耘（1998）把"着"看作表示动作先后次序的后置词，并从地理类型学的角度把汉语后置词的形式归为五大类：等、可、着、起、先，它们大体上由北到南依次分布在我国东部地区。

我们赞同"整体汉语"（张振兴，1999）的提法，在看待句末助词"着"的问题上，我们更关注它在意义上的共性与联系。具体地说：①句末助词"着"的意义应怎样概括？②"着"的意义之间有什么联系？本章试图从类型学的角度对方言句末助词"着"的意义

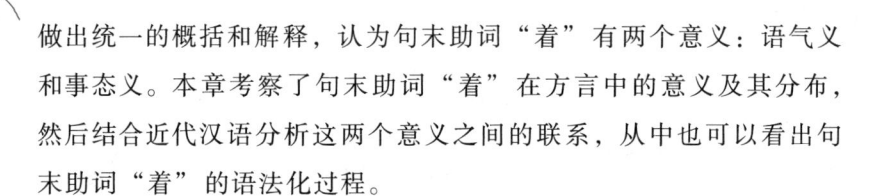

做出统一的概括和解释，认为句末助词"着"有两个意义：语气义和事态义。本章考察了句末助词"着"在方言中的意义及其分布，然后结合近代汉语分析这两个意义之间的联系，从中也可以看出句末助词"着"的语法化过程。

本章选用了 22 个地点方言，它们分别是，青海；山西：大同、洪桐、偏关；山东：临淄、临朐、寿光、淄川、沂南；湖北：武汉、英山、荆沙；湖南：长沙、岳阳、常宁、隆回、邵阳；江西：南昌、南昌蒋巷、九江；浙江：金华、汤溪。这些方言覆盖了湘语、赣语、吴语以及官话区的西北官话、西南官话、江淮官话，具有一定的代表性。

第一节　语气助词"着"

一、"着"表祈使语气

吕叔湘（1984）将近代汉语句末"著"（着）的意义概括为："故如欲以一语通概著字之语气，可曰，宣达发言者之意志，而尤以加诸彼方，以影响其行为为其主要作用。"很明显，在唐宋时期，"著"（着）是个祈使之辞。

方言中句末"着"可以分布在祈使句句末，表祈使语气。如：
(1) 你给我看行李着，我去买票。（大同）
　　小心狼着。（大同）
　　你牵翻（折腾）啥着！（青海）
　　你给我帮个忙着。（隆回）
　　请你轻点着！（邵阳）

二、"着"用于疑问语气

"着"分布在疑问句句末，常为特指问句，表示疑问语气或加强疑问语气。如：

(2) 你找阿个（谁）着？（青海）

我为什么要怕着？（长沙）

你做么个要打我着？（隆回）

尔两个哪个去着？（南昌蒋巷）

张三呢？——你找渠做什哩着？（南昌）

在近代汉语中，"着"用于疑问句末的情况较少，这种疑问句往往是特指问句。如：

(3) 师曰："有，汝向什么处着？"（《祖堂集》）｜我不省得，怎能知道着？（《孝经直解》）

何不高声问著？（《景德传灯录》）

吾师，你却如何正等得这贼首着？（《水浒传》）

刘坚（1985：309）把"我不省得，怎能知道着？"（《孝经直解》）中的"着"释为：着$_1$，语气助词，略如"呢"；把"休道不寻思你祖上，依着你祖上行好勾当着。"（《孝经直解》）的"着"释为：着$_2$，表示命令的语气助词。结合方言的情况，这里的"着$_1$"其实是个疑问语气词，"着$_2$"是个祈使语气词。

另外，在部分方言中，"着"还可以用在假设复句的前一分句末，表示假设语气，相当于北京话的"……的话"，可看作句中语气词。如：

(4) 要是里头着，我就停住宿。（洪桐）

前日不下雨着，我就走了。（临淄）

天老爷唔$_不$落雨着，农民就没得吃。（隆回）

第二节 事态助词"着"

句末助词在现代汉语中称为句末语气词，朱德熙（1982）把语气词分为三组，一组表示时态，一组表示疑问或祈使，一组表示说话人的态度或情感。也可以把句末助词分为两类，一类与时态或事态密切相关，如近代汉语句末"了$_2$""来""去"表示事态（刘坚等，1992），现代汉语中的"了₂""呢₁""来着"是表示时态的（朱德熙，1982），我们把这类助词叫做事态助词。一类是表示各种语气，这一类只表语气，不表时态或事态，如现代汉语的"吧""呢""啊"，我们把这一类叫作语气助词。分析句末助词时，我们可以首先按是否表事态（动态）或是否只表纯语气，分离出其中的一类。

一、句末助词"着"含有事态意义

事态助词分布在分句或句子末尾，指明一个事件、一个过程所处的状态，表明所陈述的事件是否发生、是否出现了变化或将要发生某种变化，也就是通常所说的已然、未然、假然等。它不同于附着动词后面指示动作状态的动态助词。吕叔湘（1980：314）认为"了₂"用在句末，主要肯定事态出现了变化或即将出现变化。刘坚等（1992）把近代汉语的助词分为动态助词、事态助词、结构助词和概数助词，并认为事态助词"了₂"表示事态、变化的实现，"来"表示事件曾经发生过，"去"主要指明事物或状态已经或将要发生某种变化。李小凡（1998）考察了苏州方言的体貌系统，认为苏州方言存在已然态、未然态、将然态、仍然态、定然态等事态标记。近、现代汉语和方言的事实表明，部分助词确实有事态意义。

句末"着"也含有事态意义。尽管学者们在具体表述上说法不一致，但"着"含有事态意义这一点是很明显的，附"着"的事件在说话时未发生、未实施或未完成，或者说，附"着"的事件要先发生、先实施或先完成。比如张林林（1991）认为江西九江方言句末"着"主要表示动作的先后次序，附"着"的动作先实施，如"女同学进场着，男同学再等下去"。王晖（1991）认为临朐话的时间助词"着"表示先完成这件事，其他的事暂不要管或再做别的事。如"好好地睡一觉着"。谢留文（1998）认为南昌蒋巷方言的"着"用在句尾，表示先完成某种动作行为后再考虑下一步。如"人啊渴得死，吃口水着"。方言的事实告诉我们，句末"着"有事态意义。

二、事态助词"着"的分布类型

事态助词"着"主要分布在陈述句句尾,具体地说,有:①动+宾+着;②动+补+着;③动+助+着;④动+着;⑤名+着。

1. 动+宾+着。"着"附在动宾结构末尾,动词后可以出现助词。如:

(5) 你们先吃凉菜着。(大同)

你先等等,我跟他说句话着。(寿光)

吃点儿茶着。(金华)

干完活着。(临朐)

想吃话梅可以,你吃饭着。(武汉)

做作业着,小说儿等下儿看。(九江)

人啊渴得死,吃口水着。(南昌蒋巷)

吃了饭着,吃了饭就去。(南昌)

你屋里买电视机不啦?等我有钱着。(长沙)

歇下伙着。(岳阳)

2. 动+补+着。"着"附在动补结构的末尾,补语后可以出现助词。如:

(6) 四更月亮卧,劝哥歇下着。(荆沙)

等我说完着。(英山)

你先甭说,你听他说完着。(大同)

玩够了着。(临朐)

让我骑下着。(长沙)

做刮半天事到,坐下几着。(常宁)

天咯嘎这么热,歇下子着。(隆回)

吃饭吃完了着。(南昌)

3. 动+助+着。"着"附在"动词+助词"结构末尾,如:

(7) 电线不能摸。——摸了着!(南昌)

这件事办了着,其他的事慢慢来。(武汉)

咯件衣衫要得，买倒着。（隆回）

把门关倒着。（岳阳）

咱们多会儿出发？——等天亮了着。（大同）

小伢儿先吃了着，大人等下儿。（九江）

尔不要在这里起造，等我哥哥来了着！（南昌蒋巷）

4. 动+着。"着"附在动词或动词结构末尾，如：

（8）你们先走着，我们等下趟车。（九江）

不要报名着，过几天再讲。（武汉）

我先行着，你等一下行。（隆回）

莫吃着。（岳阳）

5. 名+着。"着"附在名词或名词性非主谓句句末，其中名词一般由时间词充当。如：

（9）你多会儿结婚？——明年着。（偏关）

今年子买唔起，明年子着。（隆回）

尔不要在这里吵啊吵，明日着。（南昌蒋巷）

现在不去，下星期着。（南昌）

你今年怎么不给小孩儿盖屋啊？——没钱啊！下年着。（沂南）

附在动宾结构、动补结构、"动词+助词"结构之后的"着"，与附在动词后的动态助词"着"分布很不相同，句末"着"不是动态助词，只能是个句末助词。名词后附"着"，不具备动态助词的性质，也只能是个句末助词。上述第四类附在V后的"着"，看似附在动词之后，其实还是个附在句子末尾或谓语后面的助词，结构分析时应处理为句末助词，即：

（10）莫吃　着

莫去　着

你们先走　着

不要报名　着

并且其中的谓语动词不一定是持续性动用，如"去""来""报名",而附上动态助词"着"的动词一定是持续性的动作。

三、事态助词"着"的语法意义

纵观方言的事实,我们认为事态助词"着"表示未然的事态义,包括即然、先然(先行)和将然。在各个方言区,这些事态意义可能各有侧重。

1. "着"表先然。

这种用法在许多方言中存在。"着"表先然,是说在许多动作行为中,附"着"的动作行为先实施、先发生、先完成。附"着"的动作先实施,一个明显的标记就是这类句子常有"先""等"之类表示动作先后的词语与"着"共现,共同表示动作的先后关系。如:

(11) 让他们先上去着。(英山)
　　 你先吃,我看完了书着。(寿光)
　　 还怪我,先怪你自己着。(隆回)
　　 先买米着,油明天打。(九江)
　　 看电影还早呢,先洗了澡着。(南昌)
　　 你不要在这里起造,等我哥哥来了着!(南昌蒋巷)
　　 你先看小本说着,过几天我再现给你换一本。(大同)

这些句子中都有"先""等"这类词与句末"着"共现,附"着"的动作先出现。当然,"先""等"这类标记词也可以不出现。如:

(12) 那件事不是很急,你们吃了饭着。(武汉)
　　 莫急,吃了饭着。(南昌蒋巷)
　　 事情再多,好要检刮场着。(常宁)
　　 你请坐下子着,我去找渠。(南昌)
　　 做作业着,小说儿等下儿看。(九江)
　　 做个事着,电视等一下看。(隆回)
　　 你又转来干什么?——我还要去梳下头着。(长沙)

这些句子没有"先""等"这类词与"着"共现,"着"依然表示先然，附"着"的动作依然先出现。

2. "着"表即然。

在有些方言中"着"可以表即然，表示说话时刻结束后马上实施动作行为，即话语一出，随即实施或完成某动作行为。如：

(13) 晚上吃不得糖。——吃了着。（九江）

做刮半天事到，坐下几着。（常宁）

地上有块钱，捡倒着。（隆回）

张林林（1991）认为九江方言句末"着"还可以表示说话者不顾一切后果，故意要实施某动作的意思，吴启主（伍云姬1996）认为常宁方言"着"有表示趁机态，即抓住机遇行动的意思，这些均与本书提及的"即然"是一致的。

3. "着"表将然。

这种用法主要出现在"N＋着"格式中（例句见上文），如"现在不去，下星期着。"（南昌），其中的N一般是时间名词，表示在将来的某个时候将会发出或实施某个动作行为。"N＋着"其实陈述了一个将来出现的事件。比如"今年子买唔$_{不}$起，明年子着。"（隆回方言）其中的"明年子着"相当于"明年再买"。另外"等＋名＋着"格式中的"等"经常省去，于是变成了"名＋着"格式。如：

(14) 等明朝着再去。或：明朝着再去。（汤溪）

咯个月唔$_{不}$去，等下个月着。或：咯个月唔$_{不}$去，下个月着。（隆回）

不管是即然还是先然，抑或是将然，都可以归为未然，即在说话时刻，附"着"的事件总是未出现或未完成，与已然相对。以隆回方言为例，"哩"表已然，而"着"表未然，它们是相对的，如：

(15) 吃过$_{了}$饭哩。吃了饭了。（已然）

吃过$_{了}$饭着。先吃饭。（未然）

(16) 办出饭哩。做好饭了。（已然）

办出饭着。做好饭再说。（未然）

(17) 明日着。（明天再说）（未然）

*今日着/昨日着。(句子不成立)

其中附"着"的表示未然事态，附"哩"的表示已然事态。"明日着"能说，是因为"明日"指示的未来的时间与"着"指示的未然的意义相一致；"*今日着/昨日着"不能说，是因为"今日/昨日"指示的过去的时间与"着"指示的未然的事态相矛盾。

另外，在隆回方言中，当"去哩"表示将然的趋向时，"着"可以替换"去哩"，这也说明"着"表未然（将然），与"去哩"同属于未然事态的范畴。如：

(18) 你要买单车，等你读初中去哩。→你要买单车，等你读初中着。

我要吃饭哩。——等你娘回来去哩。→我要吃饭哩。——等你娘回来着。

第三节 语气助词"着"与事态助词"着"的联系

一、"着"的祈使语气减弱和事态意义增强

考察事态助词"着"与语气助词"着"的联系，主要是分析表事态的"着"与表祈使语气的"着"之间的联系。表事态的"着"与表祈使语气的"着"既有区别，又有联系。区别是一个处在祈使句中，一个处在陈述句中；一个表示命令语气，一个表示随即要实施或首先要实施某动作的意义；一个是句子的主语往往是第二人称（这个主语常常省略），一个是句子的主语不限于第二人称，还可以是第一人称。试对比（隆回方言）：

(19) 你快滴进来着。

莫着急，我进来个着。

前一例是"我"命令"你"的祈使句，"着"表命令语气；后一例是个陈述句，无命令语气，"着"表先然。

事态助词"着"与语气助词"着"有密切的联系，这种联系是

211

祈使句这个语境给出的。典型的祈使句具有如下特点：①形式上，祈使的对象是第二人称（作主语），很少有第一人称的；句末用祈使语调，常用感叹号表示，表示祈使语气。②语义上，祈使对方在将来某个时间内发出某一动作行为，并希望出现这个动作行为。如果句中无时间指示词，则祈使的动作行为在说话后不久的时刻实现；如果句中有时间指示词，则祈使的动作行为在指定的时间实现。很明显，祈使的动作行为在说话时刻（或说话之前）未发生。我们从中可以看出，祈使句其实已经隐含有即然或将然的事态意义。

祈使语气可以弱化，弱化有两种方式：一种是用陈述句的形式来表示较弱的祈使语气，句末通常不用感叹号，用句号。一种是主语不限于用第二人称，也可用第一人称和第三人称。祈使句的弱化其实是弱化了祈使句的形式和祈使语气（即上述特点①），但是句子要求在某个时间内发出、实施某个动作行为这一语义特点（即上述特点②）并没有弱化，当这个特点得到强化时，句子便呈现出事态义，而语气义倒不明显了，句子也就成了陈述句了。

句末"着"祈使语气的减弱，会使它失去语气义，从而产生事态义，而这一事态义早已蕴含在祈使句中，"着"便把这个事态义凸显出来。我们依然以隆回方言为例：

(20) A组 关倒门着。│穿起鞋子着。│把门关倒着。

B组 （我）关倒门着。│（我）穿起鞋子着。│（我）把门关倒着。

其中A组为祈使句，"着"表示祈使语气，受话人为第二人称（省略了），"着"为语气助词。当A组的祈使语气减弱时就变成了B组的形式。B组为陈述句，受话人为第一人称，"着"表即然或先然的事态义，相当于"先"或"……再说"。A类句子表示祈使某种动作行为，B类句子表示随时实施或先实施某种动作行为。两类句子采用的语法形式相同，但表示不同的语法意义，这个差异是由"着"所在句子的句类不同造成的。正因为"着"的祈使语气和事态意义有如此密切的联系，所以在许多方言中"着"既可以表祈使语气又可以表事态意义。

二、近代汉语的事实

近代汉语的事实也支持我们这个观点。《祖堂集》《五灯会元》和《景德传灯录》的材料显示，唐宋时期的句末"着（著）"是个表示祈使命令的语气助词（参看：吕淑湘，1984；冯春田，1991），到了元明时期，这个语气助词发展出了事态意义。冯春田（1991：160）认为，"VP 着"表示或包含"'且'（或'先'）怎么样后，再怎么样"的语法意义，高福生（1991）认为《金瓶梅》里的句尾"着"是"先行体"的标记，带有句尾"着"的句子，其动作总是首先施行的。这些研究表明，句末助词"着"先有语气意义后有事态意义。在近代汉语的不同时期，这些事态意义可能各有侧重。

"着"（著、者）在唐宋时用于祈使句中表命令语气，如：

(21) 师唤沙弥，沙弥应喏。师云："添净瓶水著。"（《祖堂集》，卷五，道吾和尚）

师曰："那边师僧过这边著"（《五灯会元》，大钱从袭禅师）

扶出遮病僧著。（《景德传灯录》）

后来由于使用频率的增加，特别是经常出现在口语中，大约在元朝时期"着"的祈使语气开始减弱了。试对比：

(22) 咱们商量脚钱着。（《朴事通》）

咱赌什么？咱赌一个筵席着。（《朴事通》）

这两例主语均是第一人称代词包括"咱""咱们"，均能用于祈使句中作主语，前一例显然是祈使句。后一例一问一答，答句（附"着"）祈使语气大大减弱了，把它看作陈述句较合适，但是祈使实施某动作的意义还存在，句末"着"表示即然的事态，含有随即发出、实施某动作的意义。下面例子的主语已不是第二人称了：

(23) 铁近家里去打一对马脚匙来钉上着，我明白通州接尚书去。（《朴事通》）

你说的是。这们便,我减了五钱著。(《老乞大》)

这些句子在形式上与祈使句的明显差异在于:句子的主语换上了其他人称(非第二人称),祈使语气很弱,"着"在句末表示即然的事态:附"着"的动作行为随即实施。如果把上述句子的主语换成第二人称代词,则祈使语气相应会增强。

这个"着"在《金瓶梅》中发展出了先然的事态义,附"着"的动作行为先实施、先发生、先完成,句子的祈使语气更加弱了。句子主语可以是第二人称,也可以是其他人称。如:

(24) A组　等我慢慢再与他讲,你且休要写着。(六十三回)
｜你且拿了点心,与我打个底儿着。(九十五回)

B组　我且拾了白财儿着!(三十一回)｜请老爹且吃过茶着。(六十九回)。

上述A组主语为第二人称,B组主语为第一人称或第三人称。句子均为陈述句,"着"表示先然事态。

近代汉语的事实说明,祈使语气的减弱,会使它句末的"着"失去语气义,从而产生事态义,而这一事态义早已蕴含在祈使句中,"着"便把这个事态义凸现出来。"着"的事态义来源于语气义。

我们认为,"着"的事态义是在祈使句这一语境中形成的,前提是含"着"的祈使句语气要弱化,祈使句除了有祈使语气之外,还有要求实施某动作的意义。近代汉语早期句末"着"用于祈使句末尾,表示祈使语气,随着使用频率的增加和祈使语气的减弱,"着"的事态义(即然、先然、将然)也就在祈使句中显示出来,句子也就变成了陈述句。"着"在祈使句中凸显的是语气,当语气要素减弱时,"着"便凸显了它的事态义,比如即然的事态出现在《老乞大》《朴事通》话语中,先然的事态义出现在《金瓶梅》的话语中。很明显,事态助词"着"是由语气助词"着"演变而来的,在这个演变过程中,影响其变化的因素主要是祈使句这个语境。"着"的演变表明,在演变过程中,一种语法因素减弱的同时,会引起另一种语法因素的增强,从而推动语言的变化发展。

第十六章　事态助词"着"及其语法化机制

> 本文证实了近代汉语中存在一个事态助词"着",它分布在陈述句句末,表示即然或先然的事态,即然和先然均属于未然事态,与已然相对。事态义"着"的语法化主要是在祈使句这个语境中主要通过语境吸收形成的,具体表现为:"着"字句的祈使语气弱化为陈述语气,句子主语从第二称泛化为第一、第三人称,祈使愿望的语境义被"着"吸收后发展成即然、先然的事态意义。研究事态助词"着"及其语法化问题可以深化我们对事态助词系统和语法化机制的认识。

　　事态助词分布在分句或句子末尾,指明一个事件、一个过程所处的状态,表明所陈述的事件是否发生、是否出现了变化或将要发生某种变化。也就是通常所说的已然、未然、假然、常然等。比如吕叔湘(1980)就认为"了"用在句末,主要肯定事态出现了变化或即将出现变化。事态助词不同于附着动词后面指示动作状态的动态助词。动态的语法标记主要是动态副词和助词,附加在动词前后;事态的语法标记主要是事态助词,附加在句末。

　　刘坚等(1992)明确提出了近代汉语存在事态助词,并对它们进行了深入的研究,包括"了、来、去"。其实近代汉语中还有一个重要的事态助词"着",书中没有提到。本文论证了近代汉语中存在事态助词"着",着重分析事态助词"着"的句法格式、句法意义以及语法化机制。其中有两个问题值得注意:①事态助词"着"的语法意义到底应怎样概括?在近代汉语事态助词系统中占据什么位置?

②祈使句这个语境对事态助词"着"的形成产生哪些影响？其中包括哪些语境因素？

本章主要语料来源：《近代汉语法资料汇编》（唐五代卷），刘坚、蒋绍愚主编，商务印书馆，1990。｜《近代汉语法资料汇编》（元代明代卷），刘坚、蒋绍愚主编，商务印书馆，1995。｜《金瓶梅》，齐鲁书社，1989。

第一节　事态助词"着"的语法化过程

一、事态助词"着"的语法化轨迹

"着（著）"用于句末表示祈使命令的语气，唐朝文献中已经存在。此时的"着（著）"只是个语气词。吕叔湘将它的意义概括为："故如欲以一语通概著字之语气，可曰，宣达发言者之意志，而尤以加诸彼方，以影响其行为为其主要作用。"（吕叔湘1984）《敦煌变文集》的例子如：

(1) 或见不是处，有人读者，即与政著！

　　君畏去时，你急捉我著。

《祖堂集》的例子如：

(2) 师唤沙弥，沙弥应喏。师云："添净瓶水著。"（卷五，道吾和尚）

　　保福云："谢和尚领话。"自云："礼拜著。"（卷六，雪峰和尚）

　　问："三界并起时如何？"师云"坐却著！"（卷七，岩头和尚）

到了元明时期，这个语气助词发展出了事态意义，冯春田（1991：160）认为，"VP着"表示或包含"'且'（或'先'）怎么样后，再怎么样"的语法意义，高福生（1991）认为《金瓶梅》里的句尾"着"是"先行体"的标记，带有句尾"着"的句子，其动作总是首先施行的。这些研究表明，这个句末助词"着"已经不同于语气助词"着"了，语法意义中含有事态意义：附"着"的句子所表示的事件还没有发生、完成，事件必须马上先实施、先完成。

根据刘坚等（1992）对助词的分类，我们有理由称之为事态助词。如：

(3) 我是高丽人，都不会炒肉。不甚么难处？刷了锅着。(《老乞大》)

明日鸡叫儿一声便上马，茶饭都准备下着。(《朴事通》)

伯爵道："这时候好去了。"西门庆道："也等吃了早饭着。"(《金瓶梅》，一回)

这短命，等得我苦也！老娘先打两个耳刮子着。(《水浒传》，二十一回)

其中"刷了锅着"，是指"刷锅"这件事还没发生或者还没完成，说话人马上会施行或完成这件事；"茶饭都准备下着"表示"准备茶饭"这件事还没发生，必须马上实施；"也等吃了早饭着"表示"吃早饭"这件事还没发生或者还没完成，必须马上完成；"老娘先打两个耳刮子着"表示"老娘打两个耳刮子"这件事还没发生，但马上就会实施。值得注意的是，这些"着"均用在陈述句中表达一种事态意义，不同于用在祈使句句末表示祈使命令的语气词。

表祈使语气的"着"与表事态的"着"有重要区别：前者处在祈使句中，表示命令语气，后者处在陈述句中，表示陈述语气；前者句子的主语往往是第二人称（这个主语常常省略），后者句子的主语不限于第二人称，还可以是第一人称；前者句子意义是祈使对方发出某个动作行为，后者句子意义是陈述即将要实施或完成的一件事。试对比：

(4) 师唤沙称："拽出这个死尸著！"(《祖堂集》，卷十六)

你说的是，这们便，我减了五钱着。(《老乞大》)

前一例是"师"命令"沙弥"的祈使句，主语是第二人称，句子意义是发出"拽出这个死尸"的命令，"著"表命令语气；后一例是个陈述句，无命令语气，主语是第一人称，句子意义是即将要实施"减五钱"这件事，"着"表即然事态。

二、事态助词"着"出现的语法格式

事态助词"着"分布在陈述句句末,主要有以下几种格式:①动+宾+着;②动+补+着;③动+助+着;④动+着。

1. 动+宾+着。句末助词"着"用在动宾结构之后。如:

(5) 咱们做汉儿茶饭着。(《老乞大》)

咱赌什么?咱赌一个筵席着。(《朴事通》)

怪行货子,且不要发讪,等我放下这月琴着。(《金瓶梅》,二十七回)

动词可以重叠,形成"VV+O+着"格式,如:

(6) 我且歇歇腿儿,烤烤火儿着。(《金瓶梅》,四十六回)

好不好拿到衙门里去,交他且试试新夹棍着。(《金瓶梅》,五十回)

2. 动+补+着。句末助词"着"用在动补结构之后,如:

(7) 热的留下着,我吃;这冷的你拿去,炉里热着来。(《老乞大》)

我的姐姐,你把心来调正着。(《金瓶梅》,三十四回)

3. 动+助+着。句末助词"着"用在"动+助词"结构之后,如:

(8) 由他,你都吃了着。(《老乞大》)

火伴,你落后好坐的着。(《老乞大》)

将笔来抹了着。(《朴事通》)

4. 动+着。"着"前为动词或动词结构,如:

(9) 咱们疾快行动着,比及到那里寻了店时,那两个到来了也。(《老乞大》)

早起晚夕休离了,煎汤煮水问候着。(《老乞大》)

且不要叫他进来,等我出去着。(《金瓶梅》,六十七回)

动词重叠后,形成"VV+着"格式,如:

(10) 叫他且唱一套儿与我听听着。(《金瓶梅》,四十五回)

在近代汉语中,"着"附在动词的后面,表示动作状态的完成、持续及进行,是个动态助词(吕叔湘,1984)。上述"着"附在句末的动宾结构、动补结构、"动词+助词"结构、动词重叠结构之后，很不同于动词后的动态助词"着"，只能是个句末助词。上述第四类"V+着"结构中的"着"也应该分析为句末助词，结构应分析为：你去/着、好生小心/着、煎汤煮水问候/着、咱们疾快行动/着。更重要的是，其中的谓语动词不一定是持续性动词，跟动作的持续性无关。

三、事态助词"着"的语法意义

纵观近代汉语的事实，事态助词"着"的事态义可以细分为即然和先然（先行）事态，即然和先然均属于未然。在近代汉语的不同时期，这两种事态可能各有侧重。

1. "着"表即然

"着"表即然，表示说话时刻结束后马上实施个动作行为，或马上完成某个动作，即话语一出，随即实施某动作行为。《老乞大》《朴事通》中已有"着"表即然的用法。如：

（11）我在辽东城里住，姓王，写着王某着。（《老乞大》）

喂的好着，咱男子汉没马时怎么过？（《朴事通》）

这些句子的主语均是第一人称，句子已不是祈使句，"着"也不表示祈使语气，这个"着"表示一种即然的事态，即话语一出，附"着"的动作行为随即会出现、实施。

2. "着"表先然

"着"表先然，是说在许多动作行为中，附"着"的动作行为先实施、先发生、先完成。这种意义，在近代汉语明朝时期比较明显，如《金瓶梅》的例子：

（12）我先与你说明白着。（八十六回）

我且去着，再来罢。（五十五回）

伯爵道："这时候好去了。"西门庆道："也等吃了早饭着（一回）

姐，你休鬼混我，待我扎上这头发着！"（三十一回）

例中附"着"的动作均是先实施的，一个明显的标记就是，这类附"着"的句子，句中常有"先""且""等""待"这类表示动作先后的词语与之呼应，共同表示动作的先后关系。"先/且/等/待 + VP + 着"格局的出现，标志着"着"的事态义最终成熟。

不管是即然还是先然，都可以归为未然，即在说话时刻，附"着"的事件总是未出现或未完成，与已然相对。下面这个句子，表将然事态的"去"与"着"对举，有力地说明了"着"是个表未然的事态助词。如：

（13）但是咱们的行李，收拾倒着；主人家的东西，休错拿了去。（《老乞大》）

例中"着"在"动+补"结构之后，"去"在"动+助"结构之后，格式相似。这个"去"主要指明事物或状态将要发生某种变化，可换成"着"去说。

在近代汉语中，句末"了"表示已然，对比可以发现"着"表示未然。如：

（14）者个师僧吃却饭了，作怎么语话。（《景德传灯录》，卷一）
伯爵道："这时候好去了。"西门庆道："也等吃了早饭着。"（《金瓶梅》，一回）

同样是"动+助+宾"格式，同样是表示"吃饭"这一事态，前一例后附"了"，表示事态已经完成、实现；后一例后例"着"，表示事态未完成，未实现。通过对比也可以看出，这个"着"和"了"是属于同一个语法范畴的东西，句末"了"是事态助词，"着"当然也是。

第二节　事态助词"着"的语法化机制

Joan Bybee 等（1994）通过对七十多种不同地区、系族、类型语言的调查，已经发现的虚化机制主要有五种：隐喻、推理、泛化、和谐、吸收。不过他们也认为，要弄清虚化的机制，跨语言的普遍调查不完全解决问题，主要还得对某一语言某一时期的文本做细致的考察，考察虚词或语法标记各种用法的差别和它们的分布状况。（沈家煊，1998）因此，下文打算在当前语法化理论的大背景下，详细考察事态义"着"的语法化机制。

在事态助词"着"语法化过程中,语境影响是一个重要的诱因或机制。具体说,在"着"语法化中,语境影响具体表现为相互联系、相互影响的三个方面:①句子语气从祈使语气弱化为陈述语气;②句子主语从第二人称泛化为第一、第三人称;③在这个前提下,祈使句祈使愿望的语境义被"着"吸收后发展成即然、先然的事态意义。这里要强调的是,祈使句语气的弱化、句子主语人称的泛化是句末"着"发生语境吸收的基础。

一、祈使语气的弱化

祈使语气可以弱化,弱化有两种方式:一种是用陈述句的形式来表示较弱的祈使语气,句末通常不用感叹号。一种是主语不限于用第二人称,也可用第一人称(或其他人称)。祈使句的弱化其实是弱化了祈使句的形式和祈使语气,但是句子表示希望对方发出某个动作动作或即将实施完成一件事这个语境义依然存在。对比下面两组事实,可以看出祈使语气在逐渐弱化:

(15) A组

或见不是处,有人读者,即与政著!(《敦煌变文集》)

师唤沙称:"拽出这个死尸著!"(《祖堂集》,卷十六)

(16) B组

只怕产后风感冒,说与你姐姐,好生小心着,休吃酸甜腥荤等物……(《朴事通》)

你且吃钟酒着(《金瓶梅》,二十七回)

请老爹且吃过茶着。(《金瓶梅》,六十九回)。

A组为典型的祈使句,句末有感叹号,祈使语气很强;B组为陈述句,祈使语气减弱了,当句中含有"且"一类缓和语气的词语,祈使语气更加弱了。上面两组主语均是第二人称,A组句末"着"表示祈使义,B组句末"着"的祈使义弱化了,并隐含有事态义。下面的句子已经不是祈使句了,因为主语是第一人称了,句末"着"表示事态义:

(17) 我且去着,再来罢。(《金瓶梅》,五十五回)

我且歇歇腿儿,烤烤火儿着。(《金瓶梅》,四十六回)

以上事实说明，祈使语气的减弱，会使它句末的"着"失去语气义，从而产生事态义，而这种事态义早已蕴含在祈使句中，"着"便把这个事态义吸收进来。

二、句子主语人称的泛化

祈使语气弱化的表现之一就是句子主语人称的泛化，即从第二人称扩大到第一人称或其他人称。与此同时，"着"的事态义也伴随着逐渐明显了。对比：

（18）C组

问："三界并起时如何？"师云"坐却著！"（《祖堂集》，卷七，岩头和尚）

君畏去时，你急捉我著。（《敦煌变文集》）

（19）D组

这们便，我迎火伴去。你去着。（《老乞大》）

你且去着，改日来。（《金瓶梅》，九十回）

（20）E组

咱们疾快行动着，比及到那里寻了店时，那两个到来了也。（《老乞大》）

咱赌什么？咱赌一个筵席着。（《朴事通》）

（21）F组

你说的是，这们便，我减了五钱着。（《老乞大》）

我先与你说明白着。（《金瓶梅》，八十六回）

C组为典型的祈使句，句子主语没有出现，隐含的是第二人称，句末"着"明显是个祈使之辞；D组句子主语是第二人称"你"，祈使语气较强；E组句子主语为包括式"咱、咱们"，可以包括"你、我"，祈使语气明显减弱，句末"着"已经含有事态义；F组句子主语为第一人称"我"，句子祈使语气已经没有，"着"含有明显的事态义。如果把F组句子的主语换成第二人称代词，则祈使语气一定会增强。由此可见，句子主语的泛化、扩大，是形成"着"的事态义的一个因素。句子主语的泛化和扩大可以看成句子主语主观化的一个表现。

语法化总存在某种过渡地带，表祈使语气的"着"向表事态意义的"着"过渡也是如此。上述提到的B组和E组就是这种情形。

三、语境吸收

语境影响包括许多因素，如语境吸收、语用推理等，其中语境吸收（absorption of context）在"着"语法化中是最重要的语法机制。语境吸收就是把语境表达的意义吸收进来，吸收的语境义是指虚词所处的上下文的意义。（沈家煊，1998）祈使句的语境给事态义"着"的形成提供了充分的语境吸收条件，祈使句存在一种祈使动作或事件马上发生、实施的意义，这就是语境义。这种语境义随着祈使语气的减弱就逐渐被"着"吸收了，使句末"着"从语气义变为事态义。

语气助词"着"语法化为事态助词"着"，是祈使句这个语境提供基础的。典型的祈使句具有如下特点：①形式上，祈使的对象是第二人称（作主语），很少有第一人称的；句末用祈使语调，常用感叹号表示，表示祈使语气。②语义上，祈使对方在将来某个时间内发出某一动作行为，并希望出现这个动作行为。如果句中无时间指示词，则祈使的动作行为在说话后不久的时刻实现；如果句中有时间指示词，则祈使的动作行为在指定的时间实现。很明显，祈使句中存在一种语境义，就是祈使的动作行为在说话时刻（或说话之前）未发生，说话人希望他马上发生、实施或完成。由于使用频率的提高，祈使语气的弱化，祈使句中表示祈使愿望的语境义被"着"吸收进来，从而演变成事态助词。从中可以看出，祈使句的语境中其实已经隐含即然或将然的事态意义。以上事实说明，祈使语气的减弱，会使它句末的"着"失去语气义，从而产生事态义，而这种事态义早已蕴含在祈使句中，"着"便把这个事态义吸收进来。

很明显，事态助词"着"是由语气助词"着"演变而来的，在这个演变过程中，影响其变化的因素主要是祈使句这个语境。"着"的事态义是在祈使句这一语境中主要通过语境吸收形成的，前提是含"着"的祈使句语气要弱化，主语人称要泛化。祈使句除了有祈使语气之外，还有要求实施某动作的意义。近代汉语早期句末"着"

用于祈使句末尾，表示祈使语气，随着使用频率的增加和祈使语气的减弱，"着"的事态义（即然、先然）也就在祈使句中显示出来，句子也就变成了陈述句。"着"在祈使句中凸显的是语气，当这一要素减弱时，"着"便凸显了它的事态义，比如表即然事态的"着"出现在《老乞大》《朴事通》的话语中，表先然事态的"着"出现在《金瓶梅》的话语中。"着"的演变机制表明，一种语法因素减弱（比如语气）的同时，会引起另一种语法因素（比如事态）的增强。

第三节　研究事态助词"着"语法化问题的重要价值

本文研究事态助词"着"及其语法化问题，具有重要的价值，具体表现如下。

（一）本文明确提出句末"着"属于事态助词，对于了解近代汉语事态助词系统有一定帮助。事态属于观察事件发生、存在、变化与否所区分的一种方式。近代汉语的事态助词有一定的系统性，其中句末"了"表示事态、变化的实现，"来"表示事件曾经发生过，"去"主要指明事物或状态已经或将要发生某种变化（刘坚 等，1992），本文考察的句末"着"，表示表示事态、变化的未完成或未实现。它们均属于时间范畴中的时制范畴，而不属于时间范畴中的时态范畴。所谓时制，是指事件的发生时间、说话时间和参考时间三者之间的互相关系。观察时制由两种方法：一是以说话时间为基点，确定它同参照时间的相对位置；一是以事件时间为基点，确定它同参照时间的相对位置（陈平，1988）。句末"了""来""去""着"主要属于第一种观察时制的方法，即从说话的时间出发，观察事件的发生、实现、完成情况。

（二）要重新考虑句末助词的分类。句末助词在现代汉语中称为句末语气词，我们可以把句末助词分为两类，一类与事态密切相关，如近代汉语句末"了""来""去"、现代汉语句末"了""呢₁""来着"均表示事态；一类是表示各种语气的，包括表示加强或缓和语气的，这一类只表语气，不表事态，如现代汉语的"吧""呢"

"啊"。我们把前一类叫做事态助词，把后一类叫做语气助词。分析句末助词时，可以首先按是否表事态或是否只表纯语气，分离出其中的一类。

（三）关于事态助词的来源问题。关于句末事态助词"着"的来源，学术界存在争议，有的认为来源于动态助词"着"，有的认为来源于处所词"着（著）"，有的认为衍生于"再说"。本文支持这样一种观点：句末事态助词不一定与相应的动态助词有来源关系。近代汉语句末助词"着"先有语气义，后有事态义。"着"的事态义是在祈使句这个语境中形成的，事态助词"着"是从表祈使语气的语气助词"着"演变而来的，而语气助词"着（著）"与"者""咱""则个"为同一语气词的异式（吕叔湘，1984）。句末"着"与位于动词后的动态助词"着"倒没有多大关联。句末事态助词不一定与相应的动态助词有来源关系，也可以用句末事态助词"了"的语法化过程来说明，详见刘坚等（1992）。

（四）关于语法化机制问题，本文认为语境影响应该属于一种重要的语法化机制，语境影响包括许多因素，值得深入研究。在句末"着"语法化的过程中，祈使语气的弱化和句子主语泛化，祈使句句式义被句末"着"吸收，使得"着"从祈使语气演变为即然、先然的事态义，同时也最终导致"先/且/等/待＋VP＋着"的句法环境的出现。这些均离不开祈使句这个语境。在祈使句的语境中进行的语境吸收，是事态助词"着"语法化的主要机制。

第十七章　隆回方言中表处置的"担"

> 在隆回方言中,"担"可以作量词、动词、介词、语助词,表处置义的"担"来源于动词义"拿"。"担"表处置义分布在两种句式中,在"担+N+VP"中是个表处置义的介词,在"担+VP"中是个表处置语气的句中语助词;这两种句式还可以连用,形成"担+N+担+VP"处置式。在"担+N+VP"中,否定词有不同的位置,从而形成多种形式的否定处置式;"担"后的N可以是有定的,也可以是无定的,"有定""无定"跟说话人的"有意""无意"的主观态度相关;表处置的介词"担"和"把"在语用上有细微的差别,这种差别跟"担""把"的动词义有关。表处置语气的"担"和表处置义的介词"担"的分布不同,但存在一种转换关系;"担+VP"句式和受事主语句也有转换关系。

第一节　隆回湘语的"担"属于多功能词

在隆回湘语中,"担"属于多功能词,出现频率较高,意义丰富。本文详细分析了"担"的用法,尤其是表处置义的用法,语料主要来自隆回县山界乡,属湘语娄邵片。

隆回湘语的"担"可以作量词、动词、介词、语助词。作量词时,读[ta^{35}]去声,如"一担谷";作动词和虚词时,读[ta^{55}]阴平。动词"担"有两个义项:①用肩膀挑,如"担谷""担水";

②拿，如：

(1) 担我个ᵈᵉ书来。(拿我的书来。)

"担"作"拿"解时，常和趋向动词一起使用。此时，"担"的动作性很容易弱化，如：

(2) 担桶桶去提水。(拿桶子去提水)

(3) 咯件衣衫担去穿。(这件衣服拿去穿)

当例（2）(3)中的趋向动词脱落后，说成：

(4) 担桶桶提水。(用桶子提水。)

(5) 咯件衣衫担穿。(这件衣服是用来穿的。)

例（4）的"担"可看成介词，例（5）的"担"可看成语助词。

"担"字虚化后，有两个位置，用在名词性词语前面，是介词；用在动词性词语前面，引出一种动作行为，表示一种语气或衬音作用，为助词。下面分别讨论。

第二节 处置式中的介词"担"

一、介词"担"的语法意义

介词"担"的语法意义主要有以下三种：引出工具、材料等，引出动作方式，引出处置对象。

1. 引出动作所凭借的工具、材料、依据、对象，相当于普通话中的"用""拿"。如：

(6) 我担大碗吃，你担小碗吃。(我用大碗吃，你用小碗吃。)

(7) 担肥肉熬油，担精肉打汤。(用肥肉煎油，用瘦肉做汤。)

(8) 莫担命打逼。(别拿命来赌气。)

(9) 我打过ᵈᵉ你，你担我何嘎滴！(我打了你，你能拿我怎么样！)

(10) 担隆回和长沙打比着，差远哩。(拿隆回与长沙比呀，差远了。)

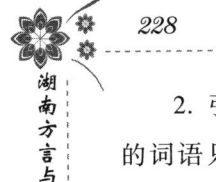

2. 引出动作方式。表示依照某种方式发出某动作。"担"引出的词语只能是指示方式的指示代词或疑问代词充当动词的修饰语，即只能是下面这些指示词充当"担"后动词的修饰语：咯嘎（ko^{31} kɑ^{31}，这样，近指）、那嘎（n^{31}kA^{31}，那样，中指）、眯嘎（mẽ^{55}kɑ^{31}，那样，远指）、哪嘎（nɑ^{31}kɑ^{31}，怎样）、何嘎（ɣo^{13}kɑ^{31}，怎么）。普通话没有一个确定的词与这个"担"对译。如：

（11）担咯嘎写要得么？（这样写可以吗？）

（12）我个肚子从没担咯嘎痛过。（我的肚子从来没有这样痛过。）

（13）你要莫打牌嘛，何得担那嘎讨贱奈？（要是你不打牌呀，怎么会那样下贱呢？）

（14）担昨日眯嘎做是，连要唔$_不$得。（照昨天那样做呀，根本不行。）

（15）你莫尽倒担咯嘎讲啰！（你别不停地这么说！）

3. 引出处置对象。比如"担$_把$钱递把$_给$我""担$_把$咯只屋扫一下""担$_把$衣衫穿起"。下文是详细分析。

二、处置式中的"担"

"担"引出处置对象，和动词短语一起构成处置式。处置式有肯定、否定形式。在隆回方言中，表肯定的处置式和普通话的处置式基本相同，表否定的处置式和普通话却不一样，它有多种否定格式。

（一）表肯定的处置式

主要有四种格式：

1. 担 + N + V + C（补语），如：

（16）你担咯只屋扫一下者。（你把这间屋子收拾一下吧。）

（17）你担书放到哪里去过$_了$哩？（你把书放到哪儿去呢？）

（18）你先担咯滴货下唉下来着。（你先把这些货卸下来。）

（19）其担我吓得该死子。（你把我吓得要死。）

（20）你也担字写好滴子呢！（你要把字写好点！）

2. 担 + N + V + O（宾语）

按动词的性质，能常有以下三类：三向动词。如：

（21）担钱递把我。（把钱递给我。）

表改变、成为的动词。如：

（22）担西瓜切做两半。（把西瓜切成两半。）

表认定、充当的动词。如：

（23）其担我当傻傻。（他把我当傻瓜。）

3. 担 + N + V + MOD（句末助词），如

（24）担灯熄过了！（把灯熄了！）

（25）担衣衫穿起！（把衣服穿上！）

（26）担帽子好生戴倒！（把帽子戴好。）

4. 担 + N + ANV（状语）+ V

其中状语常由表方式或处所的介宾短语充当，或由"一"充当；当由"一"充当状语时，句子后面一定要续上一个说明结果的分句。如：

（27）你何嘎担鸡朝猪栏里捕啦？（你怎么将鸡往猪圈里赶呀？）

（28）你何嘎担其担咯嘎打啦？（你怎么这样打他？）

（29）其担手一松，就把我绊倒过了哩。（他一松手，就把我摔了一跤。）

肯定处置式中的"担"一般能对译成普通话中的"把"。

（二）表否定的处置式

在隆回方言中，否定词在处置中可以有不同的位置。位置不同，意义也稍有区别。主要有以下四种情形：

1. A 类否定置于"担"前，否定结果。如：

（30）其根本没担我上算！（他根本没把我当回事！）

（31）其咳，可能没担中学读完。（他呀，可能没有读完中学。）

（32）其没担中学读完就上广州去过了哩。（他没把中学读完就

上广州去了。)

在隆回方言中,否定词直接放在"担"字前表示否定的句子很少,且受限制。一般的句子是在"没"前加程度副词(如例(30))、能愿动词(如例(31)),表示某种程度的否定;或有后续小句,说明新的结果(因为原来的结果已被否定),如例(32)。此外,表示劝告某人不要处置某人、某物时,否定词用"莫",置于"担"前,如:

(33)莫担我个鸡打死过_了哩呢!(不要把我的鸡打死了!)

(34)莫担我个帽子甩过_了哩!(不要把我的帽子扔了!)

2. B类,否定词放在"担"后动词前,否定结果。与上面的A类不同的是,这类句式隐含着:本想达到某种目的,但最后没有达到。A类很少有这种预设。如:

(35)其担眯只鸡没宰死。(他没把那只鸡杀死。)

(36)我担窗子没关起。(我没把窗户关好。)

不过,在反问句中,或者谓语动词为"当(数)""上(数)""当……看"时,否定式用A类或B类都可以,且意思一样。如:

(37)其没担衣衫当数。(A类)

(38)其担衣衫没当数。(B类)

这两句的意思都是"他没把衣服当回事"。

(39)其着,没担其翁老子当人看。(A类)

(40)其着,担其翁爷老子没当人看。(B类)

这两句的意思都是"他呀,没把他父亲当人看"。

(41)其没担王师傅个屋打个粉啦?(A类)

(42)其担王师傅个屋没打个粉啦?(B类)

这两句的意思都是"他不是把王傅的房子打得粉碎吗?"

3. C类,V后接否定式可能补语,表示没有能力处置某事物。否定词用"唔_不"。如:

(43)特拙里!担只鸡宰唔_不死!

(44)你怕是个相公!担鼎饭煮唔_不熟!(难道你是个相公!饭

都煮不熟！)

4. D类，V前接否定式能愿短语，否定处置动作，表示不愿意发出某动作。如：

(45) 特要唔₋得哩，担滴鸡不兴关！（太要不得了，养着鸡不关！）

(46) 担滴崽唔₋兴教！（养着儿子不管教！）

(47) 衣衫万千，担滴衣衫唔₋兴穿。（衣服万千，偏偏不穿。）

(48) 我担钱用完过₋哩，其担钱唔₋兴用。（我把钱花完了，他却没有花。）

其中例（48）是肯定式、否定式连用的句子。

下面以"担窗子关起"为例，将以上四种否定个式及其意义进行对比：

(49) 其根本没担窗子关起。（他根本没把窗户关好。）

该句为A类，表示否定处置结果。

(50) 其担窗子没关起。（他没把窗户关好。）

该句为B类，表示未达到处置目的。

(51) 其担窗子关唔₋起。（他关不上窗户。）

该句为C类，表示没有能力处置好。

(52) 其担窗子唔₋兴关。（他不愿意关窗户。）

该句为D类，表示不愿意发出处置动作。

在普通话中，表否定的处置式通常采用A类（即否定词置于"把"字前），很少采用B类（即否定词置于"把"字后），不采用C类和D类。上述否定名句式译成普通话时，A类、B类可以译成"把"字句，C类、D类不用"把"字句。

在隆回方言中，处置式的多种否定形式也是由处置形式表达的意义决定的。由于处置式包括动作和动作施加作用后造成的结果、影响，那么对这种个式进行否定时，既可以否定结果、影响，也可以否定处置动作，于是便出现了多种否定形式。从这个意义上说，隆回方言的处置式比普通话的处置式内涵要丰富。

(三) 关于"担"后的 N

"担"后的名词性成分（N）大部分是定指的，定指意义常由代词或含有定词的名词性短语体现出来，如上述例句中的例（16）（18）（19）（23）（28）（29）；或者由语境体现出来，如上述的例（17）（20）（21）（22）（24）（25）（26）。

N 也可以是不定指的。如：

（53）我今日唔﹝不﹞行运，担只桶桶担丢过﹝了﹞。（我今天不走运，把只桶给丢了。）

（54）其晓唉唔﹝不﹞晓得打牌得，担只主担出过﹝了﹞。（他不大会打牌，把张主牌给出了。）

（55）我昨夜间行夜路，担根蛇当索索踩，没吓得该死子啦！（我昨天晚走夜路，把条蛇当成绳子踩了，吓得要命。）

这些例句中"担"后的 N 都是不定指的，其中一个明显的标记是 N 中含有不定指量词"（一）只""（一）根"。当 N 不定指时，句子往往隐含一种无意中发出某动作（而不是有意的动作），因而不应该处置某事物的意思，这是一种出乎意外的处置。如上述三例分别隐含着"无意中丢了桶子"或"不应该丢桶子""无意中出了主牌"或"不应该出主牌""无意中踩了蛇"或"不应该踩蛇"的意思。从中可以看出，"无定"跟"无意"关联在一起，但"无定"和"无意"不同，"无定"是就名词在语篇中的信息而言，"无意"是就说话人对动作的认知态度或认知方式而言。"无定"跟"有定"相对，"无意"跟"有意"相对。"有意""无意"跟"有定""无定"在处置式中的关联是："有意"的认知方式往往表现为处置对象（即 N）的"有定性"，如例（26）（32）；而"无意"的认知方式，既可以表现为处置对象的"有定性"，如例（29）（35），也可以表现为处置对象的"无定性"，如例（53）（54）（55）。反过来说，处置对象的"有定性"，既跟"有意"的认知方式关联，也跟"无意"的认知方式相关联，而处置对象的"无定性"，往往只跟认知方式的"无意"关联。

当处置对象为无定时，说话人关注和强调的焦点是处置的结果。这种现象说明，在处置式中，当处置的结果成为交际的焦点时，"N"可以不必是定指的。

（四）表处置的"担"和"把"

在隆回方言中，介词"把"也可以构成处置式。"把"白读〔ma¹³〕、〔ba¹³〕，文读〔pa³¹〕，基本义为"给"。如"咯本书把我算哩（这本书给我算了）"。

"担"和"把"各有各的用法，只有当它们都表处置时才能替换。表处置的"担"和"把"替换关系为：除了上述C类、D类否定形式的"担"不能用"把"去替代外，其余所表处置的"担"都可以用"把"去替换。换句话说，绝大部分表处置的"担"字句可以换成"把"字句，所有表处置的"把"字句可以换成"担"字句。由此看来，隆回方言中表处置的"把"字句与普通话的"把"字句非常接近。

在表处置意义时，用"担"也好，用"把"也好，意义基本不变。它们细微的差异体现在：

① 从说话者的年龄来看，老年人多用"把"，青年人多用"担"。

② 从出现的频率看，"担"广泛活跃在日常生活的口语中，使用频率高；"把"也常出现在口语中，不过带有文雅色彩。

③ 从出现的先后看，"把"字句出现在先，"担"字句出现在后。理由是老年人大都使用"把"；有些方言表处置时仍然用"把"，很少用"担"，但有用"担"去替换"把"的趋势。

④ 在"担""把"混用的地区，老年人会根据语气的不同，非常仔细地选择其中的一个；而青年人很少讲究这种区分，或者认为这种区分不再重要。

"把"字句和"担"字句所表达的语气稍有不同。使用"把"

字句，语气缓和、委婉，带有礼貌色彩；使用"担"字句，语气干脆、直爽，带有强制、命令口气。请看下列情景的话语。

（56）（老师对学生说）担作业交上来！

（57）（父对子说）你担咯把刀捡起者！

（58）（长辈对晚辈或平辈之间吩咐）你把饭煮出，把屋扫过了。

再看对比：

（59）其没担我上算，我就没朝咯多！（他没把我当回事，我就不会理睬他。）

（60）其没把我上算，就算着哩。（他没把我当回事，就算了。）

例（59）是牢骚话，用"担"；例（60）是自慰的话，语气平和。又如：

（61）你担碗盏洗过了。

（62）你把碗盏洗过了。

意思都是"你把碗洗了"，例（61）是命令、强制语气，用"担"；例（62）是缓和、礼貌语气，用"把"。

"担"和"把"的这些区别，与它们的基本义有直接联系。"担"的基本义是"拿"，对施事来说，有［＋取得］［－付出］义；"把"的基本义是"给"，对施事来说，有［－取得］［＋付出］义。"担"暗含强求取得的意思，语气当然生硬些，直爽些；"把"暗含请求付出的意思，语气当然缓和些、礼貌些。

第三节　表处置语气的"担"

一、语气助词"担"的主要作用

"担"可以处在句首或句中引出动词性词语，表达某种语气，可看成助词（见杨柏峻、何乐士，1992），它的主要用法有以下四种：

1. 引出一种处置行为，加强处置语气。讨论详见下文。

2. 引出行为、状态出现后伴随的结果。如：

（63）昨日捡起个屋，就担流哩。（昨天捡好的房子，就漏水了。）

（64）一个好后生，早没子担死过了。（一个好小伙子，早早的就死了。）

3. 引出表用途、目的动词性词语。如：

（65）咯滴饭担喂狗。（这些饭拿去喂狗。）

（66）哪个偷过了我个鸡嘛，担打命案呢。（骂街语）（谁偷了我的鸡，谁就会闹命案的。）

4. 引出表方式的动词。如：

（67）我担讲呢，你就担骂。（我这是说，可你却骂。）

（68）先动风，雨担空；先动雷，雨没来。（农谚）（如果先刮风，雨就会下非常大；如果先打雷，就不会下雨。）

上述2—4种作用的"担"一般不能省略。

二、表处置语气的"担"的分布

我们说语助词"担"有表处置语气的作用，是因为：处置对象常出现或隐现；"担"后的VP跟处置式对VP的要求相同；具有与处置式相同的处置意义。它通常出现在以下句式中：

1. 用于祈使句句首或句中。如：

（69）担捡起！（捡起它！）

（70）担打死！（打死你！）

（71）你只担关倒呢！（你只管关了它！）

（72）你莫担甩过了哩呢！（你别扔了它！）

其中的处置对象为交际双方共知的事物，通常不出现。这个"担"兼有祈使语气和处置语气。

有时也用于反问句中，如：

（73）你做么个担乱翻啦？（你为什么乱翻？）

2. 用于受事主语句，即 $N_{受}$ ＋担＋VP。如：

（74）咯只鸡吃唉唔不吃，只担宰过了。（这只鸡不吃食，只好杀了它算了。）

（75）咯身衣衫莫担散过_了哩。（这套衣服不要送人了。）

（76）咯双鞋子担甩过_了算哩。（这双鞋扔了算了。）

3. 与表处置的介词"担（把）"或表被动的介词"吃"连用，强调处置结果。即：担（把、吃）+ N + 担 + VP。如：

（77）我眯本书吃其担丢过_了。（我那本书被他丢了。）

（78）你何嘎担（把）我眯本书担丢过_了啦？（你怎么把那本书给丢了？）

（79）给我把咯滴书担包起啰。（替我把这些书包好吧。）

表处置语气的"担"可以省略或不出现。有的句子带"担"不带"担"语气不一样。试看对比：

（80）我担眯本书担丢过_了。（我把那本书丢了。）

（81）我担眯本书丢过_了哩。（我把那本书丢了。）

例（80）含有语助词"担"，强调结果，带有遗憾的语气；例（81）不带语助词"担"，为陈述语气，不含褒贬义。通常说语助词"担"可以强调结果或带不愉快的语气。

有的句子带"担"不带"把"，意义和语气完全一样。用不用完全取决于语用因素，比如说话人的习惯、说话的环境。这时的"担"便相当于一个衬字，起补充音节的作用。这种情况多见于几个"担"字连用或几个动作接连发生。如：

（82）你担碗（担）洗过_了者。（你把碗洗了吧。）

（83）咯身衣衫（担）脱唉下来（担）洗过_了算哩。（把这套衣服脱下来洗了算了。）

三、表处置语气的"担"与处置式的"担"的联系

表处置语气的"担"与处置式的"担"有密切的联系。它们共同使用一个有处置作用的虚词"担"；形式上，"担"后的 VP 都是复合式动词，意义上，VP 均包含处置动词和由该动作产生的影响、结果。除此之外，它们之间还有以下转换关系：

1. 受事主语句可以转换成处置式，即 N$_{受}$ + 担 + VP→担（把）+ N$_{受}$ + VP。根据当地人的语感，转换前后意义不变。如：

（84）衣衫担洗干净。→担（把）衣衫洗干净。

意义都是：把衣服洗干净。

（85）辣子担切烂。→担（把）辣子切烂。

意义都是：把辣椒切碎。

（86）鞋子担穿起。→担（把）鞋子穿起。

意义都是：把鞋穿上。

朱德熙（1982）曾指出：跟"把"字句关系是密切的不是"主—动—宾"句式，而是受事主语句。这对隆回方言来说，是很正确的，也是很明显的。因为这两种句式存在一个相同的语法标记词"担"，含有相同的语法意义（处置意义）并且可以互相转化。

2. 祈使句中的"担 + VP"可以转换成处置式"担（把）+ N + 担 + VP"。转换后，宾语出现了，成为特指处置对象。如：

（87）担关倒！→担门担关倒！（把门关上！）

（88）担倒过$_{了}$！——担水担倒过$_{了}$！（把水倒掉！）

上述例（71）（73）添上处置对象，可以说成：

（89）你只担门担关倒呢！（你只管把门关上！）

（90）你做么个担我个书担乱翻哪？（你为什么乱翻我的书？）

3. 几乎所有的肯定处置式都可以在 VP 前加上一个表处置的语助词"担"，以强调处置结果，即担（把）+ N + VP→担（把）+ N + 担 + VP。如：

（91）担水倒过$_{了}$！→担水担倒过$_{了}$！（把水倒掉！）

（92）把碗盏捡起！→把碗盏担捡起！（把碗收拾好！）

第四节 "担"字的连用及语序

一、"担"字的连用

处置式中的介词"担（把）"常和表工具的介词"担"、表处置

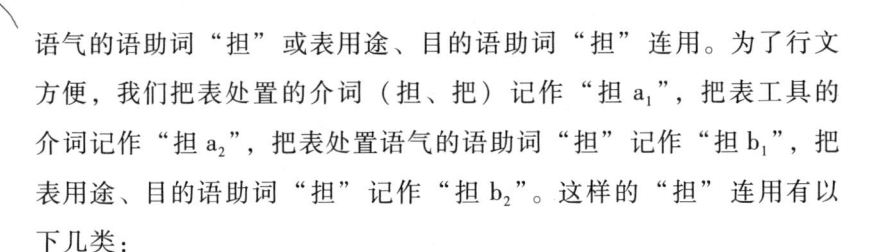

语气的语助词"担"或表用途、目的语助词"担"连用。为了行文方便，我们把表处置的介词（担、把）记作"担a_1"，把表工具的介词记作"担a_2"，把表处置语气的语助词"担"记作"担b_1"，把表用途、目的语助词"担"记作"担b_2"。这样的"担"连用有以下几类：

1. 担a_2 + 担a_1。

（93）担扫关担咯只屋扫过了者。（用扫帚把房子打扫一下。）

（94）担笼笼把咯滴鸡关倒。（用笼子把这些鸡关着。）

2. 担a_1 + 担b_1。

（95）你今日个事就是担衣衫担洗过了，担潲担炆出。（你今天的任务就是把衣服洗了，把猪食煮熟。）

3. 担a_2 + 担a_1 + 担b_1，其中的担b_1省去后，同上述1。

（96）担皮箍箍担头丝担扎起！（用橡皮筋把头发扎好！）

4. 担a_2 + 担a_1 + 担b_2。

（97）担桶桶把咯滴井水载倒担吃。（用桶子把这些井水盛着喝。）

5. 担a_1 + 担b_2。

（98）把咯滴辣子切烂担香菜。（把这些辣椒切碎作佐料）。

（99）担鸡笼放唉下来担关鸡。（把鸡笼放下关鸡。）

此外，担a_1还可以和表方式的介词"担"（这里记作担a_3）连用，如：

6. 担a_1 + 担a_3。

（100）照倒我个样，担书担咯嘎放起。（按我做的样子，把书这样放好。）

7. 担a_1 + 担a_3 + 担b_1，其中的担b_1省去后，同上述6。

（101）把咯滴画担我咯嘎担粘到壁壁高上。（照我的样子把这些画粘到墙上。）

当陈述几个先后发生的动作时，分句中可以有几个"担"字同时出现。如：

（102）担坛坛中间个水担倒过了，再担洗干净担晒干担载豆腐。（把坛子里的水倒掉，然后洗干净，晒干，用来盛豆腐。）

（103）担萝卜担咯下嘎切成片片担晒干，再担放到坛坛中间担坐倒，就要得哩。（照这样把萝卜切成片儿，然后晒干，再放到坛子里腌着，就可以了。）

几个"担"连用时，常常会出现替换与省略的现象，即用"把"替换担 a_1，担 b_1 省略。这样可以避免表处置对象的"担"和其他"担"字相混，也可以避免语句生硬、别扭，说起来也灵活多变。不过，替换和省略与否取决于语用。有时，几个"担"连用，倒显得干脆、有力。如上述的例（102）（103）。又如：

（104）担刀子担其担杀过了。（用刀子把他杀了。）

二、"担"连用的语序

当几个"担"连用时，人们通常可以接受的语序为：

担 a_2 + 担 a_1（把）+ 担 a_3 + 担 b_1 + 担 b_2

不过在具体运用时，四、五个意义不同的"担"同时出现在同一句子中的情况很少。

这种语序在具体的语境中也会出现变异，即 V 前的担 a_1、担 a_2、担 a_3 可以互相调换，体现了状语灵活性的特点。

常序是就句法关系来说的，变序就是信息表述关系来说的。人们在交际的通常按照"已知信息＞未知信息"或"旧信息＞新信息"的方式进行表达。句法关系要求人们采用常序，但信息表述关系则使人们采用了变序。如：

（105）担刀子担西瓜剖开者？（用刀子把西瓜切开，好吗？）

此句为常序，即担 a_2 + 担 a_1。有时由于信息表达的需要（即已知信息、旧信息居前），也可以说成：

（106）担咯个西瓜担眯把新刀子剖开者。（用那把新刀把西瓜切开。）

此句为变序，即担 a_1 + 担 a_2。

采用变序表达在句法上受到限制,这个限制便是:"担"前的名词性词语必须全部定指,必须含有表示定指意义的词语。变序有以下几类:

1. 常序:担 a_2 + 担 a_1 → 变序:担 a_1 + 担 a_2。上述(93)(94)可以说成:

(107)把咯只屋担那个扫关扫过$_了$者。(用那个扫帚把房子打扫一下。)

(108)把咯滴鸡担眯只笼笼关倒。(用那只笼子把这些鸡关着。)

2. 常序:担 a_2 + 担 a_1 + 担 b_1 → 变序:担 a_1 + 担 a_2 + 担 b_1。

上述(96)可以说成:

(109)把头丝担那滴皮箍箍担扎起。(用那些橡皮筋把头发扎起来。)

3. 常序:担 a_2 + 担 a_1 + 担 b_2 → 变序:担 a_1 + 担 a_2 + 担 b_2。

上述例(97)可以说成:

(110)担咯滴井水担眯只桶桶载倒担吃。(用那只桶子把这些井水盛着喝。)

4. 常序:担 a_1 + 担 a_3 → 变序:担 a_3 + 担 a_1。上述例(100)可以说成:

(111)担我咯下嘎把书好生放起。(照我做的样子,把书好好地放着。)

5. 常序:担 a_1 + 担 a_3 + b_1 → 变序:担 a_3 + a_1 + 担 b_1。

上述例(101)可以说成:

(112)担我咯嘎把咯滴画担粘到壁壁高上。(照我的样子把这些画贴到墙上。)

这些例句中,"担"前的名词都含有定指意义,或者都是表示定指的。

结　语

（一）在隆回方言中，处置式既可以用"把"表示，也可以用"担"表示，隆回方言中表处置的"把"字句与普通话的处置式很接近。表处置的"担"字句在形式和意义上比普通话的处置式要丰富，具体表现在：它有两种处置格式、有多种否定形式；处置对象常常凭借代词或语境定指，也可以不定指，"无定"跟"无意"这种认知方式有紧密联系。

（二）表处置意义时，除了使用由介词"担（把）"构成的处置式（即"担（把）+ N + VP"句式）外，还可以使用助词"担"，构成"N$_{受}$ + 担 + VP"句式和"担 + VP"句式，表示一种处置。如"把衣服收好"这句话，用隆回话可以说成"担（把）衣衫收起"，也可以说成"衣衫担收起"；当处置对象为双方共知的事物时，可以说成"担收起"。其中第一句为一般处置句，第二句为受事前置的处置句，第三句为无受事的处置句，属于祈使句。它们共同使用一个标记词"担"。表处置的介词"担（把）"也可以表处置语气的"担"连用，加强处置意义，如上述的例句还可以说成"担（把）衣衫担收起"。

（三）表处置的"担"字句和表处置的"把"字句语法意义相同，只是语气稍有差异："担"字句语气直爽、干脆，"把"字句语气缓和、礼貌。这种差异和"担""把"的本义有直接关系。在口语中，"担"有替代"把"的趋势。

（四）从该方言分布的区域看，表处置的"把"字句先于表处置的"担"字句出现。表处置的介词"担"字句是个后起的句式，表处置语气的"担"字句是个新兴的句式，它可能是在"担"有了介词表处置的用法后才形成的。"担"字虚化过程可以分四个阶段：动词阶段（本义）→ 向虚词过渡阶段→成为虚词阶段→连用阶段。如下表示：

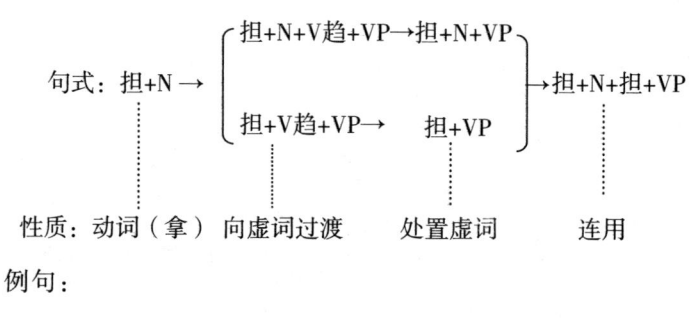

句式：担+N → { 担+N+V趋+VP → 担+N+VP ; 担+V趋+VP → 担+VP } → 担+N+担+VP

性质：动词（拿）　　　向虚词过渡　　　处置虚词　　　连用

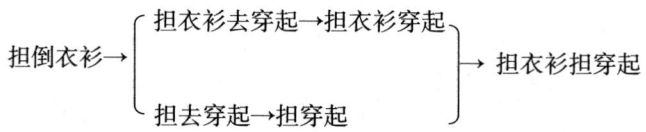

例句：担倒衣衫 → { 担衣衫去穿起 → 担衣衫穿起 ; 担去穿起 → 担穿起 } → 担衣衫担穿起

我们知道，普通话"把"的本义是"拿"。隆回方言"把"的基本义是"给"，"担"的基本义是"拿"，由介词"把""担"构成的处置式，其介词的来源不同。从"担"的发展来看，"担"是有了"拿"的意义之后才带有处置意义的，体现了"拿"义动词的语法化共性，表处置的"担"还有替代表处置的"把"的趋势。

第十八章　隆回湘语"吃"的语法化：从被动标记到因果标记

> 隆回湘语的"吃"是个多功能虚词。"吃"可以充当被动标记或表被动关系的介词。"吃"做副词，引出让人意想不到的结果，主要分布在转折复句中。"吃"还可以用作因果连词，用在因果复句引出一个表示原因或结果的分句。"吃"的语法化过程为：遭受动词→遭受义被动标记→意外副词→因果连词。

第一节　介词"吃"

在湖南隆回湘语中，表示被动关系的词是用"吃"[tʂʅ⁵⁵]（伍云姬，1998；丁加勇，2005）。隆回湘语中的这个"吃"是否与近代汉语的"吃"同源，有待进一步考察。这里要指出的是，在近代汉语中"吃"是个常见的表示被动关系的词语，"吃"又做"乞、喫"，来源于其动词"遭受"义，如"吃打"。"吃"在近代汉语中的用法，详见江蓝生（1989）、刘坚等（1992）。

隆回湘语以下的"吃"保留有遭受义：

（1）我今日吃_被你害，饭唉没弄倒。（我今天被你害，饭都没赶上。）

（2）你担那个穿起，有滴吃_被别个笑。（你那么穿，会被别人笑。）

（3）做滴好事子，莫吃被别个讲。（做点儿好事，别让别人说闲话。）

（4）其他今日总吃被哪个打哩呢。（他今天一定被谁打了。）

"吃"做表示被动关系的介词，引出动作者，后接名词宾语，结构形式为：N1＋吃＋N2＋VP，句子表示某对象遭受某事物一种动作而受到影响，句式的核心意义是"遭受影响"，遭受义是被动义的一种体现。表示被动关系的介词"吃"后一定要接名词宾语，不能与动词直接组合。不能说"吃害、吃笑、吃讲、吃打"。

"吃"做介词，引出动作者，句首主语为受影响者，结构形式为：N1＋吃＋N2＋VP，句式意义是表示某对象遭受某人的动作而受到影响，我们把这种句式称为遭受义"吃"字句。其中的动作对说话人而言大多是不如意的或意想不到的。有两种情形：

1. 句子的主语与"吃"的宾语一般有施受关系。如：

（5）眯那杯水吃被其吃过哩。（那杯水被他喝了。）

（6）眯那本书吃被其担着丢过。（那本书被他丢了。）

（7）眯那只桌子呢？——眯那只桌子好久早就吃被我甩扔过哩。（那张桌子呢？那张桌子早就被我扔了。）

2. 句子的主语与"吃"的宾语没有明显的施受关系，主语是受影响者（关涉者），动作的受事不出现或不明显。如：

（8）那把刀吃被其他切得腥个死。

（9）咯桌子高头上面吃被其刻起一滴字，刻个粉刻烂了。（这桌子上面被他刻了一些字，刻烂了。）

（10）那衣衫衣服高头上面吃被其滴起蛮多个油。（那衣服上面被他滴了许多油。）

（11）我今日今天吃被你烦个死。（我今天被你烦死了。）

（12）我吃被其拉湿一身。［我被他（拉尿）拉湿了一身。］

（13）今日唉要交钱，明日唉要交钱，我硬吃被你交怕过哩。（今天也要交钱，明天也要交钱，我都被你交怕了。）

（14）其尽倒到眯里敲，我吃被其敲醒过哩。（他不停地在那儿敲，我被他敲醒了。）

由介词"吃"构成的"吃"字句的句式配价情况，详见丁加勇（2005）。

从感情色彩上看，这种表遭受义的"吃"字句大多表示意想不到的事或不如意的事。体现在语篇中，这种在说话人看来是意想不到的事或不如意的事总由一定的原因或条件引起，所以在语篇中，表遭受义的"吃"字句往往充当结果分句，强调事件的结果。结果分句常常出现在因果复句或转折复句中。"吃"字句分布在因果复句中，如上述例（13）（14）。又如：

（15）其今日没带伞，吃_被雨淋得该死子。

（16）眯只桌子烂过哩，吃_被我甩_扔过哩。（那张桌子烂了，被我扔了。）

（17）其特吵哩，吃_被我就担_把其打一顿。

"吃"字句分布在转折复句中，还含有"意想不到"的感情色彩。如：

（18）眯个苹果哪家酸啊，也吃_被其吃过哩。（那个苹果好酸啊，也被他吃了。）

（19）咯个石头好重子，硬吃_被其翁_{他们}两个人抬起过。（这个石头好重啊，竟被他们两个人抬起来了。）

（20）桌子哪个牢实啊，也吃_被其打烂过。（桌子多么结实啊，也被他打烂了。）

第二节　副词"吃"

"吃"做副词，引出让人意想不到的结果。主要分布在转折复句中，相当于"竟然""想不到"。句中常有语气副词"也"与之同现。此时句子的施事在动词前，而受事在动词后或者受事不出现，"吃"则位于句首，引出一个完整的主谓句，"吃"前面不能再出现主语，所以"吃"相当于一个引出小句的副词，它的被动义已不很明显。总之，句子主语与"吃"后的成分之间已不是受——施关系，而是施——施关系或同指关系，结构形式为："N 施 + 吃 + N 施 + VP"，或"N 施 + VP，吃 + N 施 + VP"。由此可见，这种语序已不是典型的被动句的语序了。如：

（21）其哪家傻呢，也吃其考起大学哩。（他多么傻啊，竟然也考上大学了。）

（22）其哪个坏法子子，也吃其当倒老师哩。（他坏透了，竟然也当上了老师。）

（23）一个那样个人，也吃其入过党哩。（一个那样的人，竟然也入了党。）

（24）我一$_又$还没回来开门，也吃其进去过哩。（我还没回来开门，他竟然也进去了。）

上述"吃"引出的均是说话人认为是意想不到的结果小句。

现在从语用上分析这个"意想不到"的意义是怎样产生的。这类句子往往包含着一个会话隐含义，准确说是包含一个隐含义（conversational implicature，详见沈家煊，1999a）。如果我们把前面的条件句记作 a，把后面的结果句记作 b，那么这个隐含义是：如果有条件 a，一般不会出现结果 b，即 a 隐含 b。比如说话人认为"他那么傻，应该考不上大学。""他那么坏，应该不能做老师。"即：

（25）a. 他很傻。

b. 他应该考不上大学。

（26）a. 他很坏。

b. 他应该不能做老师。

其中 a 隐含 b。如果 a 为真，b 一般为真。而句子的事实是正好相反，事实上出现了这个结果，这就与上述隐含义相违背。正因为这样，说话人才感到"意想不到"，句子才会产生"意想不到"的意义。因为隐含义具有"可取消性"和"可追加性"的特点，隐含义在特定的情形下可以被否定，但是否定句子的隐含义是有标记的（沈家煊，1999a）。"吃"的作用就在于引出否定句子隐含义的那个部分，由被动标记发展而来的"吃"可以看成是否定隐含义的一个标记。我们可以把充当隐含义的两个小句和充当否定隐含义的那个小句组合起来，"吃"引出的是那个否定隐含义的小句，没有这个"吃"，句子不成立，如：

(27) a. 其哪个傻呢，何考得大学起奈？后来何个也吃其考起大学哩。（他多么傻啊，怎么能考上大学呢？后来不知怎么他竟然也考上了大学。）

b. *其哪个傻呢，何考得大学起奈？后来其也考起大学哩。

(28) a. 其哪个坏法子子，何当得老师倒奈？后来也吃其当倒老师哩。（他坏透了，怎么能当上老师呢？后来竟然也当上了老师。）

b.*其哪个坏法子子，何当得老师倒奈？后来其也当倒老师哩。

下列 a 句的"吃"还可以位于句首，引出一个有"意想不到"意义的条件小句，相当于"亏"，是上述用法的进一步引申。如：

(29) a. 吃你是个男子汉，也担咯个怕噢。（亏你是个男子汉，也这么害怕。）

b. 哪担咯个怕噢，吃你是个男子汉。（怎么这么害怕呀，亏你是个男子汉。）

(30) a. 吃其穿起眯多八多衣衫，也喊冻。（亏他穿了这么多衣服，还说冷。）

b. 其穿起眯多八多衣衫，也吃其喊冻。

在这里，上述例句中的 a 句中"吃"的作用依然是否定隐含义，只不过这个表达否定隐含义的句子不是一个小句，而是由一个包括条件句和结果句的复杂句子。

第三节　连词"吃"

隆回湘语的"吃"还可以用作连词，引出一个表示原因或结果的分句。如：

(31) 我和其去吃酒席，吃其吃酒特吃多哩，给别个打过一餐。(我和他去吃酒席，由于他喝酒太喝多了，把别人打了一顿。)

(32) 其调皮死哩，喊一还喊唔_不倒，吃我就告诉过其翁_{他们}老师。(他太调皮了，劝又不听劝，于是我就告诉了他老师。)

前一句"吃"表原因，后一句"吃"表结果，它们都不表被动，原因是"吃"引出的部分是一个主谓齐全的分句。而被动标记的作用就是将受影响者（如动词的受事、工具、处所、材料、对象等）前置于句首；如果受事依然出现在谓语部分，则显示不出被动标记表示被动的作用。这两句动词的受事（即"酒、其翁老师"）依然出现在谓语部分充当宾语，句子依然是"施—动—受"句，"吃"就在"施—动—受"句的前面，引出原因或结果。

一、"吃"引出结果分句

"吃"引出结果分句，强调结果，相当于"结果""于是"。"吃"前的几个分句已含有转折关系。如：

(33) 我到其翁屋底_{他们家里}做客，其朝_{理睬}唉唔_不朝，吃我就担行过。(我到他家做客，他理也不理，于是我就走了。)

(34) 其个车子压死只鸡，停唉没停，吃我就把其个车子担拦倒过。(他的车子压死了一只鸡，停也没停，结果我就把他的车子给拦住了。)

(35) 我要其翁_{他们}两个人读书，哪晓得其翁在眯里吵，吃我就给其翁一个骂一顿。(我要他们两个人读书，谁知道他们在那儿吵，于是我就把他们每人骂了一顿。)

这类"吃"字句所反映的事件往往包括三个过程：①甲乙之间出现了某种动作；②但乙的动作未遂甲意；③于是甲施加了对乙有不利影响的动作。其中过程③是事件的焦点和结果，"吃"引出过程③强调结果。反映在话语中，整个句子的结构形式和结构层次为：[(分句1, 分句2), 吃+分句3], 其中分句1和分句2有转折关系，分句2和分句3有因果关系。"吃"引出结果分句3。

有时过程②包含在过程①中，或不说自明，于是整个事件可以由两个分句充当：[原因分句，(吃+结果分句)]。如上例（30）可以说成：

(36) 其个车子压死只鸡，吃我就把其个车子担拦倒过。(他的车子压死了一只鸡，于是我就把他的车子给拦住了。)

由于上述三个过程可以由三个分句充当，也可以由多个分句或三个句子充当，所以结构形式和结构层次可以改写为：[(语段1，语段2)，吃+语段3]，语段1、语段2和语段3分别代表三个过程，其结构关系和结构层次依然不变。比如上述例（29）可以扩展为：

(37) 我到其翁屋头_{他家}做客，其朝唉唔_不朝，理唉唔_不理，吃我饭唉没吃，东西没要，就担行过。(我到他家做客，他理也不理，于是我饭也没吃，东西也没要，就走了。)

简单分析如下：

<u>我到其翁屋头做客，</u>‖<u>其朝唉唔朝，理唉唔理，</u>｜<u>吃我饭唉</u>
　语段1　　　（转折）　　　　语段2　　　　（因果）语段3
<u>没吃，东西没要，就担行过。</u>

二、"吃"引出原因分句

"吃"引出原因分句，相当于"由于"。如：

(38) 我昨夜间咳得该死子，后来吃我吃过滴西药子，就好滴哩。(我昨晚咳得很厉害，后来由于我吃了些西药，就好些了。)

(39) 我向其借钱，其死着_都唔_不肯，后来吃我扯个谎，才借倒过。(我向他借钱，他怎么都不肯，后来我撒了个谎，才借到了。)

(40) 咯碗菜动手_{开始}特咸哩，后来吃我放滴水一煮一煮，还吃得哩。(这碗菜开始太咸了，后来我放了一些水反反复复煮，就能吃了。)

这类"吃"字句所反映的事件往往也包括三个过程：①出现了某种动作或状态；②某人对该动作或状态施加了影响；③由此产生

了一种结果，这种结果可以是意想不到的，也可以是预料之中的，可以是有利的、好的结果，也可以是不利的、不好的结果。其中过程②③是事件的焦点，"吃"引出过程②，强调一种可以导致某种结果的原因。反映在话语中，整个句子的结构形式和结构层次为：[分句1，（吃＋分句2，分句3）]。其中分句1和分句2有转折关系，分句2和分句3有因果关系，"吃"引出原因分句2。

上述三个过程也可以由多个分句或三个句子充当，所以结构形式和结构层次也可以改写为：[语段1，（吃＋语段2，语段3）]，语段1、语段2和语段3分别代表三个过程。比如上述例（38）可以扩展为：

(41) 我昨夜间咳得该死子，后来吃我到肖医生睐里，打过一针，还吃过滴西药子，就好滴哩。（我昨晚咳得很厉害，后来由于我到肖医生那里打了一针，还吃了些西药，就好些了。）

简单分析如下：

我昨夜间咳得该死子，｜后来吃我到肖医生睐里，打过一针，，
    语段1　　　　　　（转折）　　　　　　语段2

还吃过滴西药子‖就好滴哩。
　　　　（因果）语段3

上述例（39）也可以扩展为：

(42) 我向其借钱，其死着唔肯。后来吃我扯个谎，讲是你爷老子要我来借个，才借倒过。（我向他借钱，他死都不肯，后来我扯了个谎，说是你父亲要我来借的，才借到了。）

三、近代汉语表原因和结果的"吃"

近代汉语的"吃""被"也有类似表示原因和结果的用法，不过大多表示原因。

1. "吃""被"表示原因。如：

(43) 济州城中客店内，歇着一个客人，姓叶名春，原是泗州人氏，善会造船。因来山东，路经梁山泊过，被他那里小伙头目劫了

本钱，流落在济州，不能够回乡。(《水浒传》，80回)

（44）那妇人道："一言难尽！自从嫁得你哥哥，吃他忒善了，被人欺负；清河县里住不得，搬来这里。"(《水浒传》，23回)

（45）乾娘，你端的智赛隋何，机强陆贾！不瞒乾娘说：我不知怎地，吃他那日叉帘子时，见了这一面，却似收了我三魂七魄的一般。(《水浒传》，23回)

（46）那时俺便要杀这两个撮鸟，却被客店里人多，恐防救了。(《水浒传》，9回)

2. "被""吃"一前一后出现，其中一个表示原因，一个表示结果。如：

（47）李逵说起："柴大官人因去高唐州看亲叔叔柴皇城病症，却被本州高知府妻舅殷天锡，要夺屋宇花园，殴骂柴进，吃我打死了殷天锡那厮。"(《水浒传》，52回)

刘坚等（1992：213）认为，表示原因的"吃"是从被动用法引申出来的。从逻辑上讲，被动一般表示遭受某种不幸，而这种不幸往往成为某种事态或结果的原因。"吃"表示原因和结果的用法正是循着这一逻辑关系产生的。

结　语

隆回湘语的"吃"是个典型的被动标记，除了用作介词表达关系以外，还有副词和连词用法。"吃"做副词，引出让人意想不到的结果，主要分布在转折复句中；"吃"用作连词，用在因果复句引出一个表示原因或结果的分句。隆回湘语"吃"的用法继承了近代汉语"吃""被"的用法，但比近代汉语"吃""被"的用法更丰富。"吃"的语法化过程为：遭受动词→遭受义被动标记→意外副词→因果连词。

参考文献

[1] ［丹麦］奥托·叶斯柏森. 语法哲学［M］. 何勇, 等, 译. 北京: 语文出版社, 1988.

[2] 鲍厚星, 沈若云, 伍云姬. 长沙方言词典［M］. 南京: 江苏教育出版社, 1993.

[3] 曹逢甫. 主题在汉语中的功能研究——迈向语段分析的第一步［M］. 北京: 语文出版社, 1995.

[4] 曹广顺. 近代汉语助词［M］. 北京: 语文出版社, 1995.

[5] 曹志耘. 汉语方言里表示动作次序的后置词［J］. 语言教学与研究, 1998（4）.

[6] 陈晖. 涟源方言研究［M］, 长沙: 湖南教育出版社, 1999.

[7] 陈晖, 鲍厚星. 湖南省汉语方言（稿）［J］. 方言, 2007（3）.

[8] 陈玲. 长沙方言的同义单双音节介词对比研究［D］. 湖南师范大学硕士学位论文, 2013.

[9] 陈平. 释汉语中与名词性成分相关的四组概念［J］. 中国语文, 1987（2）.

[10] 陈平. 试论汉语中三种句子成分与语义成分的配位原则［J］. 中国语文, 1994（3）.

[11] 陈平. 论现代汉语时间系统的三元结构［J］. 中国语文, 1988（6）.

[12] 陈蒲清. 桃源方言的复数语尾"岸"［J］. 湘潭大学学报, 湖南方言专辑（增刊）, 1983.

[13] 陈淑梅. 湖北英山方言志［M］. 武汉: 华中师范大学出版社, 1989.

[14] 陈淑梅. 鄂东方言"数+量+O"的结构［J］. 方言, 2003（2）.

[15] 陈兴伟. 义乌方言量词前指示词的数词的省略［J］. 中国语文, 1992（3）.

[16] 陈玉洁. 量名结构与量词的定语标记作用［J］. 中国语文, 2007（6）.

[17] 陈玉洁. 中性指示词与中指指示词［J］. 方言, 2011（2）.

［18］程工. 评《题元原型角色与论元选择》［J］. 国外语言学，1995（3）.

［19］储泽祥. 现代汉语后缀语助词的数排式［J］. 湖北大学学报（哲学社会科学版），1995（6）.

［20］储泽祥. 单音节动词的叠结现象［A］. 语法研究和探索（九）［C］. 北京：商务印书馆，2000.

［21］储泽祥. "名＋数量"语序与注意焦点［J］. 中国语文，2001（5）.

［22］储泽祥. "一个人"的固化及其固化过程［J］. 华中师范大学学报（人文社科），2003（5）.

［23］储泽祥，邓云华. 指示代词的类型和共性［J］. 当代语言学，2003（4）.

［24］储泽祥，丁加勇，曾常红. 湖南慈利通津铺话中的"两个"［J］. 方言，2006（3）.

［25］大河内康宪. 量词的个体化功能［J］. 汉语学习，1988（6）.

［26］戴庆厦，徐悉艰. 景颇语语法［M］. 北京：中央民族学院出版社，1992.

［27］［英］戴维·克里斯特尔. 现代语言学词典［M］. 沈家煊，译. 北京：商务印书馆，2000.

［28］邓思颖. 作格化和汉语被动句［J］. 中国语文，2004（4）.

［29］丁加勇. 隆回方言中表处置的"担"//伍云姬编. 汉语方言共时与历时语法研讨论文集［M］. 广州：暨南大学出版社，1999.

［30］丁加勇. 隆回方言代词系统//伍云姬主编. 湖南方言的代词［M］. 长沙：湖南师范大学出版社，2000.

［31］丁加勇. 现代汉语语法研究与应用［M］. 海口：海南出版社，2001.

［32］丁加勇. 汉语方言句末"着"的类型学考察［J］. 常德师范学院学报，2003（1）.

［33］丁加勇. 隆回湘语动词句式及其配价研究［D］. 湖南师范大学博士学位论文，2003.

［34］丁加勇. 隆回湘语被动句主语的语义角色——兼论句式配价的必要性［J］. 中国语文，2005（5）.

［35］丁加勇. 湘方言动词句式的配价研究——以隆回方言为例［M］. 长沙：湖南师范大学出版社，2006.

［36］丁加勇. 隆回湘语双宾句句式研究//汪国胜主编. 汉语方言语法研究［M］. 武汉：华中师范大学出版社，2007.

［37］丁加勇. 汉语语义角色与句式的互动研究［M］. 广州：世界图书出版公

司，2015.

[38] 丁加勇，刘娟. 湖南常德话表达事件连类复数的"VP俺"结构[J]. 中国语文，2011（5）.

[39] 丁加勇，张敏. 从湘方言动词句式看双及物结构语义地图//李小凡，张敏，郭锐，等. 汉语多功能语法形式的语义地图研究[M]. 北京：商务印书馆，2015.

[40] 董秀芳. 北京话名词短语前阳平"一"的语法化倾向//吴福祥，洪波主编.《语法化与语法研究》（一）[M]，北京：商务印书馆，2003.

[41] 董秀芳. 话题标记来源补议[J]. 古汉语研究，2012（3）.

[42] 范继淹. 论介词短语"在+处所[J]. 语言研究，1982（1）.

[43] 范晓. 动词的配价与汉语的把字句[J]. 中国语文，2001（4）.

[44] 方梅. 指示词"这"和"那"在北京话中的语法化[J]. 中国语文，2002（4）.

[45] 方梅. 篇章语法与汉语篇章研究[J]. 中国社会科学，2005（6）.

[46] 冯春田. 近代汉语语法问题研究[M]. 济南：山东教育出版社，1991.

[47] 傅雨贤，周小兵，李炜，等. 1997. 现代汉语介词研究[J]. 广州：中山大学出版社，1997.

[48] 高福生. 南昌话里的句尾"着"[J]. 江西师范大学学报，1990（2）.

[49] 高福生.《金瓶梅》里的句尾"着"[J]. 江西教育学院学报，1991（2）.

[50] 郭锐. 现代汉语词类研究[M]. 北京：商务印书馆，2002.

[51] 郭锐. 概念空间和语义地图：语言变异和演变的限制和路径//对外汉语研究[M]. 北京：商务印书馆，2012.

[52] 侯精一. 现代晋语的研究[M]. 北京：商务印书馆，1999.

[53] 胡得命. 安徽芜湖清水话中的"无宾把字句"[J]. 中国语文，2006（4）.

[54] 胡光斌. 遵义话中的"名+量"[J]. 中国语文，1989（2）.

[55] 胡明扬. 北京话的语气助词和叹词[J]. 中国语文，1981（5）（6）.

[56] 胡明扬. 语气助词的语气意义[J]. 汉语学习，1988（6）.

[57] 胡明扬. 单项对比分析法——制定一种虚词语义分析法的尝试[J]. 中国语文，2000（6）.

[58] 胡静. 祁东方言被动句主语的语义角色考察[J]. 湘南学院学报，（4）.

[59] 黄伯荣. 汉语方言语法类编 [M]. 青岛：青岛出版社，1996.

[60] 黄晓雪，贺学贵. 安徽宿松方言引进与事的"在" [J]. 湖北师范学院学报（哲学社会科学版），2006（3）.

[61] 江蓝生. 处所词的领格用法与结构助词"底"的由来 [J]. 中国语文，1999（2）.

[62] 江蓝生. 时间词"时"和"後"的语法化 [J]. 中国语文，2002（4）.

[63] 雷冬平，胡丽珍. 江西安福方言表复数的"物" [J]. 中国语文，2007（3）.

[64] 李蓝. 汉语的人称代词复数表示法 [J]. 方言，2008（3）.

[65] 李蓝. 西南官话的分区（稿） [J]. 方言，2009（1）.

[66] 李临定. 现代汉语句型 [M]. 北京：商务印书馆，1986.

[67] 李启群. 湖南凤凰方言同音字汇 [J]. 方言，2011（4）.

[68] 李如龙，张双庆. 动词谓语句 [A]. 中国东南部方言比较丛书（第三辑）[C]. 广州：暨南大学出版社，1997.

[69] 李小凡. 苏州方言的体貌系统 [J]. 方言，1998（3）.

[70] 李小凡. 苏州方言语法研究 [M]. 北京：北京大学出版社，1988.

[71] 李小凡，张敏，郭锐，等. 汉语多功能语法形式的语义地图研究 [M]. 北京：商务印书馆，2015.

[72] 李宇明. 领属关系与双宾句分析 [J]. 语言教学与研究，1996（3）.

[73] 廖秋忠. 现代汉语篇章中的指同的表达 [J]. 中国语文，1986（2）.

[74] 刘柏祥. 北京话"一+名"结构分析 [J]. 中国语文，2004（1）.

[75] 刘丹青. 汉语给予类双及物结构的类型学考察 [J]. 中国语文，2001（5）.

[76] 刘丹青. 汉语类指成分的语义属性和句法属性 [J]. 中国语文，2002（5）.

[77] 刘丹青. 语序类型学与介词理论 [M]. 北京：商务印书馆，2003.

[78] 刘丹青. 语法化中的共性与个性，单向性与双向性——以北部吴语的同义多功能虚词"搭"和"帮"为例 [A]. 吴福祥、洪波主编. 语法化与语法研究 [C]. 北京：商务印书馆，2003.

[79] 刘丹青. 语法调查研究手册 [M]. 上海：上海教育出版社，2008.

[80] 刘坚. 近代汉语读本 [M]. 上海：上海教育出版社，1985.

[81] 刘坚. 试论"和"字的发展，附论"共"字和"连"字 [J]. 中国语

文，1989（6）．

[82] 刘坚，曹广顺，吴福祥．论诱发汉语词汇法化的若干因素［J］．中国语文，1995（3）．

[83] 刘坚，江蓝生，白维国，曹广顺．近代汉语虚词研究［M］．北京：语文出版社，1992．

[84] 刘街生．现代汉语同位组构研究［M］．武汉：华中师范大学出版社，2004．

[85] 刘乃仲．关于《"打碎了他四个杯子"与约束原则》一文的几点疑问［J］．中国语文，2001（6）．

[86] 陆丙甫．从宾语标记的分布看语言类型学的功能分析［J］．当代语言学，2001（4）．

[87] 陆丙甫．语序优势的认知解：论可别度对语序的普遍影响（上）（下）［J］．当代语言学，2005（1）（2）．

[88] 陆俭明．关于现代汉语里的疑问语气词［J］．中国语文，1984（5）．

[89] 陆俭明．关于"去＋VP"和"VP＋去"句式［J］．语言教学与研究，1985（4）．

[90] 陆俭明．周遍性主语句及其他［J］．中国语文，1986（3）．

[91] 陆俭明．现代汉语中数量词的作用［A］．语法研究和探索（四）［C］．北京：北京大学出版社，1988．

[92] 陆俭明．八十年代中国语法研究［M］．北京：商务印书馆，1993．

[93] 陆俭明．再谈"吃了他三个苹果"一类结构的性质［J］．中国语文，2002（4）．

[94] 陆俭明．"句式语法"理论与汉语语法研究［J］．中国语文，2004（5）．

[95] 陆俭明，马真．现代汉语虚词散论．北京：语文出版社，1999．

[96] 罗昕如．新化方言研究［M］．长沙：湖南教育出版社，1998．

[97] 罗昕如．湘方言词汇研究［M］．长沙：湖南师范大学出版社，2006．

[98] 吕叔湘．中国文法要略［M］．北京：商务印书馆，1942．

[99] 吕叔湘．现代汉语八百词［M］．北京：商务印书馆，1980．

[100] 吕叔湘．"把"字用法的研究［A］．汉语语法论文集（修订本）［C］．北京：商务印书馆，1984a．

[101] 吕叔湘．释景德传灯录中在、著二助词［A］．汉语语法论文集［C］．北京：商务印书馆，1984b．

[102] 吕叔湘, 江蓝生. 近代汉语指代词 [M]. 上海: 学林出版社, 1985.

[103] 马贝加. 介词"同"的产生 [J]. 中国语文, 1993 (2).

[104] 马庆株. 现代汉语双宾语的构造 [J]. 语言学论丛. (第十辑). 北京: 商务印书馆, 1983.

[105] 马文忠. 大同方言语助词"着"[J]. 中国语文, 1992 (1).

[106] 马学良. 藏缅语新论 [M], 北京: 中央民族学院出版社, 1994.

[107] 马真. "把"字句补议 [A]. 陆俭明, 马真. 现代汉语虚词散论 [C]. 北京: 北京大学出版社, 1985.

[108] 马真. 现代汉语虚词研究方法论 [M]. 北京: 商务印书馆, 2004.

[109] 孟玉珍. 湖南黔阳方言被动句式研究 [D]. 湖南师范大学硕士学位论文, 2006.

[110] 孟玉珍. 洪江(黔城)方言被动句的语义分析 [J]. 湖南科技学院学报, 2011 (6).

[111] 梦庆泰, 罗富腾. 淄川方言志 [M]. 北京: 语文出版社, 1994.

[112] 潘秋平. 上古汉语双及物结构再探 [J]. 历史语言学研究, 2010 (3).

[113] 潘秋平, 王毓淑. 从语义地图看《左传》中的"以"[J], 语言学论丛 (第43辑), 北京: 商务印书馆, 2011.

[114] 潘悟云, 陶寰. 吴语的指代词 [A]. 代词 [C]. 李如龙、张双庆主编. 广州: 暨南大学出版社, 1999.

[115] 彭逢澍. 娄底方言的介词 [A]. 湖南方言的介词 [C]. 伍云姬编. 长沙: 湖南师范大学出版社, 1998.

[116] 彭逢澍. 湖南方言"咖、嘎"等本字即"过"考 [J]. 语言研究, 1999 (2).

[117] 钱乃荣. 北部吴语研究 [M]. 上海: 上海大学出版社, 2003.

[118] 钱文彩. 汉德语言实用对比研究 [M], 北京: 外语教学与研究出版社, 2001.

[119] 乔全生. 再论洪桐方言助词"着"的用法 [J]. 中国语言学报, 1999 (9).

[120] 阮桂君. 宁波方言非受事主语被动句考察 [J]. 语言研究, 2014 (3).

[121] 邵敬敏. "语气词'呢'在疑问句中的作用"[J]. 中国语文, 1989 (3).

[122] 沈家煊. "有界"和"无界"[J]. 中国语文, 1995 (5).

[123] 沈家煊. 实词虚化的机制——《演化而来的语法》评介 [J]. 当代语言学, 1998 (3).

[124] 沈家煊. 不对称和标记论 [M]. 南昌: 江西教育出版社, 1999a.

[125] 沈家煊. 转指和转喻 [J]. 当代语言学, 1999b (1).

[126] 沈家煊. "在"字句和"给"字句 [J]. 中国语文, 1999c (2).

[127] 沈家煊. 认知语法的概括性 [J]. 外语教学与研究, 2000a (1).

[128] 沈家煊. 句式和配价 [J]. 中国语文, 2000b (4).

[129] 沈家煊. 语言的"主观性"和"主观化 [J]. 外语教学与研究, 2001 (4).

[130] 沈家煊. 如何处置"处置式"——论把字句的主观性 [J]. 中国语文, 2002 (5).

[131] 沈家煊. 复句三域"行、知、言" [J]. 中国语文, 2003 (3).

[132] 沈家煊, 王冬梅. "N 的 V"和"参照体—目标"构式 [J]. 世界汉语教学, 2000 (4).

[133] 施其生. 广州方言的"量+名"组合 [J]. 方言, 1996 (2).

[134] 施其生. 汕头方言的动词谓语句 [A]. 动词谓语句 [C]. 李如龙, 张双庆主编. 广州: 暨南大学出版社, 1997.

[135] 石汝杰, 刘丹青. 苏州方言量词的定指用法及其变调 [J]. 语言研究, 1985 (1).

[136] 石毓智. 量词、指示代词和结构助词的关系 [J]. 方言, 2002 (2).

[137] 宋恩泉. 汶上方言志 [M]. 济南: 齐鲁书社, 2005.

[138] 宋玉柱. 现代汉语特殊句式 [M]. 太原: 山西教育出版社, 1991.

[139] 孙宏开. 藏缅语量词的发展——兼论量词发展的阶段层次 [J]. 中国语言学报, 1988 (3).

[140] [日] 太田辰夫. 中国语历史文法 [M]. 蒋绍愚, 徐昌华, 译. 北京: 北京大学出版社, 1987.

[141] 唐钰明. 汉魏六朝被动式略论 [J]. 中国语文, 1987 (3).

[142] 陶红印. 从"吃"看动词论元结构的动态特征 [J]. 语言研究, 2000 (3).

[143] 童盛强. 列举助词"这样" [J]. 西北师大学报. (社会科学版), 2002 (5).

[144] 涂光禄. 贵阳方言中表示复数的"些" [J]. 中国语文, 1990 (6).

[145] 汪平．贵阳方言词典［M］．南京：江苏教育出版社，1994．

[146] 汪国胜．大冶方言的双宾句［J］．语言研究，2000（3）．

[147] 汪化云．方言指代词与复数标记［J］．中国语文，2011（3）．

[148] 汪化云．黄冈方言文白异序现象初探［J］．历史语言研究所集刊，2001（3）．

[149] 汪化云．鄂东方言研究［M］．成都：巴蜀书社，2004．

[150] 汪平．贵阳方言词典［M］．南京：江苏教育出版社，1994．

[151] 王晖．山东临朐话的时间助词"着"［J］．中国语文，1991（2）．

[152] 王健．汉语双宾动词与日语相关动词的比较［J］．汉语学习，2001（6）．

[153] 王健，顾劲松．涟水（南禄）话量词的特殊用法［J］．中国语文，2006（3）．

[154] 王静，王洪君．动词的配价与被字句［A］．沈阳，郑定欧．现代汉语配价语法［C］．北京：北京大学出版社，1995．

[155] 王力．中国现代语法［M］．济南：山东教育出版社，1943．

[156] 王力．汉语史稿［M］．北京：中华书局，1980．

[157] 王力．汉语语法史［M］．北京：中华书局，1989．

[158] 王群生．湖北荆沙方言［M］．武汉：武汉大学出版社，1994．

[159] 吴福祥．敦煌变文语法研究［M］．长沙：岳麓书社，1996．

[160] 吴福祥．多功能语素与语义图模型［J］．语言研究，2011（1）．

[161] 吴福祥．关于语法演变的机制［J］．古汉语研究，2013（3）．

[162] 吴福祥．汉语伴随介词语法化的类型学研究［J］．中国语文，2003（1）．

[163] 吴福祥．从"得"义动词到补语标记——东南亚语言的一种语法化区域［J］．中国语文，2009（3）．

[164] 吴福祥．语法化的新视野——接触引发的语法化［J］．当代语言学，2009（3）．

[165] 吴福祥．多功能语素与语义图模型［J］．语言研究，2011（1）．

[166] 吴福祥．语义图语法化［J］．世界汉语教学，2014（1）．

[167] 吴福祥，张定．语义图模型：语言类型学的新视角［J］．当代语言学，2011（4）

[168] 伍云姬．湖南方言的动态助词［M］．长沙：湖南师范大学出版

社，1996.

[169] 伍云姬. 湖南方言的介词［M］. 长沙：湖南师范大学出版社，1998.

[170] 伍云姬. 湖南方言中表被动之介词所引起的思考［A］. 湖南方言的介词［C］. 伍云姬编. 长沙：湖南师范大学出版社，1998.

[171] 肖黎明. 贵州省沿河话的"些"字［J］. 方言，1990（3）.

[172] 肖治野，沈家煊. "了$_2$"的行、知、言三域［J］. 中国语文，2009（6）.

[173] 萧国政. 武汉方言"着"字与"着"字句［J］. 方言，2000（1）.

[174] 谢留文. 南昌县（蒋巷）方言的两个虚词"是"与"着"［J］. 中国语文，1998（2）.

[175] 邢福义. 小句中枢说［J］. 中国语文，1995（6）.

[176] 邢福义. 汉语语法学［M］. 黑龙江：东北师范大学出版社，1996.

[177] 邢福义. 说"句管控"［J］. 方言，2001（2）.

[178] 邢福义. 承赐型"被"字句［J］. 语言研究，2004（1）.

[179] 邢福义. 归总性数量框架与双宾语［J］. 语言研究，2006（3）.

[180] 徐杰. "打碎了他四个杯子"与约束原则［J］. 中国语文，1999（3）.

[181] 徐杰. 语义上的指同关系与句法上的双宾句式［J］. 中国语文，2004（4）.

[182] 徐赳赳. 现代汉语篇章回指研究［M］. 北京：中国社会科学出版社，2003.

[183] 徐烈炯，刘丹青. 话题的结构与功能［M］. 上海：上海教育出版社，1998.

[184] 徐盛桓. A and B 语法化研究［J］. 外语教学与研究，2004（1）.

[185] 杨伯峻，何乐士. 古汉语语法及其发展［M］. 北京：语文出版社，1992.

[186] 杨剑桥. 吴语"指示词＋量词"的省略式［J］. 中国语文，1988（4）.

[187] 杨耐思，沈士英. 藁城方言的"们"［J］. 中国语文，1958（6）.

[188] 易亚新. 常德方言语法研究［M］. 北京：学苑出版社，2007.

[189] 应雨田. 湖南安乡方言［M］. 北京：中国社会科学出版社，1994.

[190] 游汝杰. 论台语量词在汉语南方方言中的底层遗存［J］. 民族语文，1982（2）.

[191] 于江. 近代汉语"和"类虚词的历史考察［J］. 中国语文，1996（6）.

[192] 余义兵. "这样"不是列举助词———兼与童盛强先生商榷［J］. 沈阳教育学院学报, 2007 (3).

[193] 俞士汶, 等. 现代汉语语法信息词典详解［M］. 北京: 清华大学出版社, 1998.

[194] 袁毓林. 汉语动词的配价研究［M］. 南昌: 江西教育出版社, 1998.

[195] 袁毓林. 论元角色的层级关系和语义特征［J］. 世界汉语教学, 2002 (3).

[196] 詹开第. "把"字句谓语中动作的方向［J］. 中国语文, 1983 (2).

[197] 张林. 九江话里的"着"［J］. 中国语文, 1991 (5).

[198] 张敏. 认知语言学与汉语名词短语. 北京: 中国科学出版社, 1998.

[199] 张敏. 空间地图和语义地图上的"常"与"变": 以汉语被动、使役、处置、工具、受益者等关系标记为例［R］, 中国社会科学院语言研究所演讲稿, 2008 - 01 - 10.

[200] 张敏. 汉语方言处置式标记的类型学地位及其他［R］. 北京大学中国语言学研究中心演讲稿, 2008 - 01 - 08.

[201] 张敏. 如何从一个省的汉语方言语料导出人类语言共性规律: 湖南方言介词的语义地图研究［C］, 第五届汉语语法化问题国际学术讨论会论文. 上海师范大学, 2009 - 08 - 21/23.

[202] 张敏. "语义地图模型": 原理、操作及在汉语多功能语法形式研究中的运用［J］, 语言学论丛 (42). 北京: 商务印书馆, 2010.

[203] 张敏. 汉语方言双及物结构南北差异的成因: 类型学研究引发的新问题［J］. 中国语言学集刊, 2011 (2).

[204] 张宁. 汉语双宾语句结构分析//陆俭明. 面临新世纪挑战的现代汉语语法研究［M］. 济南: 山东教育出版社, 1999.

[205] 张伯江. 现代汉语的双及物结构式［J］. 中国语文, 1999 (3).

[206] 张伯江. 论把字句的句式语义［J］. 语言研究, 2000 (1).

[207] 张伯江. 被字句和把字句的对称与不对称［J］. 中国语文, 2001 (6).

[208] 张伯江. 施事角色的语用属性［J］. 中国语文, 2002 (6).

[209] 张伯江, 方梅. 汉语功能语法研究［M］. 南昌: 江西教育出版社, 1996.

[210] 张伯江, 李珍明. "是 NP"和"是 (一) 个 NP"［J］. 世界汉语教学, 2002 (3).

[211] 张国宪. 制约夺事成分句位实现的语义因素 [J]. 中国语文, 2001 (6).

[212] 张琼郁. 现代印尼语语法 [M]. 北京: 外语教学与研究出版社, 1993.

[213] 张树铮. 寿光方言志 [M]. 北京: 语文出版社, 1995.

[214] 张一舟, 张清源, 邓英树. 成都方言语法研究 [M]. 成都: 巴蜀书社, 2001.

[215] 张谊生. 现代汉语动词 AABB 复叠式的内部差异 [A] //语法研究和探索（九）. 北京: 商务印书馆, 2000.

[216] 张谊生. "把 + N + Vv" 祈使句的配价分析 [A] //沈阳. 配价理论与汉语语法研究. 北京: 语文出版社, 2000.

[217] 张谊生. 现代汉语列举助词探微 [J]. 语言教学与研究, 2001 (6).

[218] 张振兴. 方言研究与对外汉语教学 [J]. 语言教学与研究, 1999 (4).

[219] 赵元任. 汉语口语语法 [M]. 吕叔湘, 译. 北京: 商务印书馆, 1979.

[220] 郑庆君. 常德方言研究 [M]. 长沙: 湖南教育出版社, 1999.

[221] 中国社会科学院, 澳大利亚人文科学院. 中国语言地图集 [M]. 香港: 朗文出版（远东）有限公司, 1987.

[222] 中国社会科学院语言研究所方言研究室资料室. 汉语方言词语调查条目表 [J]. 方言, 2003 (1).

[223] 周小兵. 广州话量词的定指功能 [J]. 方言, 1997 (1).

[224] 周长银. 现代汉语"给"字句的生成句法研究 [J]. 当代语言学, 2000 (3).

[225] 朱德熙. 与动词"给"相关的句法问题 [J]. 方言, 1979 (2).

[226] 朱德熙. 语法讲义 [M]. 北京: 商务印书馆, 1982.

[227] 朱军. 列举助词"等"及相关结构的句法、语义特点研究 [J]. 语言教学与研究, 2008 (1).

[228] Chafe, W. L. *Given, contrastiveness, defineness, subjects, topics, and point of view* [A]. In C. N. Li. , Subject and topics [C]. New York: Academic Press, Inc, 1976.

[229] Comish, F. *Anaphoric Relation in English and French: A Discourse Perspective* [M]. London: Croom Helm, 1986.

[230] Comrie Bernard. 1981. 语言共性和语言类型 [M]. 沈家煊, 译. 北京: 华夏出版社, 1989 年.

[231] Croft, William. Radical construction grammar [M]. Oxford: Oxford University Press, 2001.

[232] Croft, William. *Typology and universals* [M]. Second edition. Cambridge: Cambridge University Press, 2003.

[233] Dowty, David. Thematic Proto – Role and Argument Selection [J]. *Language*, Vol. 67, No. 3: 1991: 547 – 619.

[234] Dowty, David. Thematic Proto – Role and Argument Selection [J]. *Language*, Vol. 67, 1991.

[235] Goldberg, A. Constructions: A Construction Grammar Approach to Argument Structure [M]. London: The University of Chicago Press, Ltd., 1995.

[236] Goldberg, Adele E. *Constructions: A construction grammar approach to argument structure* [M]. Chicago: The University Of Chicago Press, 1995.

[237] Greville G. Corbet. 数量范畴 [M]. 北京:北京大学出版社, 2005.

[238] Haspelmath, Martin. *From space to time: temporal adverbials in the world's languages* [M]. München: Lincom, 1997.

[239] Haspelmath, Martin. The geometry of grammatical meaning: semantic maps and cross – linguistic comparison [C]. In M. Tomasello (ed.), The new psychology of language, vol. 2, New York: Erlbaum, 2003: 211 – 243.

[240] Heine & Kuteva. Language contact and grammatical change [M]. Cambridge: Cambridge University Press, 2005.

[241] Heine, B. & Kuteva, T. World Lexicon of Grammaticalization [M]. Cambridge: Cambridge University Press, 2002.

[242] Joan Bybee, R. Perkins and W. Pagliuca. *The Evolution of Grammar——Tense, Aspect and Modality in the Languages of the World* [M]. Chicago: The University of Chicago Press, 1994.

[243] Kittilä, Seppo. The anomaly of the verb "give" explained by its hight (formal and semantic) transitivity [J]. *Linguistics*, 2006: 44 – 3: 569 – 612.

[244] Lambrecht, Knud. Information Structure and Sentence Form [M]. Cambridge: Cambridge University Press, 1994.

[245] Liu, Jian & Alain Peyraube. History of some coordinative conjunctions in Chinese [J]. Journal of Chinese Linguistics, Vol. 22, No. 2, 1994.

[246] Malchukov, A., M. Haspelmath, and B. Comrie. Ditransitive constructions:

a typological overview [C]. Paper for the Conference on Ditransitive Constructions, 23 - 25 November 2007, Max Planck Institute for Evolutionary Anthropology, Leipzig. No. 3. 2007: 547 - 619.

[247] van der Auwera, Johan. In defense of classical semantic maps [J]. Theoretical Linguistics 2008: 34. 1, 39 - 46.